JN087063

THE HISTORY OF MONEY THROUGH 55 THINGS

経済学者
ホン・チュヌク著
Hong Chun-Uk
米津篤八訳
Tokuya Yonezu

文響社

50대 사건으로 보는 돈의 역사
The History of Money through Fifty Things

はじめに

最初に本書を構想したのは、実に20年前にさかのぼる。いろいろな理由でなかなか書けないでいたのだが、2018年末のある集まりをきっかけにペンを取ることになった。その集まりの参加者の一人が、**今後の金融市場の展望**についてこう断言したのだ。

「2019年の国際株式市場は好況でしょう。なんと言っても、トランプ大統領は任期3年目です。再選のためには株価を上げざるを得ないでしょうからね」

実際、テレビや一般向けの講演では、この手の話をよく耳にする。しかし、**経済の現状や展望を、たった一人の「意図」や「個性」だけを根拠に説明**できるのだろうか？　**残念ながら、このような説明は多くの限界を抱えている。**

その代表的な例は、19世紀初めにヨーロッパを制覇したナポレオンの没落だ。アウステルリッツの戦いをはじめ、多くの戦闘で勝利を収め、不敗の名声を得たナポレオンだが、その末路は悲惨だった。1815年にワーテルローの戦いで、イギリスのウェリントン公爵率いる連合軍に敗北した後、大西洋の絶海の孤島セントヘレナに流刑となったナポレオンは、1821年に死去するまで解放されなかった。

砲兵戦力の重要性を強調し、機動力に物を言わせた各個撃破を得意とするなど、**現代の陸軍戦術のほとんどを編み出した天才戦略家が、なぜ、没落したのだろうか。**

ワーテルローの戦いで、プロイセン軍が戦場に到着するのが1時間でも遅ければ、フランスは決定的な勝利を手にし、歴史も変わっていただろうと言う人もいる。だが、筆者はこの意見には賛成できない。なぜなら、ナポレオンの軍はワーテルローの戦い以前も、スペイン・サラマンカの戦い（1812年）、ロシア・ボロジノの戦い（1812年）、そしてドイツ・ライプチヒの戦い（1813年）で連戦連敗していたからだ。

では、**ナポレオンを敗北に導いた要因**は何だったのか。

いちばんの理由は、1789年のフランス大革命以降、20年以上も続いた戦争によって兵力が底をついたことだろう。

しかし、もう一つ無視できない要因があった。**イギリスの圧倒的な経済力**だ。ロシアがナポレオンの「大陸封鎖令」に背いてイギリスに味方したことや、スペイン人たちがイギリス軍を支援してゲリラ戦を展開したことも、要はイギリスが提供する、安くて質の良い工業製品と豊富な食糧のおかげだったのだ。

ナポレオン戦争の教訓は、現代の株式市場にも当てはまる。１９８１年のカーター大統領、１９９３年のブッシュ大統領が、それぞれ再選を果たせなかったのはなぜだろう？　彼ら自身、就任4年目（１９８０年、１９９２年）に株価を上昇させて再選を果たしたかったのではなかろうか。しかしその夢は、１９７９年の第二次オイルショック、１９９１年の湾岸戦争によって打ち砕かれてしまった。

１９９３年末の大統領選挙でブッシュの対立候補となったクリントンは、**「経済こそが重要なのだ、愚か者」**（It's the economy, stupid.）という有名なスローガンを掲げて選挙キャンペーンを繰り広げた。この言葉がアメリカ人の心を捉えたのも、結局は不況のせいだった。

もちろん筆者は、当初２０１９年の株式市場が低迷すると予想していたわけではない。１９２９年の世界恐慌以降、世界各国の中央銀行は不況に対応する技術を身につけた。そのため、株式市場は過去と比べて「好況は長く、不況は短い」傾向を示している。最近の例では、アメリカ経済は２００９年3月に底打ちして以来、本書を執筆中の時点まで10年間にわたって好景気が続いていた。したがって、２０１９年の世界経済が深刻な不況に陥る可能性は低いだろうと考えた。筆者はただ、アメリカ大統領のキャラクターや再選へのモチベーションだけを根拠に世界経済を予測することに抵抗を感じただけだ。

では、どう考えればいいのか。

本書を執筆した理由はここにある。**世界の歴史を変えた重大事件の背景を見つめることで、世界がどのように回っているのか、理解の幅を広げてみようというわけだ。**もちろん、本書だけで世界のすべてを明らかにすることはできない。だが、**歴史に名を刻む英雄たちの行動だけでは説明できない〝世界史の裏側〟を理解する**手助けにはなるはずだ。

その目的に沿って、本書を8部構成とした。

PART1では、ナポレオン戦争を中心に、**産業革命前後の西洋世界の発展**について取り上げる。特に中央銀行がどのように生まれて、信頼に足る金融システムがどう発展してきたのかに焦点を当てる。

PART2では、ヨーロッパ史から足を踏み出し、**中国を中心とする東洋の歴史**を扱う。明の嘉靖帝（かせいてい）の時代に倭寇（わこう）が猛威をふるった理由や、さらにはスペインのアメリカ大陸侵略が明に及ぼした影響を見つめることで、「通貨の供給」が経済にどんな影響を与えるのか理解できるはずだ。

PART3は、**産業革命の発生とその拡散**について考える。特に、稲作中心の東洋社会が「機械装備の革新」ではなく「労働力の集約的利用」という、いわゆる「勤勉革命」の道をたどった過程を見れば、「人口圧」が経済発展にどんな影響を及ぼすのか実感できるだろう。

PART4では、**1929年の大恐慌**に焦点を当てるが、中でも**金本位制**について集中的に説明する。金本位制とはいったいどのようなシステムか、また、なぜ金本位制の下では量的緩和（通貨供給の拡大）政策を実行することが困難なのか、理解できることだろう。

PART5では、1971年のニクソン・ショックをきっかけに**金本位制が崩壊した後、世界経済にどのような変化が起きたのか**を見ていく。1970年代になぜあれほどインフレの圧力が高まったのかを考え、さらに2度の**オイルショックの発生原因**についても説明する。

PART6では、**1985年のプラザ合意前後の日米経済の動き**について触れる。なぜ円高が進んだのか、それがどうして史上まれに見る資産バブルを引き起こしたのかを掘り下げる。特に、どのようなときに資産価格に「バブル」が生じるのかを判断する材料を説明しているので、財テクに関心のある読者はぜひ目を通していただきたい。

PART7では、**東アジア経済に起こったさまざまな出来事**を、韓国の事例を中心に見ていこう。1950年に実施された土地改革の影響をはじめ、1950年代後半から始まった輸出製造業の発展や1997年のIMF通貨危機の発生についても取り上げる。IMF通貨危機の後で、韓国経済がどう変化したのかお分かりいただけるはずだ。

最後の**PART8**では、いわゆる**「コロナ・ショック」後の世界経済**について扱う。伝染病が大流行したときに、いかなる社会的現象が現れるのかを説明し、デフレの危険がいっそう高まる可能性について警告した部分は、コロナ後の世界を分析するのに役立つだろうと思う。

本書で少し心残りがあるとすれば、2008年の世界金融危機について触れられなかった点だが、金融危機の影響が現在進行形であることから、本書ではあえて割愛した。もし本書の内容に不足があるなら、それは諸先輩方の研究を理解し切れなかった筆者の責任である。巻末に参考文献を載せておいたので、筆者の説明では物足りなかった方はご参照いただきたい。

2020年9月

ホン・チュヌク

そのとき、「お金」で歴史が動いた●目次

はじめに　1

PART 1　戦争に勝つためには「お金」が必要だ！

PART 2　大航海時代が開いた「グローバル経済」

PART 3 「人口」が国家財政を左右した時代

PART 4 「大恐慌」は世界に何をもたらしたか？

PART 5 「金本位制」廃止後に生まれた新たな秩序

PART 6 「日本経済」はなぜ崩壊したのか？

PART 8 「アフター・コロナ」の世界経済

PART 1

戦争に勝つためには「お金」が必要だ！

01 軍事力で圧倒的に不利だったイギリスが戦争に勝てた理由

19世紀初め、ヨーロッパ大陸を制覇したナポレオンにとって、最大の脅威はイギリスだった。イギリスはフランスを牽制（けんせい）するために、7度にわたって対仏大同盟▼を結成した。それだけでなく、フランスの裏庭とも言えるスペインとポルトガルでの反乱（以下「半島戦争」▼）を持続的に支援した。１８１２年のサラマンカの戦いでフランス軍を打ち破ったのも、ウェリントン公爵率いるイギリス軍だった。

半島戦争で最も目立った働きをしたのは、なんと言ってもイギリス海軍である。イギリス海軍は、イギリスからポルトガルに至る海上補給路を維持し、兵糧や火薬などの重要な軍需物資を供給した点で、地理的により戦場に近いフランス軍よりも優位に立った。

対仏大同盟
フランス大革命の拡大を防ぎ、ナポレオン1世によるヨーロッパ大陸支配に対抗するため、イギリスを中心としたヨーロッパ諸国が締結した軍事同盟。１７９３年から１８１５年まで7次にわたって結成され、第7次同盟のときにワーテルローの戦いでナポレオン軍を撃破してナポレオンをセントヘレナ島に流刑するという成果を収めた。

それが可能だったのは、1805年のトラファルガーの海戦でネルソン提督がフランス・スペイン連合艦隊に完勝して制海権を握ったからだ（参考までに補足すると、ネルソン提督は韓国でいう李舜臣（イスンシン）▼将軍のような人物だ。ずば抜けた戦術と卓越した指揮により海戦で大勝利を収めた点だけでなく、狙撃兵の銃弾に倒れ最期を迎えたところも似ている）。

ここで疑問が生じる。**イギリスは、どうやって無敵艦隊を育成したのだろうか？**

圧倒的に有利な相手を打ち負かした「力」の正体

ナポレオン1世はフランス皇帝の座に就いて以来、ロシアとイギリスを除くヨーロッパの大部分を支配した。**フランスの人口はイギリスよりずっと多かっただけでなく、海軍育成に必要な「経済力」もあった。** 1人当たりの所得はイギリスより低かったものの、人口が多かったので、1780年代末の国民総生産はイギリスの2倍以上だった。

海軍力養成の拡大に投入できる財源面で見ると、フランスが圧倒的に有利だったのは明らかに見える。その財源を使ってより多くの戦列艦（ship of the line）を建造できたので、局地的な戦闘で負けたとしても、最終的な勝利を収める可能性が高かった。

戦列艦とは、一列に並んで敵の艦隊に向けて砲撃を加えるように造られた戦闘艦だ。100門以上の鋳鉄製大砲を2~3層にわたって配した、当時の〝技術の粋〟でもある。

当時は船に大砲を搭載するのも容易ではなかった。甲板に大砲を載せて撃てばいいと思

半島戦争
1808－14年、スペイン、ポルトガル、イギリスが同盟を結び、ナポレオンのイベリア半島侵略に抵抗して行った戦争。ナポレオン軍は1812年、サラマンカの戦いで致命的な打撃を受け、翌1813年にライプチヒの戦いで完敗した。この戦争はナポレオンの軍事支配体制にヒビが入る直接の原因となった。

李舜臣
1545－98年。甲板を鉄板で覆った亀甲船を開発し、豊臣秀吉の侵略軍を打ち破った。

うかもしれないが、それではバランスが崩れて船が転覆する恐れがある。だから、大砲を喫水線（水に浮かんだ船が水面に接する境界線）近くに位置するように、船体の内部に据え付けて発射してやる必要がある。

それでも問題点はいくつか残る。一つは船体の両面に防水処理を施した砲門を開けてやらねばならず、もう一つは砲弾が発射されるときの強い反動をうまく処理しなくてはならないという点だ。

その問題を解決したのが、オランダとポルトガルで発明・改良されたキャラベル船（主に3本のマストを持つ小型の帆船で、高い操舵（そうだ）性を有する）だ。このタイプの船は優れたバランス能力で大砲発射時の反動を吸収し、車を利用して衝撃を和らげる台車まで備えて問題点を解決した。

「無敵艦隊」を生み出したイギリスの財布事情

当時の最先端技術が導入された戦列艦は、当然ながら高価だった。トラファルガーの海戦でネルソン提督が乗船していた旗艦HMSビクトリー号は104門の大砲を搭載していたが、船を建造するための木材はスウェーデンと北米からの輸入に頼っていた（ロ

ホレーショ・ネルソン（1758-1805年）。トラファルガー海戦でフランス・スペイン連合艦隊に大勝利を収め、ナポレオンの制海権とイギリス侵攻を阻止したが、自身は同海戦で戦死した。イギリス最大の英雄とされる。

ビンフッドが出てきそうな、イングランド南部のシャーウッドの森のような森林は、18世紀以前にすでに消滅していた)。

HMSビクトリー号を一隻造るだけでも、ざっと6000本の松の木が必要であり、その費用は6万3000ポンドに達した。**これは現在の価値にしておよそ10億円を超える。**しかもこの金額は船の建造費用だけであり、大砲の製造費や兵士の人件費などは含まれない（その上、木造の帆船は30～40年もたつと木材が腐って水が漏れて使えなくなる。高価な割りに寿命が短い代物なのだ）。

では、イギリスはどうやって巨大な艦隊の建造費・維持費を工面したのだろうか。ノーベル経済学賞受賞者ダグラス・ノース（Douglass C. North）とバリー・ワインゲスト（Barry R.Weingast）は、1688年のイギリス名誉革命に注目する。**名誉革命**▼**を境にイギリスの国債金利が急落したため、フランスなどライバル国家との競争で優位に立てた**というのだ。

図1-1は、1688年前後にイギリス政府が発行した国債金利の推移である。

ネルソン提督が乗船していた旗艦、HMSビクトリー号

名誉革命以前、イギリスの国債金利は10％をはるかに超えていた。**名誉革命以前に金利が高かったのは、当時のイギリス王室（スチュアート朝）がしばしば「債務不履行」を行ったからだ。**１６７１年にイギリス国王チャールズ２世が債券の利子と元金の支払いを停止したのがその代表例だ。これによって政府発行の債券を引き受けて資産家らに小口で販売していたロンドンの金融業者は致命傷を負った。

当時のイギリス国王たちがしばしば債務不履行を宣言したのは、国家財政が脆弱（ぜいじゃく）だったためだ。１６４９年にチャールズ２世の父であるチャールズ１世が清教徒革命でオリバー・クロムウェル率いる議会軍に敗れて処刑されたのも、戦艦を建造するために特別税として建艦税（ship money）を課し、貴族と金融業者の反発を買ったことが原因であった。

清教徒革命によってイギリスは共和制に移行したものの、クロムウェル死後の１６６０年に王政復古した。しかし、チャールズ２世の後を継いで国王の座に就いたジェームズ２世はチャールズ１世の失敗から学ぶことができず、暖炉税▼（hearth tax）など、さまざまな品目に思いつくまま税金を課した。そのため議会と納税者の強い反発を招き、ついに市民たちは１６８８年に名誉革命を起こしてジェームズ２世を追放した。

イギリス議会はオランダのオラニエ公ウィレムをウィリアム３世として新国王の座に就け、**新たな税金を課す際には議会の同意を得ること、国民の財産を一方的に強奪しないことを約束**させた。その後のイギリス政府は、一度も利子と元金の支払いを遅らせる

名誉革命
１６８８年から89年にかけて、スチュアート朝イングランドで起こったクーデター事件。ジェームズ２世が王位から追放され、ジェームズ２世の娘メアリー２世とその夫でオランダ総督ウィリアム３世（ウィレム３世）がイングランド王位に即位した。「権利の章典」が発布され、国王の権限が制限され、議会政治の基礎が築かれた。戦闘が小規模にとどまったため「無血革命」とも呼ばれる。

暖炉税
１６６２年に財産税の一種として導入されたもので、「家に暖炉があるのは裕福だからだ」という理屈からだった。暖炉一つにつき２シリングを、年に２回納付するものとされたが、実際には貧富の差に関係なくほとんどの家に暖炉があったので、暖炉税による税収は20万ポンド（当時の税収総額は約１８０万ポンド）にもなった。国民の激しい反発を受け、１６８９年に廃止された。

図 1-1　イギリス国債金利の推移

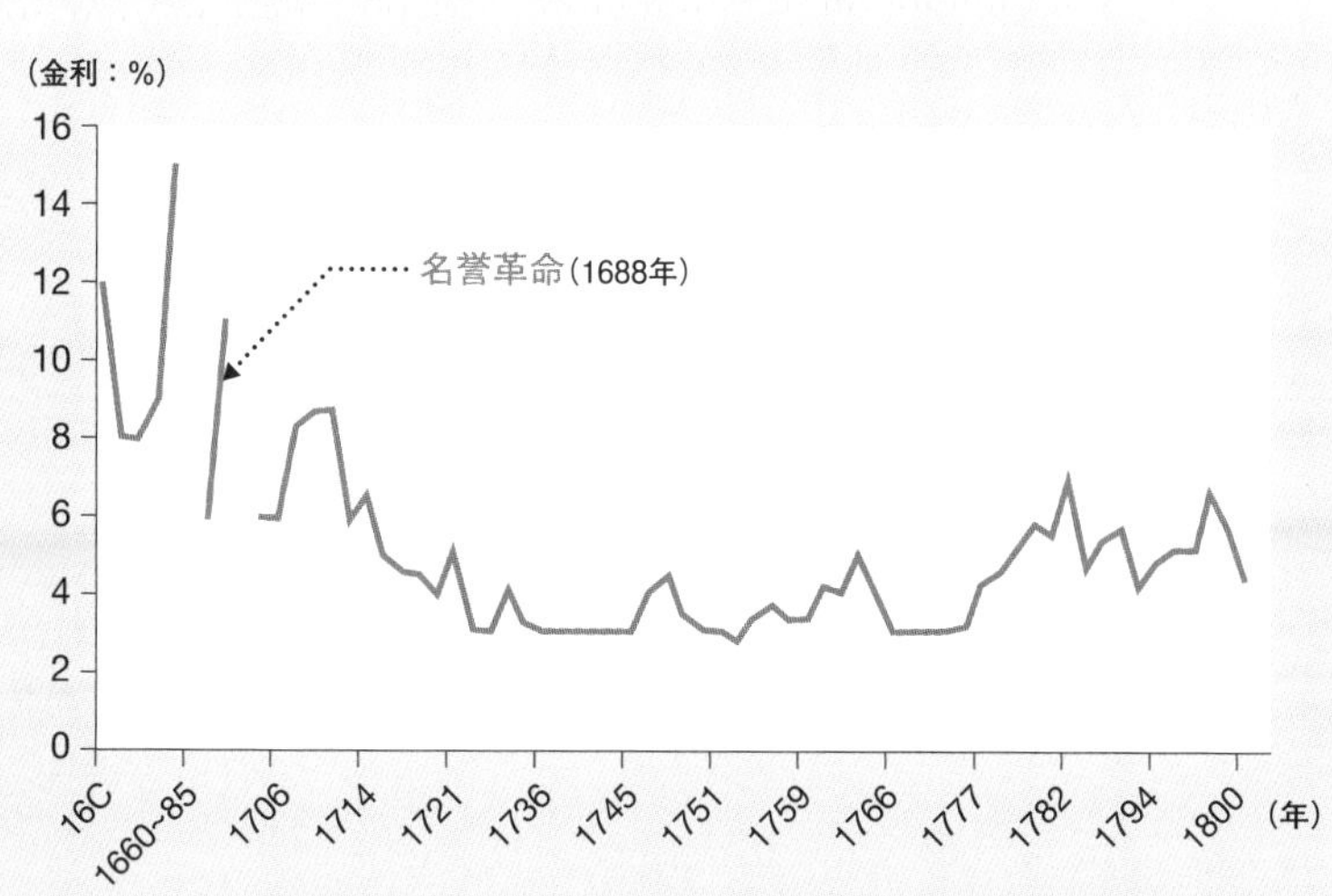

出典: Sidney Homer, Richard Sylla, *A History of Interest Rates,* Wiley Finance, 2005.

イギリスの金利は17世紀後半まで10～15%以上だった。イギリスの金利がこれほど高かったのは、元利の支払いがしばしば滞るため、「リスクプレミアム」が上乗せされていたからだ。だが、名誉革命後は金利が大幅に下落し、1980年を前後して世界的なインフレになるまで、再び10%を超えることはなかった。

ことがなかった。思いつきで税金を課したり債券の利払いを遅らせたりすれば、ただちに革命が起こるかもしれないということを、国王が痛感したからだ。

「富める国」が戦争に負けない理由

名誉革命の成果はこれだけではない。ウィリアム3世は単身でイギリスに来たわけではない。万一に備え、反対派に対抗するための1万4000人の兵士を同行させ、数万人の技術者と金融関係の人材まで引き連れてきたのだ。233年間にわたる繁栄の末に1995年にデリバティブ（金融派生商品）取引の失敗で破産したベアリングス銀行（Barings Bank）も、彼らの末裔の一つであり、今日の保険グループ世界最大手フォルティス（Fortis）にも、アムステルダムからロンドンへと移ったホープ商会一族の名残がある。

つまり、**人と一緒にオランダ式の思考方式と金融制度までがイギリスに持ち込まれた**わけだ。イギリスの貴族や資本家がまったく反発しなかったわけではないが、「オランダ金融」はイギリスで主流を占めることになった。

この変化に敏感に反応したのが金融市場である。1690年まで10％で取り引きされてい

オランダの金融制度をイギリスに移入したウィリアム3世

たイギリスの国債金利が、1702年には一気に6％にまで下がった。さらに1755年には2・74％を記録したおかげで、**イギリスは他のライバル国には思いもよらない低金利で資金を調達できるようになり、これがイギリス陸海軍の戦力増強へとつながった。**大艦隊の建設はもちろんのこと、実際に火薬を使った実戦さながらの訓練も可能になったのだ。

他の国では戦争が始まってから訓練が行われたが、イギリス軍はあらかじめ実戦に近い訓練を受けてから戦場に出たので、少なくとも戦争の序盤で負けるようなことはなかった。

半島戦争でフランス軍を破ったウェリントン公爵の例のように、「補給で勝つ」イギリス軍の神話はこのときにつくられた。フランスがスペインの民を略奪して食糧を補充していたとき、ウェリントン公爵の部隊は貧困のどん底にあったスペイン人たちに食べ物を与えながら、フランス軍をゲリラ戦の泥沼に引きずり込むことができたのだ。

金利下落の恩恵を受けたのはイギリス政府だけではない。財を成したイギリス人たちは債券、とりわけ満期のないコンソル公債▼に投資することで、老後の安心を手に入れられるようになった。また、「信頼に足る」資本市場が形成されると、全世界の富豪が投資のため、われ先にとロンドンに押し寄せた。

では、イギリスが輸入したというオランダ金融とは、いったい何なのか。次は「世界初の株式会社」の話をしよう。

コンソル公債
償還しない代わりに永久に一定額の利子が支払われる債券公債。

02

「世界初の株式会社」がオランダで誕生したのはなぜ？

アメリカや日本、韓国のような**「市場経済国家」の姿を象徴するもの**は何だろうか。さまざまなイメージが頭に浮かぶだろうが、**株式市場**ほど象徴的なものもないだろう。刻々と変化する電光ボードの株価、その株価の騰落に従って歓喜・絶叫する人びと。これほどドラマチックな場面もない。

株式市場とは何だろうか。

一言で言えば、株式などの有価証券を取り引きする場所のことだ。株式とは、ある企業の持分を意味する。しかし、一般に言う持分とは違う。

株式会社が生まれる前の起業は〝命がけ〟だった

株式会社というものがつくられる以前は、事業を始めるにあたって「人生を賭ける決意」が必要だった。事業がうまくいかずに失敗すれば、その事業の負債を最後まで返済しなければならなかったからだ。

この伝統は非常に古く、古代社会では債務不履行をすれば大変厳しい処分を受けた。古代ローマでは、いかに小さな債務であっても、履行しなければ債務者の全財産は没収されて競売にかけられた。西欧ではこの慣行が19世紀まで続いた。そのため、事業は誰にでもできるものではなく、よい事業のアイデアがあってもそれを実行に移すのは相当に難しいことだった。

しかし、社会が発展し複雑化する中で、「無限責任」の原則が事業の障害物になるという認識が広がった。

特に大航海時代が開かれたあと、1年とか2年という単位ではなく、数年から数十年にわたる事業を行う必要性が生じたため、「有限責任」を基本に長期の事業を営むための新たな制度、すなわち株式会社をつくる必要が論じられるようになったのだ。**事業に失敗しても、自分が投資した持分だけを放棄すれば、それ以上の責任を追及され**ないのが「有限責任」の制度である。

「荘園制度」の制約がなかったことの意味

ここで疑問なのは、本格的な大航海時代を切り拓(ひら)いたのはスペインとポルトガルなのに、**なぜオランダで世界初の株式会社「東インド会社」が設立されたのか、**という点だ。

さまざまな理由があるだろうが、**オランダが中世ヨーロッパ社会の核心である「荘園制度」から脱却していたことが大きく影響した**と言える。

荘園制度とは、領主が自身の封土に属する農奴を直接に支配する制度だ。領主は自分の支配下にある農奴に最小限の安全、すなわち身辺保護と農地の利用権を保障した。領主が没落したり戦争で命を落としたりすると、その荘園は他の騎士や領主の手に渡ることになるが、ともかく形式的には「取引関係」によって成立していたと見ることができる。

しかし、アムステルダムをはじめとするオランダのほとんどの州では荘園制度が発達しなかった。オランダの陸地のほとんどは海や沼地を干拓した土地なので、教会も貴族もうかつに所有権を主張できなかったからだ。

オランダ人たちは他のヨーロッパ諸国の人びととは違って、**自ら開拓・干拓した土地を自由に売買した。**現在のオランダの中枢部に当たるホラント州について言えば、貴族所有の土地はわずか5％にすぎなかった。このおかげで、オランダの人びとは伝統と宗

独立戦争
1568－1648年。スペインの属領だったオランダ北部の7州が、スペインとの抗争によって独立を勝ち取った戦争。中世以降、商工業の発達で栄えたオランダの諸都市は自治権を持つようになり、宗教改革によって北部ではカルバン派の新教徒が急増した。これに対しスペイン王フェリペ2世は、カトリック教徒の保護を名目に新教徒の弾圧に乗り出した。自治権を剝奪(はくだつ)されて重税を課されると市民はこれに抵抗した。休戦を間に挟んで80年にわたって続いた戦争は、1648年にウェストファリア条約によって独立が国際的に承認されて終結した。80年戦争とも呼ばれる。

教の呪縛から抜け出し、実用主義的な態度を持つことができたのだ。

宗教改革も麻薬も売春もオランダから

15世紀後半に宗教改革が始まったとき、マルティン・ルターの意見書（95か条の論題）を印刷し配布した場所もアムステルダムだった。アムステルダムでは、エラスムスをはじめとする思想家が積極的に自らの意思を表明して論争を繰り広げることができた（今日でもオランダは最も寛容な国の一つと言える。麻薬や売春などを最初に合法化したのもオランダだった）。

オランダの開放的な風土だけでなく、16世紀末から長らく続いた独立戦争▼もまた、革新を引き起こす原因として作用した。当時オランダ南部を統治していたスペインが宗教の自由を抑圧し、莫大な税金を課していたため、各地で反乱が起きており、政府レベルで海外進出を企てる余力はなかった。結局、**オランダ政府は長期にわたる**

アムステルダムの東インド会社造船所（1726年）

海外市場開拓のための民間資本を育成する必要があったが、そのための、この上ない代案が東インド会社だったのだ。

政府に代わって戦争も引き受けた巨大組織

東インド会社は、アフリカ最南端の喜望峰からアメリカ大陸の西海岸に至る広人な地域で要塞を築き、軍事力を行使するなど、オランダ政府の事業を代行した。おまけに東インド会社アムステルダム本社の初代株主として登録した人の数は１１４３人にものぼったので、巨大な資本金を苦もなく集めることができた。インドネシアのモルッカ諸島を占領して要塞を築き、これを守る傭兵を雇うには莫大な資金が必要だったが、この問題もうまく解決することができた。

さらに、この巨大組織は勝手な行動をする危険もなかった。というのは、所有権と経営権が分離され、重要な意思決定は選ばれた理事が行っていたし、投資家たちは彼らの決定を受け入れるか、株式を売るか、二つに一つしか選択できなかったからだ。また、株式会社は法的に独立した存在だったので、所有者個人とは分離されており、寿命という制約もなかった。

21年で清算する予定だったのに数百年も続いた

東インド会社

16世紀末、オランダ商人たちはポルトガルとスペインを通じて、東方の品物とバルト海の品物を交換する、いわゆる東方貿易を行っていたが、価格が急騰すると自ら海上貿易に進出しはじめた。その後、オランダ各地に東方貿易会社が乱立し、競争が激化してさまざまな弊害が生じたので、1602年にオランダ政府はこれらの会社をすべて統合して合同東インド会社（オランダ東インド会社、VOC）を設立した。東インド会社は政府から東方貿易の独占権はもちろん、軍隊の編成、文官の任命、要塞の築造などの権限を与えられ、経済的・軍事的な権力代行機関としての地位を得た。

この寿命という点についてもう少し説明しよう。東インド会社を設立したオランダ政府も、この会社が長期に存続するとは考えていなかった。最初につくられた東インド会社の定款によると、21年後に清算される予定だったのだ。当時の基準では、21年というのはほぼ永遠に近い時間だった。

さらに東インド会社の設立者たちは、このために投資を渋る人がいるだろうと考えた。そこで「中間清算」の条項を入れた。設立から10年に当たる1612年に会計帳簿を総整理し、会社の運営状況を株主たちに公開したあと、希望者には投資した資金を回収させるというものだった。

しかし、これは取り越し苦労だった。図1-2が示すように、**東インド会社は数百年にもわたって維持され、アムステルダムに世界初の株式市場がつくられるほど多くの投資家が東インド会社の株式を売買するようになった。**東インド会社は何度か危機に瀕したものの、配当金を支払いながら、株価が長期的に上昇するに伴い、多くの株主を金持ちにした。

アムステルダムにあるオランダ東インド会社本部

チューリップ・バブルにも負けず

もちろん、万事が順調なわけではなかった。**株式市場が生まれると「財テク」ブームが起こった。**東インド会社が世界市場の開拓に成功したおかげで、いや、正しくは胡椒(こしょう)をはじめとする貴重な香辛料が取れるインドネシアのモルッカ諸島を占領したおかげで、多額の資金が流れ込んだ。

もちろん、海外から資金が多く流入すれば景気はよくなる。しかし、その資金を適切に管理できなければ、さまざまな問題が発生する。その代表例が**「チューリップ・バブル」**(Tulip mania)だ。

1630年代、オランダではトルコ原産の園芸植物であるチューリップが大人気となった。チューリップは球根の状態で取り引きされたので、花の色や形を予測できないという点が特に人びとの射幸心をあおった。

1630年代中盤には球根1個が熟練工の年収の10倍以上の金額で取り引きされるなど、「価格の上昇が新たな買い手を呼ぶ」典型的な金融投機が発生した。しかし、ある時期を境に価格が下落し出すと、売り手があふれてバブルが崩壊した。

もっとも一部には、このような「チューリップ・バブル」の規模はさほど大きくなく、

17世紀当時、最も高価だったチューリップの一種

図 1-2　17世紀の東インド会社の株価推移

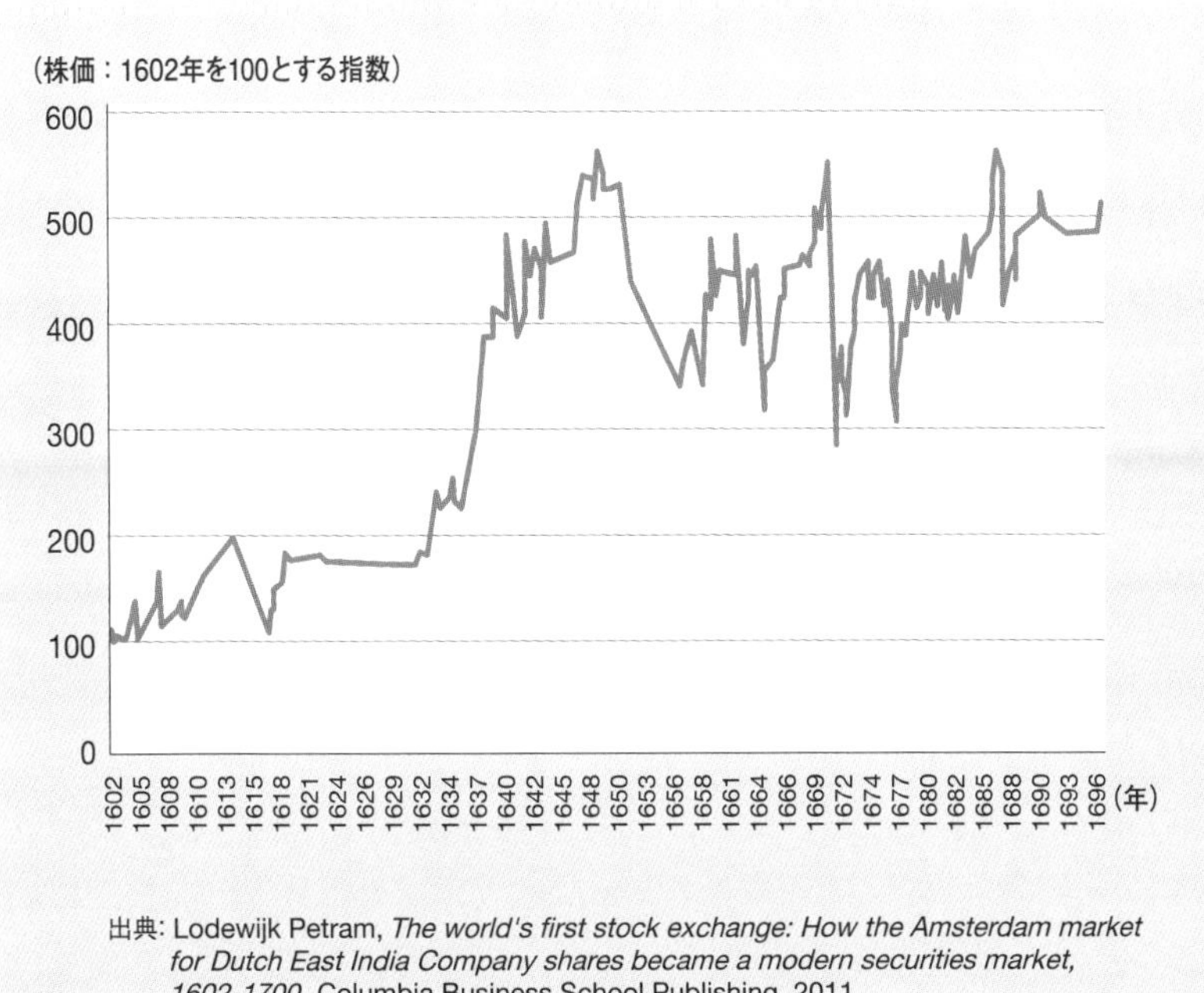

出典：Lodewijk Petram, *The world's first stock exchange: How the Amsterdam market for Dutch East India Company shares became a modern securities market, 1602-1700*, Columbia Business School Publishing, 2011.

世界初の株式会社であるオランダ東インド会社の株価は着実に上昇していった。1630年代後半に始まったいわゆる「チューリップ・バブル」の影響で急騰し、その後にチューリップ価格は暴落したにもかかわらず、東インド会社の株価は上昇を続けた。その理由は、利益増と配当支払いによって内在価値が増え続けたからだ。

価格の推移もバブルと呼べるほどのものではないと反論する人もいる（事実、東インド会社の株価は1630年代以降も上昇した）。特に17世紀に起きた主な戦争でオランダは常に優位に立ち、インドネシアのモルッカ諸島を支配しながら香辛料の供給を独占するなど、全盛期を謳歌（おうか）したのを見れば、チューリップ・バブルによって崩壊するほどの打撃を受けなかったことが分かる。

だが、ここで一つ不思議な点がある。コロンブスを支援して新大陸を発見し、16世紀初頭にアメリカ大陸で歴史上最大規模の鉱脈を発見したスペインは、なぜオランダの独立を阻止できなかったのだろうか？　次は、その疑問について詳しく考えていこう。

03 「軍隊は強力」なのに「経済は貧弱」だったスペインの末路

1492年にコロンブスが新大陸に到達してから約100年間にわたり、スペインは想像を絶するほどの幸運を手に入れた。インカ帝国とマヤ帝国の支配者から略奪した金銀が底を尽きかけた1545年には、ボリビアのポトシで史上最大規模の銀鉱が発見され、それから1年もたたない46年9月8日、スペイン人と先住民で構成された小さな探検隊が、メキシコのサカテカスに豊かな銀脈があることを確認した。

幸運はこれで終わりではなかった。1540年にイタリアの技術者ヴァンノッチョ・ビリングッチョ▼が『火工術』という論文の中で、水銀を使って鉱物から金属を抽出するという非常に効率的で新しい手法を提示する。この革新的技術が、スペインにとっては

ヴァンノッチョ・ビリングッチョ
(Vannoccio Biringuccio)
1480-1539年。イタリアの鉱物学者。ドイツを旅行したときに採鉱冶金（やきん）の知識を得て、大砲の鋳造と火薬の製造に従事した。誤った錬金術を否定し、実験に基づいて考察した最初の真の化学者の1人と言われている。

渡りに船だった。というのは、これによってスペイン南部シエラ・モレナ山脈の北麓に位置するアルマデンの豊かな水銀鉱山を活用することができたからだ。**巨大な鉱山の発見と革新的な製錬技法のおかげで、スペインは莫大な富を手に入れる**ことができた。銀の採掘量は、ポトシ鉱山だけでも年間50トン、多いときには280トンにもなった（図1-3参照）。

しかしこれはスペインにとっては逆に災いともなった。海外から流入した金と銀が経済にどう影響するのか、まったく予想できなかったからだ。

莫大な富が貧困を招いた？

世界にAとBという二つの国しかないと仮定してみよう。あるとき、A国（＝スペイン）が金鉱を発見し、通貨量が急激に増加したとしたら？　もちろん、A国の生産能力が高く、貨幣の供給量が増えた分だけモノを迅速に生産できるなら問題はない。しかしA国の生産能力に限界があると、

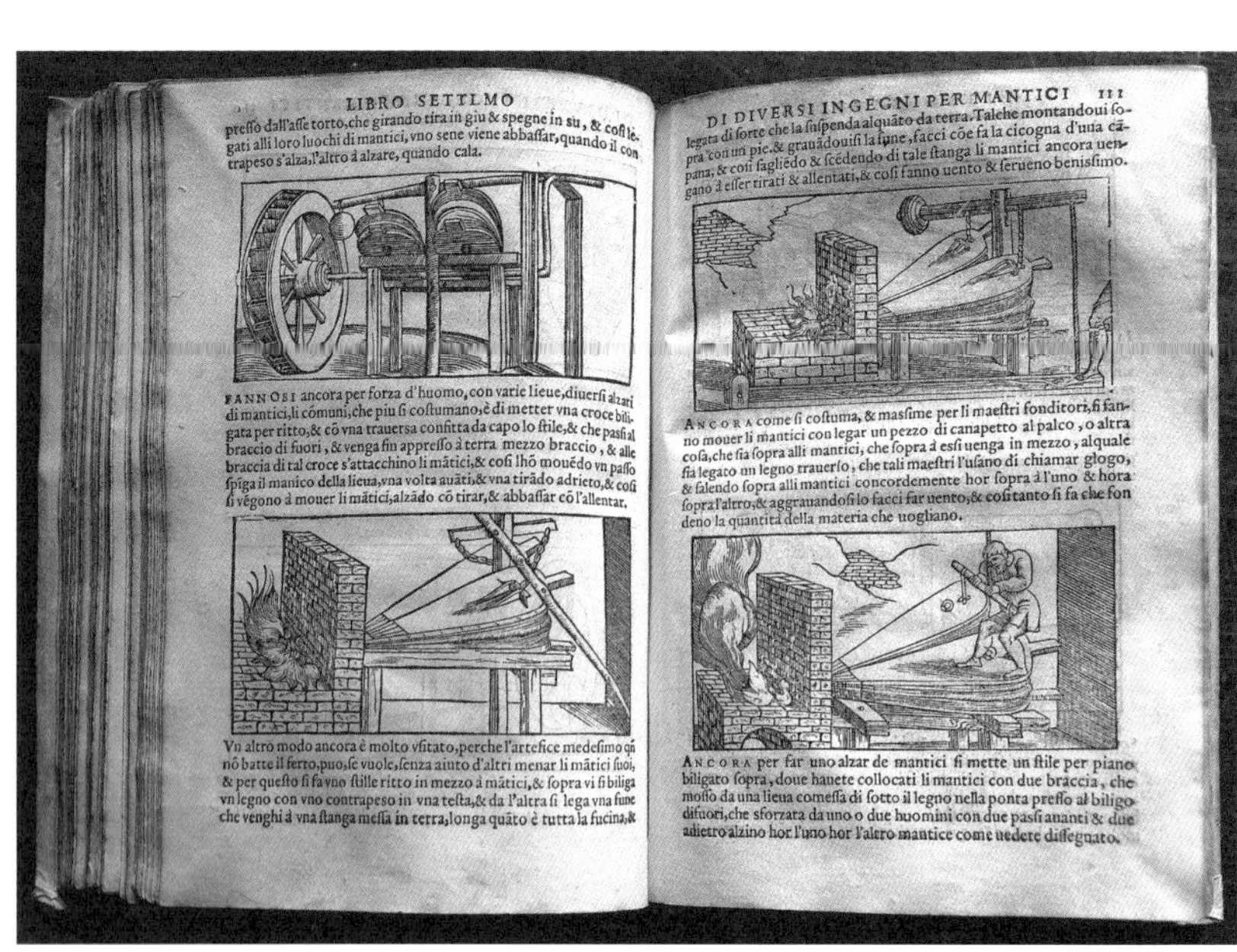
LIBRO SETTIMO

preſſo dall'aſſe torto, che girando tira in giu & ſpegne in ſu, & coſi legati alli loro luochi di mantici, vno ſene viene abbaſſar, quando il contrapeſo s'alza, l'altro à alzare, quando cala.

FANNOSI ancora per forza d'huomo, con varie lieue, diuerſi alzari di mantici, li cómuni, che piu ſi coſtumano, è di metter vna croce biligata per ritto, & cõ vna trauerſa confitta da capo lo ſtile, & che paſſi al braccio di fuori, & venga fin appreſſo à terra mezzo braccio, & alle braccia di tal croce s'attacchino li mãtici, & coſi lhõ mouẽdo vn paſſo ſpĩga il manico della lieua, vna volta auãti, & vna tirãdo adrieto, & coſi ſi vẽgono à mouer li mãtici, alzãdo cõ tirar, & abbaſſar cõ l'allentar.

Vn altro modo ancora è molto vſitato, perche l'artefice medeſimo qñ nõ batte il ferro, puo, ſe vuole, ſenza aiuto d'altri menar li mãtici ſuoi, & per queſto ſi fa vno ſtille ritto in mezzo à mãtici, & ſopra vi ſi biliga vn legno con vno contrapeſo in vna teſta, & da l'altra ſi lega vna fune che venghi à vna ſtanga meſſa in terra, longa quãto è tutta la fucina, &

DI DIVERSI INGEGNI PER MANTICI　111

legata di ſorte che la ſuſpenda alquãto da terra. Talche montandoui ſopra con un pie. & grauãdouiſi la fune, facci cõe fa la cicogna d'una cãpana, & coſi ſagliẽdo & ſcẽdendo di tale ſtanga li mantici ancora uengano à eſſer tirati & allentati, & coſi fanno uento & ſerueno beniſſimo.

ANCORA come ſi coſtuma, & maſſime per li maeſtri fonditori, ſi fanno mouer li mantici con legar un pezzo di canapetto al palco, o altra coſa, che ſia ſopra alli mantici, che ſopra à eſſi uenga in mezzo, alquale ſia legato un legno trauerſo, che tali maeſtri l'uſano di chiamar glogo, & ſalendo ſopra alli mantici concordemente hor ſopra à l'uno & hora ſopra l'altro, & aggrauandoſi lo facci far uento, & coſi tanto ſi fa che fondeno la quantità della materia che uogliano.

ANCORA per far uno alzar de mantici ſi mette un ſtile per piano biligato ſopra, doue hauete collocati li mantici con due braccia, che moſſo da una lieua comeſſa di ſotto il legno nella ponta preſſo al biligo difuori, che sforzata da uno o due huomini con due paſſi ananti & due adietro alzino hor l'uno hor l'altro mantice come uedere diſſegnato.

ヴァンノッチョ・ビリングッチョが著した『火工術』。初版は1540年にヴェネツィアで出版された。

図 1-3　アメリカ大陸からスペインに移動した銀貨の量（1503-1660年）

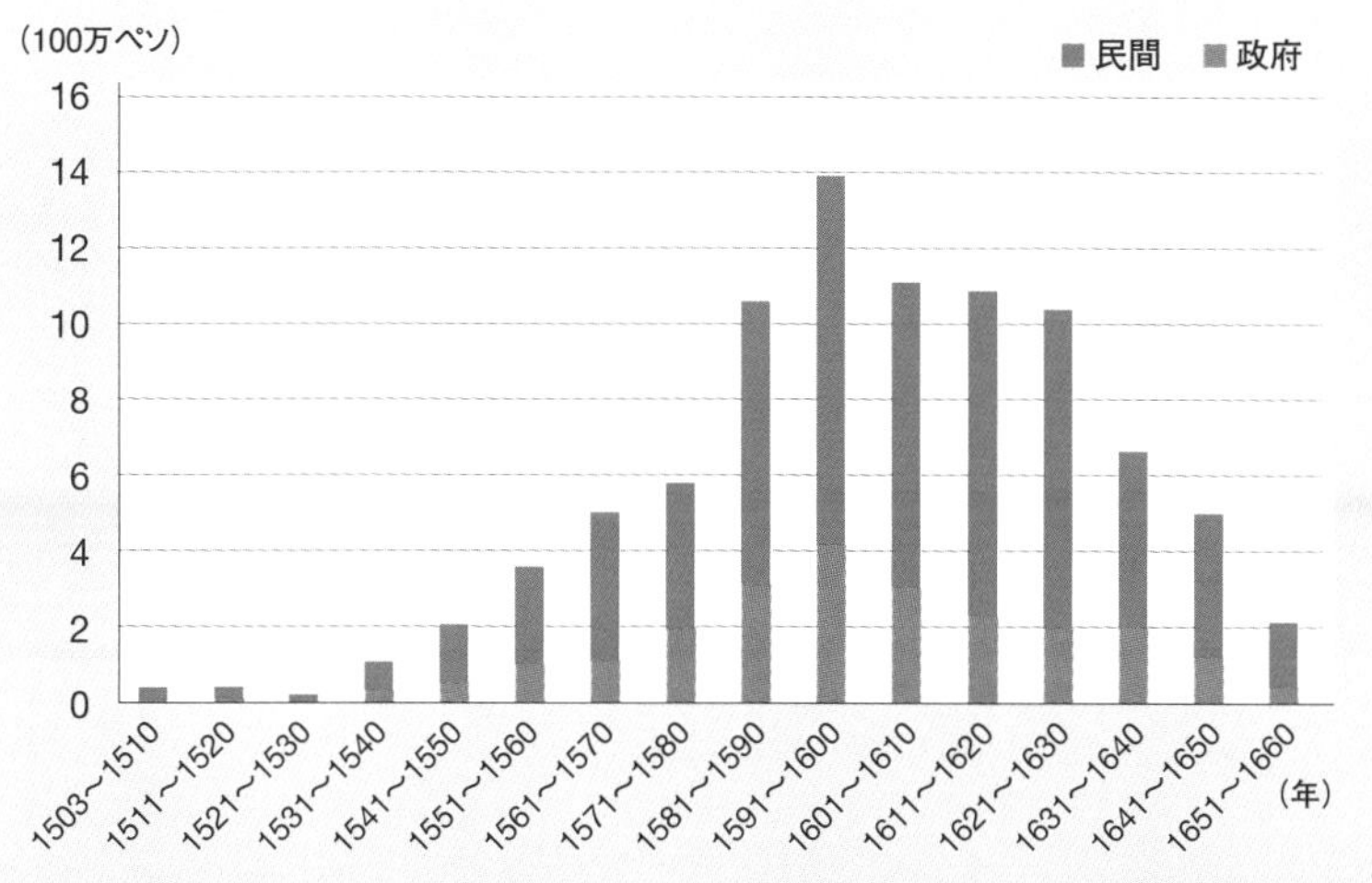

出典: Earl Hamilton, "Imports of American Gold and Silver Into Spain, 1503-1660", *The Quarterly Journal of Economics*, Vol.43, No.3 (May, 1929).

スペインの宝物船は、イギリスの提督ドレイク（Francis Drake）卿ら多くの略奪者にとって魅力的な攻撃対象だったが、スペイン帝国はアメリカの銀を首尾よくヨーロッパに運ぶことができた。ポトシ銀山（1545年）、サカテカス銀山（1546年）の相次ぐ発見によって、17世紀初頭まで銀の生産量は増加し続けた。

結局は通貨量の増加によって物価は上昇し続けるだろう。物価が上がり、物資の供給不足が続くと、A国では必然的にB国（＝オランダ）の製品に人気が集まることになる。B国の衣類や食料品などが輸入されるに伴い、A国の貴金属はB国に流れていく。

これは典型的な「オランダ病」(Dutch disease) の構図である。オランダは1959年、北海で大規模なガス田を発見し、その後天然ガスを輸出して毎年数十億ドルを稼いでいた。ところが輸出代金が国内に流入すると、オランダの通貨ギルダー（グルデン）の価値が大きく上昇し、1970年代に入ると天然ガス以外の輸出業者は海外競争力を失うことになった。このように、**資源が開発されたあとで、むしろその国の経済が沈滞する現象を「オランダ病」という。**

16世紀のスペインも同じ問題にぶつかった。アメリカ大陸の巨大な植民地を運営するためには、多種多様な生活必需品を途切れることなく船で送り届ける必要があった。小麦粉、オリーブ油、酢などを供給するのは難しくなかったが、毛織物、靴、絨毯(じゅうたん)、家具、絹織物、時計などの需要を満たすことは困難だった。このような状況を目の当たりにした当時のスペインの知識人は、次のように嘆いている。

我が王国はアメリカ大陸から流入した金と銀によって世界で最も豊かな王国になることができた。ところが、金と銀を我われの敵である他の王国に送るための架け

――橋に転落したため、最も貧しい国になってしまった。

現代の経済学を学んだ人なら、すぐに一つの処方箋を思いつくだろう。**通貨量が急増して手の付けられないほどのインフレーションが発生した場合、金利を引き上げて経済全体の需要を抑えることが、何よりの対策だ。**

しかし**当時のスペインには中央銀行がなかったので、金融政策を取る方法がなかった。**

さらに、当時スペインを支配していたハプスブルグ家の王たち（カルロス1世とその息子フェリペ2世）は通貨緊縮をするどころか、大規模な戦争を次々と起こして、事態をより悪化させた。

1517年にマルティン・ルターが95か条の論題を発表して宗教改革が始まったが、その流れの中でスペイン国王たちは最も積極的に旧教を擁護し、彼らの信仰心は好戦的な対外介入へとつながった。

歴史学者の研究によると、1400～1559年の間に最も好戦的だった国はスペインとオスマントルコ帝国だとされている。長期にわたる大規模な戦争で財政負担が日に日に増えたのはもちろんのこと、生産に従事すべ

大規模な戦争でスペイン経済を悪化させたフェリペ2世

き若い男性の多くが戦争に動員されたために、スペインの生産能力は極端に低下した。

「戦闘」に勝って「戦争」に負け続けた好戦的国家スペイン

もちろん**スペインは16～17世紀にわたりヨーロッパ最強の軍事力を誇っていた。**ピサロが率いた200余名の遠征隊がインカ帝国を崩壊させたことからも分かるように、テルシオ（Tercio：スペイン方陣）で武装したスペイン陸軍は恐怖の対象だった。

テルシオとは、約250名の兵士が一つの隊形を組んで敵を攻略するもので、長槍兵が敵の騎兵隊を阻止したあと、銃兵が一斉射撃で敵の鋭鋒をくじき、再び長槍兵の攻撃で敵を殲滅（せんめつ）する緻密（ちみつ）に組み立てられた戦略を意味する。この戦術は長槍兵を利用することで、再装塡（そうてん）に時間のかかる銃兵を保護できるという長所がある。

しかし、このように**優れた戦略を持つ強力な陸軍を備えていたにもかかわらず、スペインは「戦闘で勝って戦争に負ける」パターンを繰り返した。**代表的な例が、オランダ独立戦争▼だ。

当時、スペインをはじめとするヨーロッパの軍隊は「傭兵（ようへい）」制度を採用していたので、莫大（ばくだい）な費用を要した。昔ながらの騎士団を維持する国もあったが、テルシオに代表される革新的な戦術が開発されたことで騎士団はもはや競争力を失っており、次第に傭兵への依存度が高まりつつあった。

オランダ独立戦争
オランダ独立戦争はホラント、ユトレヒトなど北部7州の新教徒が宗教弾圧に抗（あらが）って起こした市民運動から発展したもので、当時カトリックが主流であったオランダ南部はむしろスペインを支持した。

しかし、傭兵は特定の国家に忠誠心を持ってはいなかったので、隊長の選択によっていつでも敵に寝返るという問題があった。加えて報酬がきちんと支給されないと、「費用を回収」するために周辺地域で略奪を行うこともしばしばあった。オランダ独立戦争のときに起こった「アントワープ（アントウェルペン）略奪事件」が代表例だ。

当時のスペイン王室は、オスマン帝国との戦争が長期化した影響で1575年に破産し、傭兵部隊に報酬をきちんと支払うことができなかった。すると、オランダに駐屯していたスペイン傭兵部隊は「ヨーロッパで最も豊かな都市」であるアントワープを略奪し、7000人以上の市民を殺害して都市を廃墟（はいきょ）にした。

これに驚いたオランダ南部の商人と知識人はスペインに対する支持を撤回し、結局1年後の76年、「スペインを追い出すために」オランダ北部と南部が宗教の違いを問わず協力することを取り決めた、いわゆる「ゲント（Ghent）講和条約」を締結するに至った。

もちろん、オランダの軍事的天才、オラニエ公マウリッツ▼がテルシオを打ち破る新戦術を編み出したことがオランダを独立に導く決定打となったのは確かだが、**スペインが財政を堅実に運用して新世界の貴金属をうまく活用できていたなら、ずっと長く覇権を維持できたはずだ。**

次は、スペインがなぜあれほど新大陸の貴金属に情熱を燃やしたのかについて詳しく見てみよう。

マウリッツ・ファン・ナッサウ
(Maurits van Nassau)
1567−1625年。白兵戦が主流であった当時のヨーロッパの陸戦を刷新し、歩兵・騎兵に砲兵を加えた三兵戦術の基礎を築いた。平時の軍事訓練を精緻化したことでも知られ、銃を扱う動作や行進の規則なども細かく定め、軍団が迅速に陣形を変えることができるようになった。

04 なぜ、人間は「命の危険」を冒してまで金銀を求めるのか?

スペイン人が金を探し求めて新大陸へ押しかけ、そこで手に入れた宝物のせいで国が没落した話を読んで、読者はある疑問を抱いたことだろう。**なぜ彼らは命の危険を冒してまで「金」などの貴金属に欲を出したのだろうか。**

もちろん、正確な理由は分からない。ユヴァル・ノア・ハラリが著書『サピエンス全史』で力説したように、**人間が「この世に存在しないものを信じる能力」を手に入れることで、貝殻や大きな石を貨幣と見なすようになったことが、その始まり**だろう。

ともかく貨幣の必要性が高まるとともに、金や銀などの貴金属が最も有力な貨幣候補として注目されるようになった。貴金属が真っ先に貨幣候補となったのは、次の三つの優れた特性があるためだ。

貴金属が貨幣に適していた三つの理由

まず、**金は非常によく伸びる物質**だという点に注目する必要がある。金は叩く（たた）ことで27万2000分の1インチの薄さまで伸ばすことができるし、引き伸ばして糸のように細くすることもできる。こうした特性を利用して、小片にして取引きに使うにも便利であり、さまざまな装身具にも使われた。反面、タカラガイのような他の「貨幣候補」は小さな破片にすることが難しかった。

金が貨幣の有力候補になった二つ目の理由は、その**保存性**だ。貨幣に使われた貝は、一度壊れると貨幣としての機能を失ってしまったが、金は長く保存してもさびることがなく、かなり柔らかいものの、錫（すず）や銅などの多様な金属との合金にすると頑丈になり、鋳造も容易だった。

三つ目の理由は、その**「利用価値」**にある。日本では米、朝鮮では綿布が、一種の貨幣の役割を果たしたが、これは米や綿布が生活の中で非常に大きな利用価値を持っていたからだ。金もまた、こうした面で十分な条件を備えている。エジプトのツタンカーメン王の墓で多くの金の装飾品が発見されたことからも分かるように、**階級が高いほど金の利用価値をより高く評価**した。この影響で、わずか

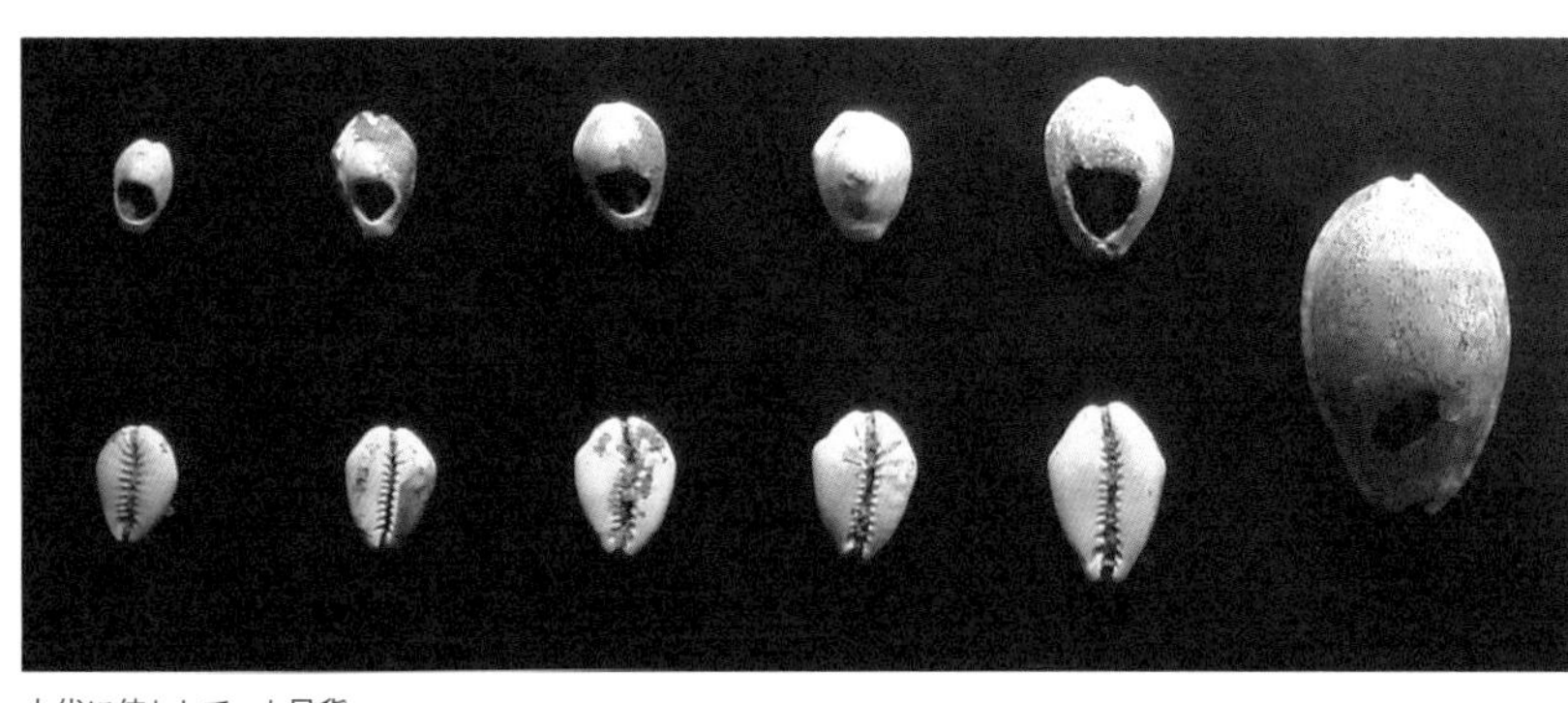

古代に使われていた貝貨

な金を持っているだけでも十分に元を取ることができたのだ。また、**米や綿布などに比べて運送費用を節減できるという長所**も無視できない。

純度と重量を保証する仕組み

しかし、このような**条件を満たしたからといって、金が自動的に貨幣になるわけではない。**その**純度と正確な重さを測定できなくてはならない**が、それは非常に難しく、長い時間が必要だ。ギリシャの哲学者アルキメデスが、金の王冠の純度を計測するのに苦労したのもそのためだ。

1529年にスペインとの戦争に敗れたフランス王フランソワ1世が、2人の息子の身代金としてスペインのカール5世に120万エスクード（ポルトガルの旧通貨）を支払ったとき、お金を検査し数えるだけで4カ月かかったが、この過程でスペイン人は4万個の金貨を基準に満たないとして受領を拒否している。

この問題を解決する方法は二つしかない。一つは、**国家権力が保証する「証書」、つまり紙幣を発行し、政府が運営する銀行でいつでも金と交換できるようにすること、**もう一つは、**標準の重量と形を持つ合金（＝硬貨）を「貨幣」として宣言し、その価値を保証すること**だ。

紀元前600年頃、リディアの王クロイソスは世界最古の硬貨を作り、歴史に新たな

古代リディアの金貨。紀元前550年頃。現在のトルコで出土。

一ページを刻む偉業を達成した。ずんぐりした8の字形とライオンの文様が刻まれた標準型コインを作り、「このような大きさ、形、表示がされた金属は、ある一定の価値を持つ」と公表したのである。

ちなみに、紙幣が発行されるまでは、さらに時間がかかった。**硬貨は溶鉱炉で溶かして、金、銀、錫などの利用価値のある金属に変換できるが、紙幣は政府が権威を失ったり紙幣を乱発したりすると価値が急落する恐れがある。**したがって、中国の元のように政府の力が非常に強かったり、イタリアのいくつかの銀行のように発達した商業システムを備えない限り、紙幣（または銀行券）の普及は難しかったのだ。

紙幣については〈06話〉で話すことにして、硬貨の話を続けよう。クロイソスやローマ皇帝のような絶対権力者たちが、厄介で面倒な硬貨の鋳造を行ったのは、それが便利だったからだ。

たとえば、10種類の商品が作られ取り引きされている社会があるとしよう。標準化された硬貨がなかったなら、商品の取り引きをしたい人は、同じ値打ちを持っていると考えられる二つの商品を物々交換しなければならない。牛1頭と綿糸6束、馬車1台分の燃料と穀物2かます（穀類や塩・石炭・肥料などの貯蔵・運搬に用いる袋）、といったぐあいだ。10個以上の

リディアの農民から貢ぎ物を受けるクロイソス（クロード・ヴィニョン画、1629年）。クロイソスはその莫大な富で知られており、ギリシャ語とペルシア語では「クロイソス」の名前は「富める者」と同義語になった。

異なる商品を物々交換するときの組み合わせは45通りにもなるが、問題は物々交換は思ったほど簡単ではないということだ。あなたが誰かから綿糸を買いたいと思っても、その取引相手が欲しがるモノをあなたが持っている保証はないからだ。

反面、**硬貨は交換のプロセスを単純化してくれる。**硬貨でモノを売り買いできれば、モノにそれぞれ値段をつけるだけでいい。取り引きするためにあなたと相手の欲望を一致させる苦労はしなくてもよくなる。だから金属貨幣を使いはじめれば、商取引が発展するのは当然だ。

新大陸から流入した貴金属が起こした物価革命

しかし、**金属貨幣には一つの決定的な問題**がある。**供給が安定しない**ことだ。特に金や銀の供給が円滑でないと、経済全般が沈滞する。その代表的な事例が15世紀にあった。15世紀にヨーロッパで産出された金の量は、当時の需要と比べて著しく不足していた。一部の歴史学者の推定によれば、１４００年にヨーロッパ内で産出された金の量は４トン未満だった。それに加えて、東方との貿易で金が流出し続けていたので、この程度の生産量では経済を順調に回すことは難しかった。

通貨の供給量が不足すると、人はお金を節約するために商品とサービスの購入を控え、その結果として物価が下がる。コロンブスやバスコ・ダ・ガマなど、多くの冒険家がアフリカの喜望峰を回ってアジアへと向かい、あるいはインドをめざそうとして大西洋を横断したのも、金をはじめとする貴金属の価格上昇がその背景にあったのである。

1492年のコロンブスの歴史的な航海の後、それと正反対の現象が起きた。1500年代になるとヨーロッパの物価が急上昇したのだ（**図1-4**参照）。経済学者はこの時期を指して**「16世紀の物価革命」**と呼ぶ。

もちろん、ヨーロッパの物価が1492年を境として即座に上昇したわけではなく、本格的に物価が上昇したのは16世紀中盤のことだった。だが、当時オスマントルコの勢力が拡大し、東方への貿易ルートが閉ざされたことが大きく影響したであろう。さらに14〜15世紀にヨーロッパの人口減少を誘発した黒死病▼（ペスト）が沈静化し、人口が大きく増加したのもインフレの原因とされる。しかし、**何よりも新大陸から流入した莫大な量の貴金属が、物価革命を起こすのに相当な影響を及ぼした**ものと見られる。

グローバルな交易ネットワークの誕生

一般的に、物価が上昇する時期には好況と人口増加が伴う。もちろん、この好況は備えのある人にとっては幸運ともなるが、そうでない人には大きな脅威にもなる。しかし、大きな日で見るなら、16世紀後半から始まったインフレがヨーロッパの経済発展の契機となったことは否定できない。

黒死病
14世紀に起きたペストの大流行は、人類史上最悪のパンデミックで、当時の世界人口4億5000万人の22％に当たる1億人が死亡したと推計されている（アメリカ国勢調査局）。1347年から51年にかけてピークを迎えたヨーロッパでは人口の30％から60％が死亡し、ヨーロッパの人口が1300年の水準を取り戻すまでには1500年までかかったと言われている。

図1-4　1209年以降のイギリスにおける物価の推移

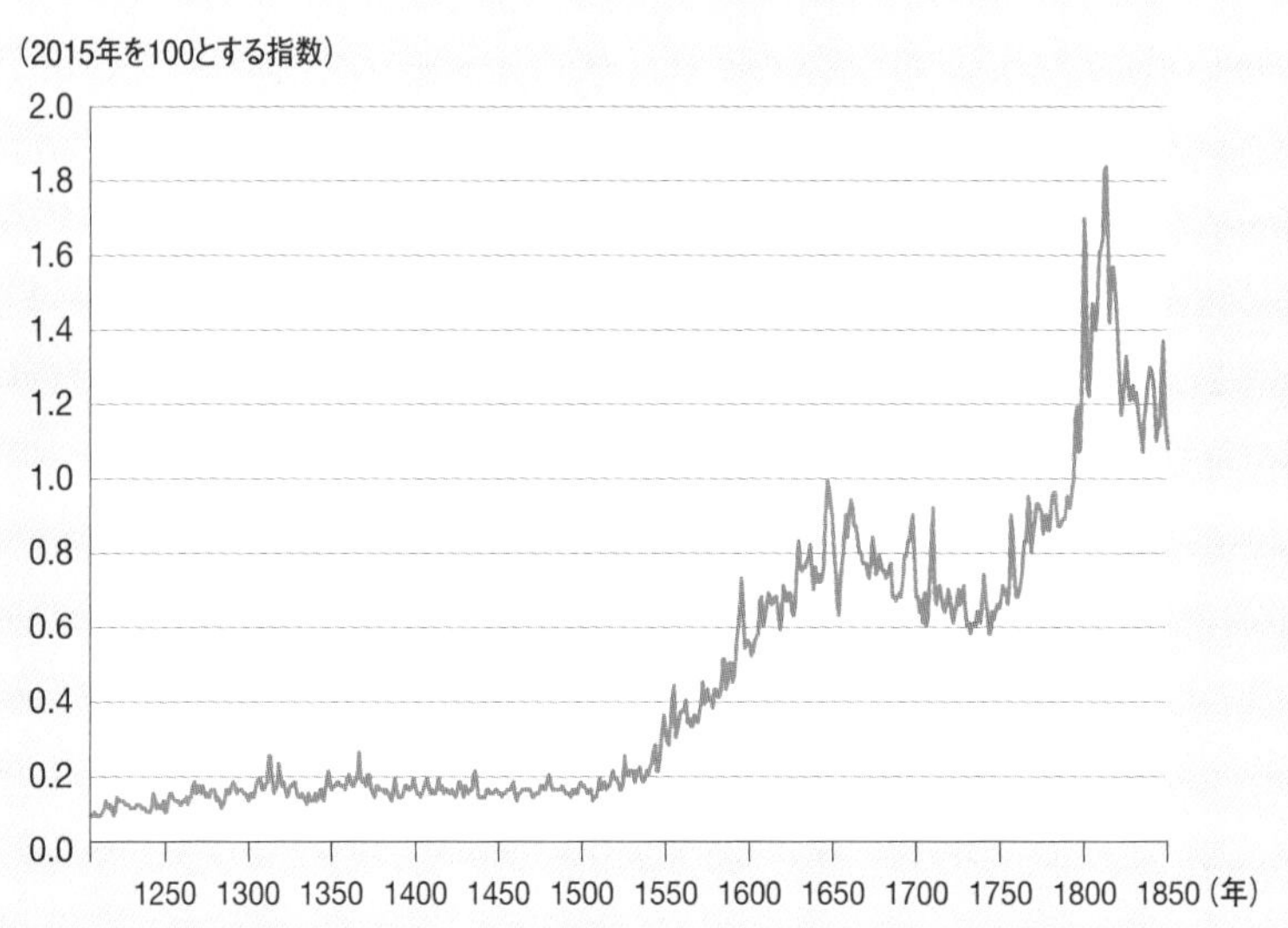

出典: Federal Reserve Bank of St. Louis.
https://fred.stlouisfed.org/series/CPIUKA

人口が増えると1人当たりの所得が減り、逆に人口が減ると1人当たりの所得が増える「低成長」経済の時代においては、インフレは非常にまれなことだった。特に、経済規模がわずかずつでも成長しつつある状況で貴金属の供給が不十分だと、貴金属価格が上昇し、一般商品の価格が下落するデフレが発生することもあった。そうした意味で、16世紀から本格的なインフレが見られるようになったのは、経済に大きな変化が起きていることを示すシグナルだったと言える。

なんと言っても、通貨が十分に供給されることで「物々交換」経済に後戻りする可能性が消えただけでなく、**「貨幣幻想」**（money illusion）が出現したからだ。貨幣幻想とは、**賃金や所得の実質的な価値は変わらないのに、インフレが発生することで自分の賃金や所得が増えたように思い込む現象**を言う。

15世紀にはずっと物価が安定しており、一部では相当なデフレーションが起きていたので、突如として発生したインフレは経済全般に強い需要を喚起したであろう。しかし、それは産業革命以前だったので、増大した需要に応じて供給を増やすのは困難だった。したがって16世紀の貴金属の供給拡大、特にスペイン・ペソに代表される**グローバル基軸通貨▼（key currency）の供給は、経済に肯定的な影響を与えた**と見られる。

特にヨーロッパ人が望む東方の物品、たとえば胡椒（こしょう）や絹、陶磁器を購入できる「交易財」が生まれたことは、ヨーロッパだけでなく世界経済全体に大きな影響を及ぼした。当時、ヨーロッパ人は東方の商品を購入したくても、アジア人は時計を除いてはヨーロッパの製品を好まなかったため、交易は困難だった。しかし16世紀になると、この問題は解消された。メキシコから出航した船が中国に到達し、中国製の陶磁器（または絹）を銀と交換したからだ。

次の話では、このようなグローバルな交易ネットワークの出現が、金融制度の革新にどのような影響を与えたのかを見てみよう。

基軸通貨
国際間の決済や金融取引の基本となる通貨で、1960年代にアメリカのロバート・トリフィン教授（210ページ参照）によって命名された用語。基軸通貨の機能を果たすためには、戦争などで通貨発行国の存立が危険にさらされるようなことがあってはならず、多様な財貨やサービスの生産、通貨価値の安定性、発達した外為市場や金融・資本市場が備わっている必要がある。

05 「資本主義」の礎を築いたヨーロッパの巨大商人たち

アメリカ大陸から大量の貴金属を持ち込んだことで世界的な交易ネットワークが形成されると、ヨーロッパでは新たな勢力が出現した。**「資本主義的」な巨大商人**である。地域経済において流通を担う者たちを伝統的な意味での「商人」とするなら、**16世紀に形成された世界経済体制において遠距離貿易の中心になった者たちは、伝統的な商人の定義を超えた資本家の性格を持っていた。**

東アジアとアメリカを対象とした遠距離貿易は、彼らにとって思うままに活動できる自由な空間だった。国家と教会の干渉を受けないで済むばかりか、収益性もよかった。1497～99年に喜望峰回りでインドまでの航海に成功したポルトガルの航海士バスコ・ダ・ガマは、4隻の船のうち2隻を失うという困難な旅の末に、元金の60倍もの配当金を投資家にもたらした。その成果に誰もが注目した。

政治とビジネスが結びつきを深めた時代

歴史に名を残した商業金融エリート一族としては、イタリアのストロッツィ（Strozzi）家、ゴンディ（Gondi）家などがあり、その次の時代をリードした大富豪としてドイツのフッガー（Fugger）家、ヴェルザー（Welser）家を挙げることができる。東欧の鉱山開発、イタリアとの交易、植民地商品の取り引きなどで莫大な富を築き金融業にも進出したフッガー家のケースを見れば分かるように、大商人の一族は利益になると見ればあらゆる事業に手を出した。

しかし、**中世の末に大規模な商取引を行うには、国家から特権を付与してもらう必要があった。**この過程で大商人たちは政府に資金を貸与する役目を担うようになり、その結果、ビジネスと政治が密接に結びつくことになった。

その最もドラマチックな例が、**フィレンツェのメディチ（Medici）家**だ。メディチ家は14世紀後半から頭角を現し、ローマ教皇庁の外貨取引を受け持って急成長した（217代ローマ教皇レオ10世はメディチ家の一員でもあった）。当時は金貨、銀貨、その他の金属硬貨など、多様な硬貨が共存していたので、遠距離貿易や

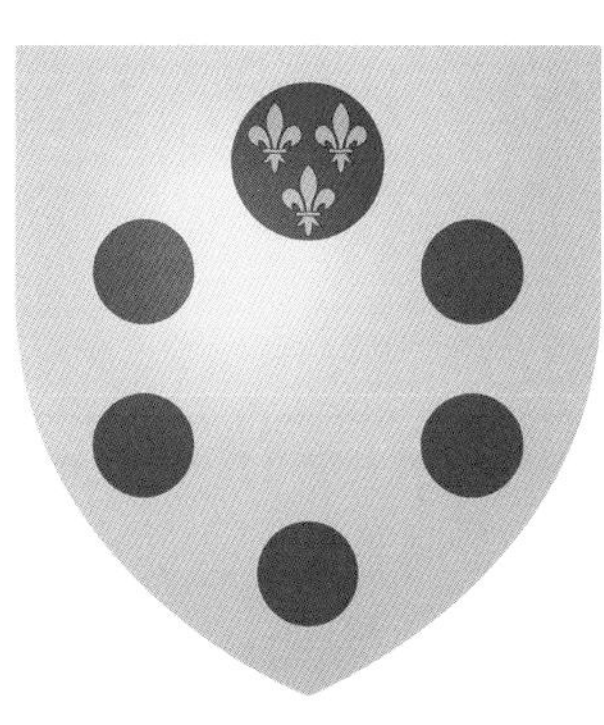

ローマ教皇庁の外貨取引を請け負って急成長したイタリア・メディチ家の紋章。

納税業務時の両替手続きは頭痛の種だったが、メディチ家がこのような教皇庁の困難を肩代わりしたのだ。

特にメディチ家が重視した事業は、**為替手形の仲介**である。中世ヨーロッパで為替手形が生まれたのは、治安への不安と未熟な交通網のためだった。手形の発行地とは別の場所で、その所持者（受取人）に対して記載された額の現金を支払うことを定めた、一種の命令書と言える。

たとえば、フィレンツェの商人がフランス東部シャンパーニュの定期市で現地の商人から毛織物を購入し、その代金を貨幣ではなく為替手形で支払うといったケースが多かった。このとき、為替手形の振出人はフィレンツェ商人であり、受取人は現地の商人（支払人）が指定する他の都市に住む第三者となる。この第三者は代金相当額をフィレンツェ商人の代理人から支払ってもらう。このようにしてフィレンツェ商人はヨーロッパ各地に広がる代理人のネットワークを使って代金を支払い、シャンパーニュの毛織物商人は他の都市に住む債権者に債務を返済するのである。

為替取引は商人にとっていろいろと便利な取引方式だった。**金貨や銀貨を運ぶための費用やリスクの心配がないばかりか、国際貿易を行う大商人の立場では、交換比率の差を利用した追加利益も得られる**ので、まさに一挙両得だった。特に当時のヨーロッパでは、国王だけでなく自治都市と共和国も独自の貨幣を鋳造していたので、商品代金を貴金属の貨幣で支払うよりも、為替手形を発行して債務と債権を各自の帳簿で処理するほうが便利だった。

信用取引の拡大とアムステルダム銀行

しかし、このような為替取引は大きな危険をはらんでいた。商取引において貴金属貨幣の移動が最小化されるので、自然と信用取引が多くなる。**ビジネスにおいて信用取引が占める比重が高いということは、その分ビジネスの安全性が低下することを意味する。**この問題を解決するために、イタリアの多くの富豪たちは危険を共同で分担しあう対策を講じた。

しかし、このようにリスクを分散させるやり方は、ビジネス上の問題を克服する手段ではあったが、大きな危機が発生すると、みんな一緒に破産する結果にもつながった。ペストの流行や、フランスやイギリス国王の破産といった衝撃的な事件が発生した場合、その余波の大きさは言うまでもなかった。

では、この問題をどうしたら解決できるのか。**信頼に足る金融機関が現れて、さまざまな通貨を需給に応じて両替し、当座の資金が必要な商人に手形を割引してやることができれば解決できる**のではないだろうか。

これを**史上初めて実現した都市が、アムステルダム**だ。オランダ連合州内でさまざまな通貨が流通していることで商人たちが実務に支障をきたすと、市当局は1609年、その解決策としてアムステルダム銀行（Amsterdamse Wisselbank）を設立した。当時、オランダにはそれぞれ独立した造幣局が14カ所もあり、外国通貨の流通規模もかなり大きかった。アムステルダム銀行は、商人たちが標準化された通貨で預金口座を開設するようにして、小切手や自動振替システムなど、今日では当たり前と思われている制度を実行した。このような仕組みのおかげで、商業取引は次第に硬貨の現物なしでも可能となった（図1-5参照）。

しかし、アムステルダム銀行は現代的な意味の銀行ではなかった。貸付が主目的ではなかったからだ。銀行は人びとにとって依然として馴染みがなく、いつつぶれるか分からない危険な存在だと思われていた。いくら政府が設立したものでも、「いつでもお金を引き出せる」という確信がなければ、銀行にお金を預け

1609年設立のアムステルダム銀行があった旧市庁舎

図 1-5　アムステルダム銀行設立を境としたオランダの1人当たり国民所得の推移

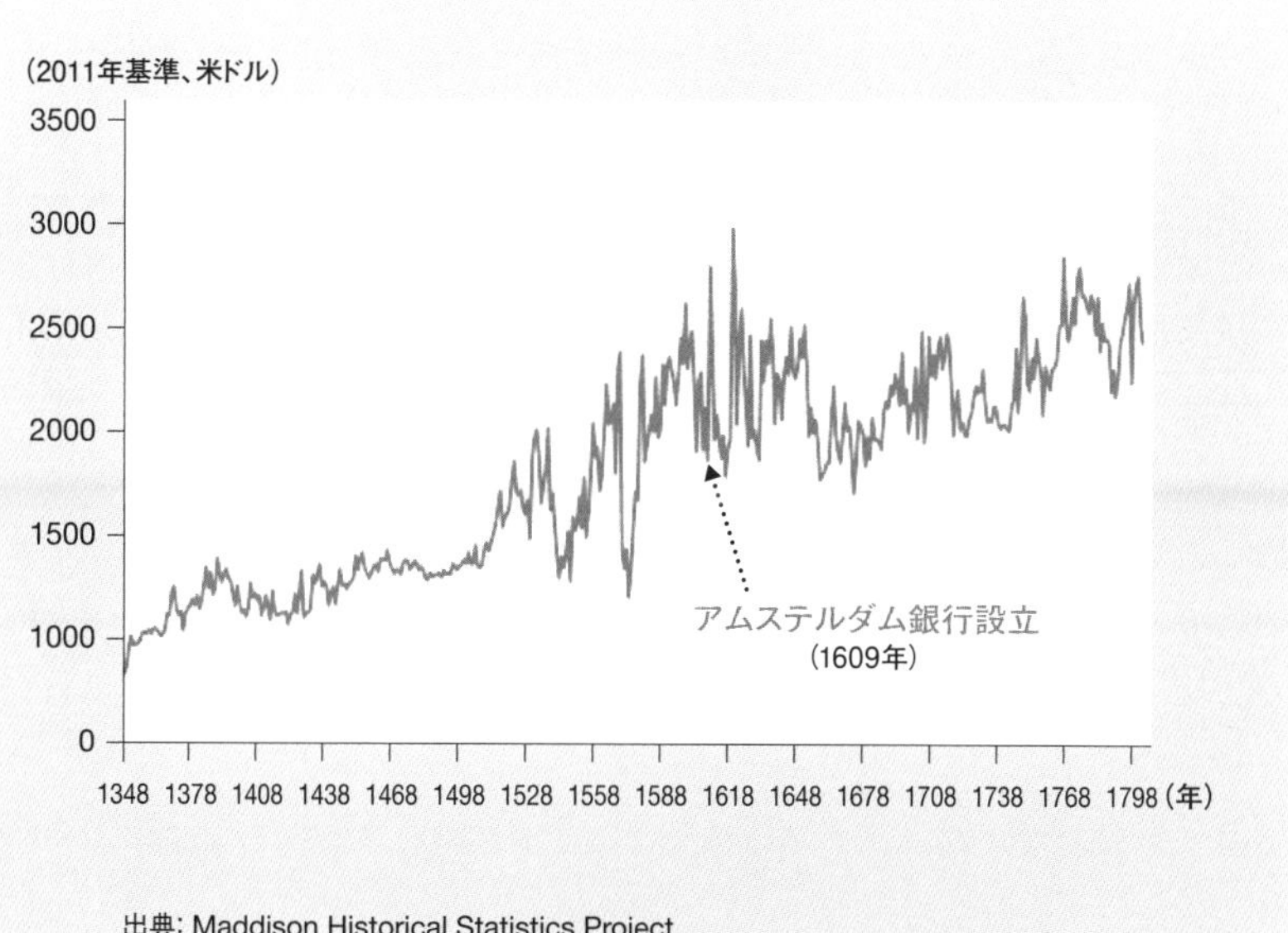

出典: Maddison Historical Statistics Project.

マルサスの罠（わな）（113ページ参照）にはまり、1人当たりの生産性上昇の速度が年0.1%にも満たなかった前近代社会において、人口増加は呪うべきものだった。限られた土地で人口が増えれば、1人当たりの所得は減少するしかないからだ。しかし15世紀以降のオランダの1人当たり国民所得は、ナポレオン戦争が起こるまで大きく減ることはなかった。農業生産性の向上、海外市場の開拓、そして先進的な金融システムの定着が、奇跡のような成果を生み出したと言える。

ようとしなかった。

そこでアムステルダム銀行は、預かったお金を運用するよりも、信用ある資産である貴金属に換えて、100%近い支払準備金を備蓄した。1760年に預金が1900万フローリン（Florin）近くあったとき、支払準備金として備蓄された貴金属は1600万フローリンを超えていた。預金者たちが何らかの理由で一斉に現金を引き出そうとしたとしても、アムステルダム銀行はほぼ全預金者に支払えるほど十分な現金があったのだ。

だが、貸付機能がないからといって、アムステルダム銀行の存在を無視することはできない。何よりも国が設立した銀行の存在は、商取引における利便性を大きく引き上げた。自分の口座が「つぶれない」国策銀行にあり、これを利用して自由に商取引を行い、さまざまな通貨を信用のある資産に両替できるというのは、他のライバル国家と比べて圧倒的に有利な条件を提供したと言っていい。

メディチ家が教皇と結びついた権力と広範な支店網を利用して一世を風靡したとするなら、アムステルダム銀行は「システム」をつくることで銀行業をワンランク押し上げたわけだ。 17世紀にオランダが世界経済の覇権を握った裏には、このような金融革新の影響があったことは当然だった。

次は、イギリスがどのようにオランダの後を追ったのかを話そう。

フィレンツェで流通したフローリン金貨（裏面）

06 銀行が発行する貨幣にいかにして「価値」が生まれたか？

〈05話〉でオランダのアムステルダム銀行について、「貸出機能のない銀行」と書いた。当時の銀行には、制度上の限界があったからだ。

メアリー・ポピンズと取り付け騒ぎ

それで思い出したのが、子どもの頃の愛読書だった『メアリー・ポピンズ』▼だ。次のようなエピソードが出てくる。

——

メアリー・ポピンズを乳母に雇ったバンクスは、その名の通り銀行家であり、ド

メアリー・ポピンズ
イギリスの作家パメラ・L・トラヴァースによる児童文学のタイトル。舞台は1910年のロンドン。バンクス夫妻が子どもたちの家庭教師兼ベビーシッターとして雇ったのが不思議な力を持つメアリー・ポピンズだった。

ース・トムズ・モーズリー・グラブス安全信託銀行の重役だ。ある日バンクスが子どもたちを職場に連れて行くと、ドース会長がバンクスの息子マイケルに「お小遣いの2ペンスを預金しなさい」と言うのだった。そのお金で鳩のエサを買うつもりだった幼いマイケルは、「返して！　僕のお金を返して！」と叫んだ。すると銀行にいた一部の客がマイケルの叫び声を聞いて、預金を引き出しはじめた。すぐに他の客たちも預金を引き出そうとしたので、銀行は支払いを停止した。当然、バンクスは解雇され、「人生の盛りというのに、とんでもないことになった」と嘆くのだった。

この短いエピソードからも分かるように、**銀行への信頼度が低いと、預金者は常に、「いざというときに預金が下ろせないかもしれない」という不安を抱く**ことになる。また、当時は「預金保険制度」がなかったので、預金者が一気にお金を引き出すと銀行が「支払不能」の状態に陥る可能性があった。このような現象を**「取り付け騒ぎ」**▼（Bank Run）と呼ぶ。

この恐怖を取り除かない限り、銀行業は不安定な状態に置かれ続けることになる。こうした問題を一定程度解決したのが、1659年にスウェーデン政府が設立したリクスバンク▼（Riksbank）である。リクスバンクはアムステルダム銀行と同じ機能を持っていたが、商業決済だけでなく活発に貸付業務を行った。実際、金や銀など貴金属の準備金を

取り付け騒ぎ
韓国でも2010年から12年にかけて貯蓄銀行の構造調整をきっかけに、預金を引き出そうとする人びとが長蛇の列を作った。実際に目にした人も多いはずだ。

リクスバンク
スウェーデン国立銀行。前身のストックホルム銀行が1661年にヨーロッパで最初の信用「紙幣」を発行した。スウェーデン国立銀行となって300周年に当たる1968年にノーベル経済学賞を創設した。

上回る貸付を行っていたのだが、これは**信頼さえ十分積み重ねれば預金者が一斉にお金を引き出すような事態はめったに起こらない、という事実**に基づいていた。むろんこれは、「政府が設立した」銀行という性格ゆえに可能なことでもあった。

中央銀行の地位を固めたイングランド銀行

リクスバンクのこうした改革は、イギリスの中央銀行であるイングランド銀行（英蘭銀行：Bank of England）によってさらに開花する。名誉革命で国王の座に就いたウィリアム3世は、1694年にイングランド銀行の設立を許可した。イングランド銀行は設立当時、政府に貸付を行う代価として、貨幣の発行権を与えられた（ちなみに、イングランド銀行の株主は当時銀行の役割を担っていた金細工業者だった）。

これは非常に価値のある特権だった。銀行券は、それを発行した銀行にとって負債ではあるが、利子の支払いが不要なだけでなく、支払い準備を金や銀だけに頼らないという形を取れば莫大な通貨発行益が発生するからだ。イングランド銀行はこの政府との特殊な関係によって、ますます権限を拡大していった。1844年にはピール条例（Peel's Bank Act）と呼ばれる銀行法によって銀行券の発行を独占し、名実共に中央銀行となった。

イギリス政府はそれまで発行していた負債をイングランド銀行の株式と交換した。つまり政府の負債をイングランド銀行に押し付けたわけだが、それでもイングランド銀行は銀行券発行によって生じる差益で株式保有者に配当金を支払い、イギリス政府に対して貸付を行うことで利子の収益を得ることができた。

図1-6が示すように、国内総生産（GDP）に占めるイングランド銀行の資産の比率は、1730年の段階ですでに20％を超えていた。**イギリス政府は定期的に国債を発行して低金利で資金を調達し、市場金利が急騰したり債券発行が難しいときは、イングランド銀行から借りて容易に資金を調達することができた。**

もちろん、イギリス政府がイングランド銀行から借りたお金を返せなければ、あるいはイングランド銀行が銀行券と金をスムーズに交換できなくなれば、一瞬で信頼が崩れる可能性があった。しかしイギリスの租税システムは他のヨーロッパの国と比べてかなり健全だった。

エリザベス1世の統治期（1558－1603年）には王室収入が国民総生産の2％を超えることはなかったが、名誉革命（1688年）後はイギリス政府の税収が急増した。政府総支出の国民所得に対する比率は、1680年代中盤の4％以下から、18世紀の戦時中には17～20％まで跳ね上がった。

もちろん、危機がなかったわけではない。18世紀末から続いたナポレオン戦争によってイングランド銀行も困難を余儀なくされた。ナポレオンが実質的にヨーロッパ全域を

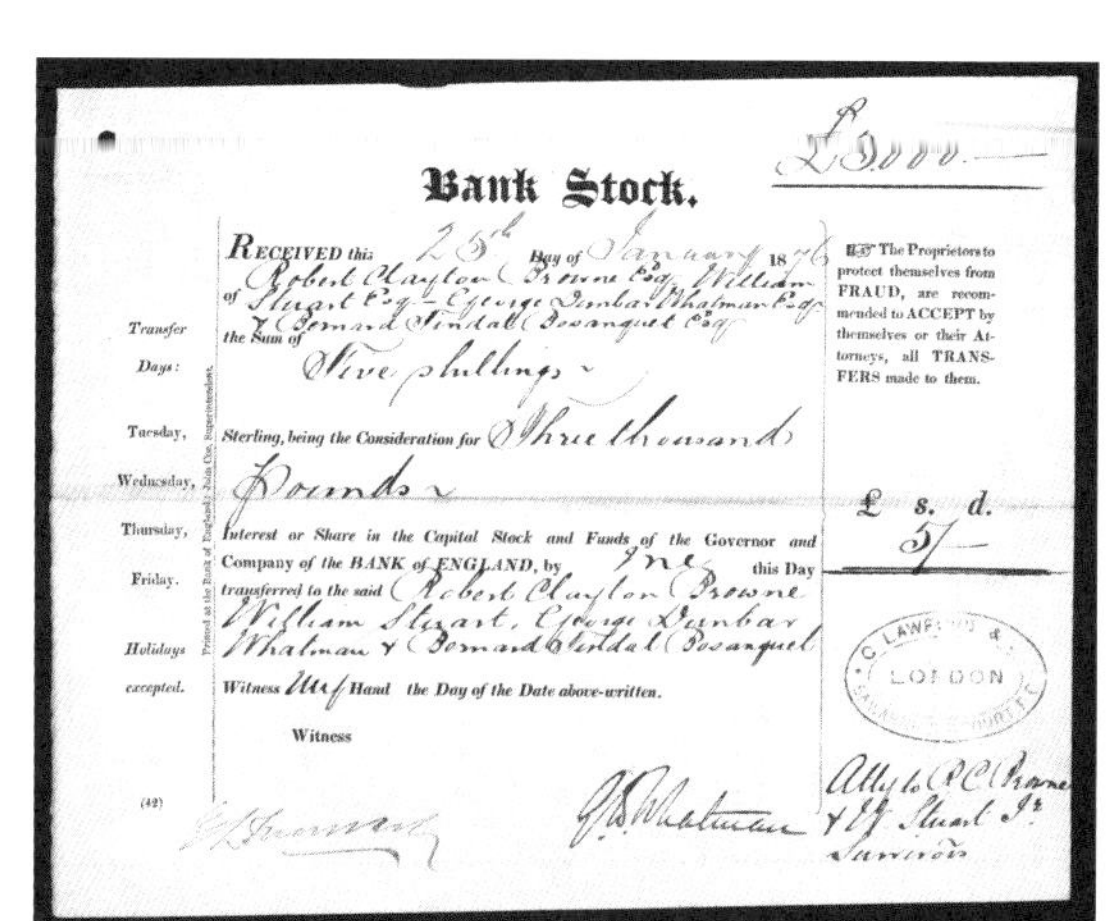
Bank Stock.

RECEIVED this 25th Day of January 1876

Transfer Days: Tuesday, Wednesday, Thursday, Friday. Holidays excepted.

Sterling, being the Consideration for

Interest or Share in the Capital Stock and Funds of the Governor and Company of the BANK of ENGLAND, by this Day transferred to the said

Witness Hand the Day of the Date above-written.

Witness

The Proprietors to protect themselves from FRAUD, are recommended to ACCEPT by themselves or their Attorneys, all TRANSFERS made to them.

£ s. d.

LONDON

1876年1月25日に発行されたイングランド銀行券

図 1-6　イングランド銀行の資産の推移

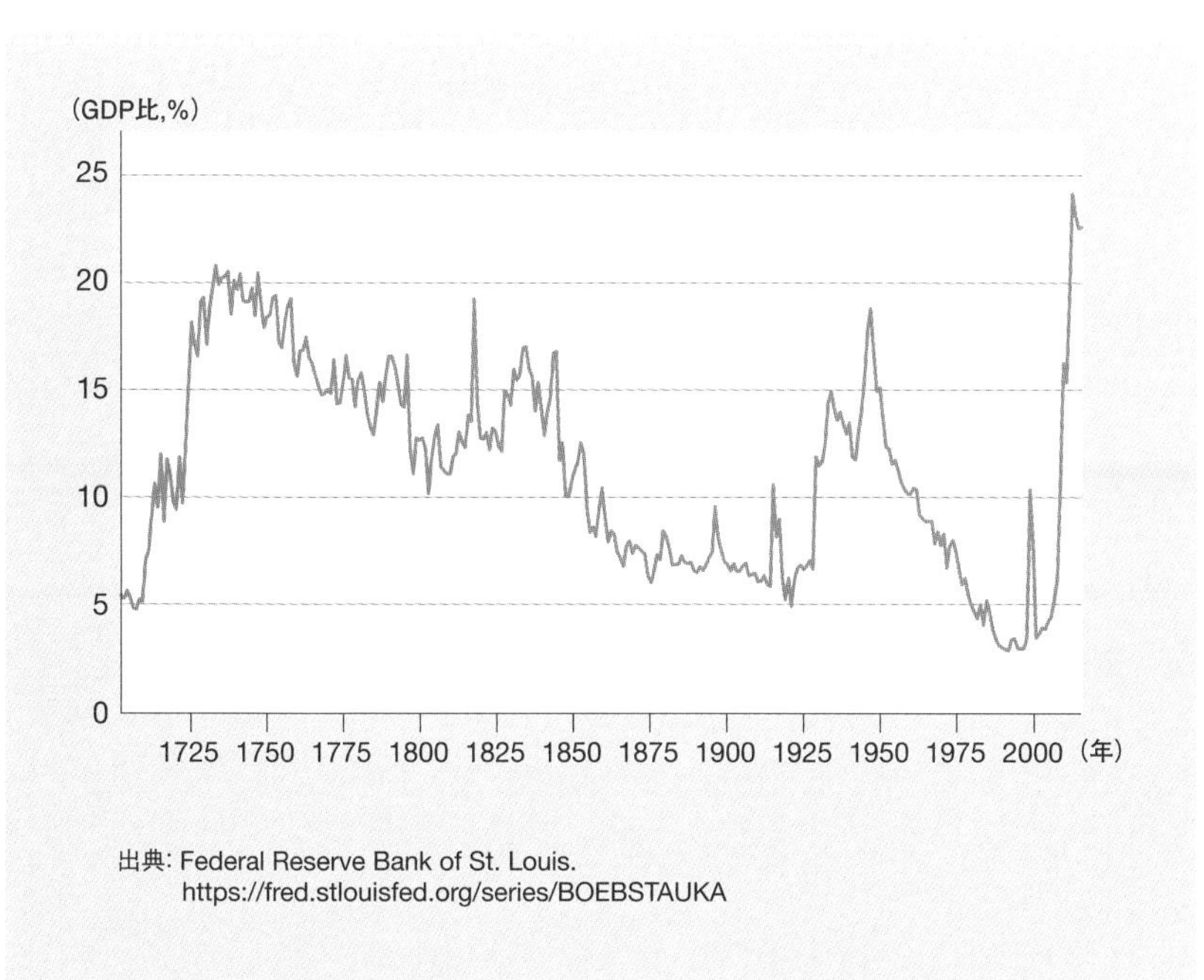

出典: Federal Reserve Bank of St. Louis.
https://fred.stlouisfed.org/series/BOEBSTAUKA

銀行資産の大半は貸付金からなる。中央銀行の資産もまた、銀行への一部の貸付金を除くと、政府への貸付金がその大部分を占める。この図から、戦争が頻発していた時期にイングランド銀行の資産が急増していることが分かるが、それはイギリス政府の戦争資金調達のために貸出が増えたからだ。

掌握し、イギリスでも金の価格が上昇しはじめたからだ。名誉革命後に権力を握ったウィリアム3世とイギリス政府はポンド（＝銀行券）と金の交換率を固定したが、それにもかかわらず、金価格の上昇によって金融システムへの不信が高まることを抑えられなかった。ただし〈01話〉で見た通り、ネルソン提督とウェリントン公爵が決定的な勝利を収めたことで、イングランド銀行発行の銀行券の価値は再び安定を取り戻した。

ここで一つ気になることはないだろうか？　フランスは一時、ヨーロッパ大陸を制覇した。さらに距離的にイギリスよりもオランダに近かった。なのに、なぜフランスは中央銀行システムを構築できずに「敗者」となったのだろうか？　次はこの疑問について考えてみよう。

07 フランスが「永遠の二番手」から抜け出せなかった理由

世界的な経済史学者チャールズ・キンドルバーガー▼は、世界の主な大国がどのように覇権を握り、また衰退したのかを説明する中で、フランスを**「永遠の挑戦者」**と呼んだ。**多くの人口、広い国土、そして強力な軍事力を持っていたにもかかわらず、一度も世界史の中心に立てなかったフランス**を表現するのに、この言葉がぴったりだと考えたのだろう。

それもそのはず、16世紀にはスペインが覇権を握り、17世紀にはアムステルダム銀行と東インド会社という新たな武器を持ったオランダが世界の海を制し、18〜19世紀にはイギリスが無敵海軍によって「太陽の沈まない帝国」を築き上げたのに、フランスは常

チャールズ・キンドルバーガー
(Charles P. Kindleberger)
1910−2003年。経済史に顕著な貢献をしたアメリカの経済学者・歴史学者。最も成功した『国際経済学』(1953年)をはじめ著書多数(邦訳も多数)。

に二番手にとどまっていた。

なぜフランスは二番手から抜け出せなかったのだろうか？

お金もなく、信用もなく、増税もできず

いくつかの原因が考えられるが、**最大の理由はお金がなく、信用度が底をついていたこと**だ。フランス王室は１５５９年、98年、１６３４年、48年、61年、98年、１７１４年、21年、59年、70年、88年の各年に、債務の全部または一部を履行しなかったのだ。ルイ16世が１７８９年にフランス大革命のきっかけとなった三部会▼を招集したのも、財政難を解決して債務不履行を回避するためだった。

もちろん、歴代のフランス王たちは、大商人の財産を食いつぶそうとして、平然と債務不履行を行ったわけではない。債務不履行が繰り返されると債務利子率が上がるだけでなく、そもそもお金を借りられなくなってしまう。

大革命前夜に発刊された「１７８８年国庫会計報告書」によれば、フランス王室の支出が6億３０００万リーブルなのに対し、収入は5億３００万リーブルにとどまっており、約20％にもなる莫大な赤字を記録している。その原因は、負債に対する過大な利払い負担である。当時の利払い費用は、予算全体の約半分に当たる3億２０００万リーブルにもなっていたのだ。

三部会
フランスの三部会は、聖職者、貴族、平民の三つの身分の代表からなり、国王の諮問機関の役割を担っていた。しかし、議会内部では平民代表と保守的な貴族代表との間で対立が頻発していた。三部会の招集は16世紀前半には比較的少なく、１６１４年に売官制の廃止が議論されたのを最後に、１７０年間にわたり一度も招集されなかった。１７８９年5月、財政問題に苦心したルイ16世が久々に三部会を招集したものの、討議の形式と投票方式をめぐって再び深刻な対立が起こり、これがフランス革命の導火線となった。

フランス王室が莫大な負債にあえいでいたのは「戦争」のせいだった。特にアメリカ独立戦争（1775―83年）に参戦するため、20億リーブルもの資金を投入した。また、1789年の大革命前夜には通貨量が25億リーブルだったのに、王室の負債総額は50億リーブルに達していた。

だからといって、負債を埋め合わせるために増税することもできない状況だった。歴史学界の推定によれば、フランスの国民所得に対する租税負担率は1683年に31％、1789年には38～40％に達していた。加えて、特権階級はいっさい納税せず、勤労大衆の税負担だけが大きくなっていたので、これ以上の増税は不可能だったのだ。

また、フランスではユグノー（新教徒）が商工業において中心的な役目を担っていたのに、1679年に彼らに対して差別的な課税を行ったのに続き、1685年に宗教の自由を認めた「ナントの勅令」を廃止したことで、150万～200万人にも及ぶユグノーのうち相当数がフランスを去ってしまった。これによってフランスの経済的な活力は大きく衰退した。

このような状況で、フランス王室に残された道は次の二つしかなかった。一つは三部会を招集して特権階級にも課税すること、もう一つは政府に貸付を行うイングランド銀行のような中央銀行を設立することだった。前者は貴族と聖職者の強い反発が目に見えていたので、中央銀行を設立するのが最善策だった。

フランスをだましたスコットランドの詐欺師

このときに現れた人物こそ、スコットランド出身の詐欺師ジョン・ローだった。スコットランドの金細工業者の家に生まれたジョン・ローは、決闘で人を殺してヨーロッパ大陸に逃れ、そこでルイ15世の摂政であるオルレアン公フィリップ2世と出会い、中央銀行設立の業務を中心的に担うことになった。

ジョン・ローの構想はかなり斬新なものだった。彼は、王立銀行を設立して政府が貨幣発行を独占すべきだと助言した。これは、イングランド銀行が設立時から少しずつ実行・拡張してきたことを短期間で推し進めようというものだ。

とはいえ、フランス王室には何度も破産宣告して利子の支払いを中断した前科があったので、中央銀行を設立して紙幣を発行したとしても、それが民間に受け入れられるという確信が持てなかった。

この問題を解決するためにジョン・ローが打ち出した案が、**「ミシシッピ会社」**▼(Mississippi Company)である。ミシシッピ会社は**フランスのあらゆる海上商業権を独占し、1720年に王立銀行と合併して中央銀行となった。**つまり、前途洋々たるミシシッピ会社が中央銀行なのだから、中央銀行が発行する紙幣は金（きん）と変わらない価値を持つと主張したわけだ。

ミシシッピ会社
18世紀初頭に北アメリカに植民地を有していたフランスが立てたミシシッピ川周辺における開発・貿易計画。ミシシッピ計画とも言う。会社の業績が極端に悪いのに発行価格の40倍にまで株価が暴騰する開発バブルを引き起こした。チューリップ・バブル（オランダ）や南海泡沫事件（イギリス）とともに、3大バブル経済の一つとされる。

初めは好調だった。フランス政府は紙幣を印刷して政府の負債を一掃し、フランス人たちはミシシッピ会社の株価が急騰するのを見て、「バラ色の未来」の幻想を抱きはじめた。1719年の夏に3000リーブルだったミシシッピ会社の株価は、翌20年の初めには実に1万リーブルまで上昇した。

しかし、**どんな「株式作戦」も終わりは似ていて、同業者たちが最後まで協力しあえばよいが、他人を出し抜いて差益を得ようとする裏切り者が出てくる**ものだ。

しかも、最初の裏切り者が他でもないオルレアン公らフランス王室の者たちだったため、破局は一瞬で訪れた。20年夏になるとミシシッピ会社の株価は3000リーブルを割り込み、その後は取引自体が停止されてしまった（図1-7参照）。

結局、1720年末にオルレアン公はジョン・ローを中央銀行長の座から解任し、フランスに中央銀行を設立する試みも立ち消えとなった。そんな中でも国王は、ミシシッピ会社の株式を処分する一方で、インフレを刺激して実質的な負債を軽減することができた。一方、フランス国民は大損しただけでなく、国家主導の銀行と紙幣に強い不信を抱くことになった。

スコットランド出身の詐欺師、ジョン・ロー

図 1-7　1720年前後のミシシッピ会社の株価推移

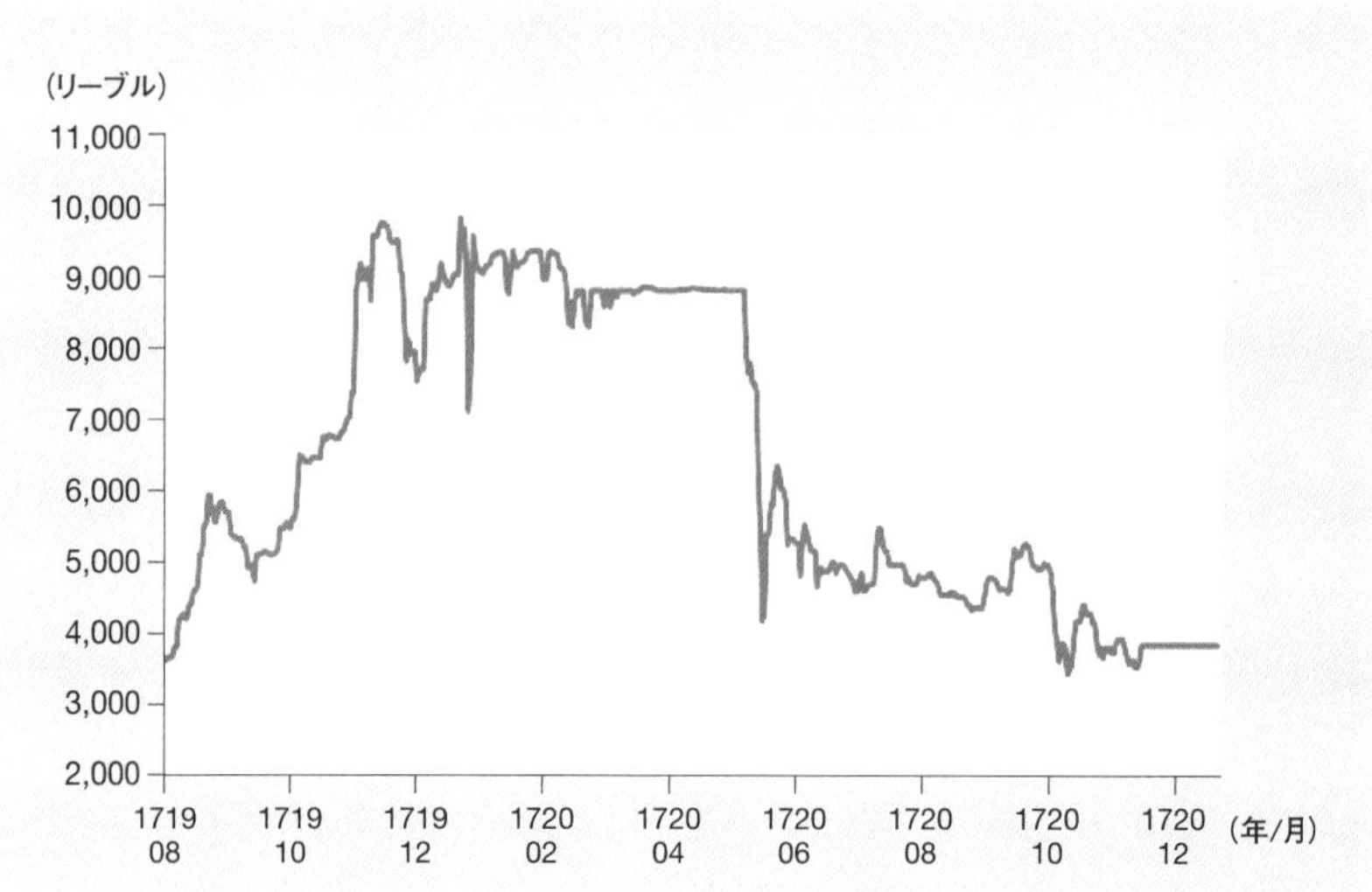

出典：Rik Frehen, William N. Goetzmann and K. Geert Rouwenhorst, "New evidence on the first financial bubble", *Journal of Financial Economics*, Vol.108, Issue3, June 2013.

東インド会社の株価（図1-2）とは正反対の動きを見せている。着実に上昇していくのではなく、急騰して高値を付けた後は不安定になって暴落する、典型的な「バブル崩壊」のパターンである。内部者取引で吊り上げた株価が急降下した後は、まったく反騰する気配もない。

財政の戦いに負け続けたフランス

結局、**フランスが16世紀以降ずっと二番手の座から抜け出せなかった決定的な理由は、「財政戦争」における敗北のため**だと見ることができる。

フランス大革命の後に権力を握ったナポレオンは、教会の所有資産を売却して新たな通貨を導入する一方、オランダとイタリアの納税者からお金を搾り取ったが、それでもフランスの国債金利は6％を下回ることはなかった。

19世紀初頭のフランス長期公債の平均金利は、イギリスの国債と比べて常に2％以上高かった。つまり、フランス軍がヨーロッパ全土で「略奪者」の悪名をとどろかせ、被征服国家からの持続的な反発に直面したのは、こうした「お粗末な財政」が背景にあったのだ。

産業革命以前のヨーロッパの話はここまでにして、次は同時期のアジアに目を向けてみよう。

PART1

教訓

「高金利」の国への投資は注意せよ！

スペイン、フランス、オランダなど、ヨーロッパの国々の歴史を学ぶと、一つの示唆を得ることができる。**オランダやイギリスなど人口の少ない国が覇権を握ることができた最大の理由は、国民から「信頼」を得ることによって低金利で資金を調達できたから**だ。

ここで疑問が生じる。逆にイギリスの預金者や投資家の状況はどうだったのだろう？

PART1を読めば誰でも分かるように、イギリスの預金者たちは幸福だった。銀行預金や購入した国債が「踏み倒される可能性」はきわめて低いと考えられたからだ。人は自分の請求権（銀行預金や債権などに対する）が安全だと思えれば、低金利で満足できるものだ。ところが元金が戻らない心配があると、そうはいかない。「リスクプレミアム」がつくわけだ。

図1-8はアメリカ社債（BBB格）の上乗せ金利（信用度などの条件に基づいて基準金利に上乗せされる金利）を示すものだが、不況になると上乗せ金利が急上昇していることが分かる。

参考までに、社債の等級は信用度が最も高いAAA格からすでに破産債券になっているCCC格までさまざまだ。BBB格は格付け機関による債券格付けにおける一種の「境界」に当たる。格付け機関がBBB−格までを「投資適格債」と呼んでいるからだ。BBB−格以下のBB格債券、B格債券は「投資不適格債」または「投機的債券」などと呼ばれる。

当然ながら、格が低い債券ほど不況のときに不渡りになる可能性が高くなる。そういう社債は人気が低いので、債券を売るには高い金利を提示する必要があるのだ。

これが18世紀のフランスやスペインの国債が高金利だった理由だ。当時、格付け機関などはなかったが、しばしば不渡りを出したために、現代の信用度の低い社債と一緒だった。**国家でも私企業でも、信用度が低いと金利は高くなる。**そして**金利が高い国（企業や個人も）ほど不確実性が高く、資本市場も未発達**と見ることができる。

こうした現象を最もよく表しているのが、前近代の朝鮮社会だ。朝鮮王朝時代、

図 1-8　米国社債（BBB格債）の上乗せ金利（スプレッド）推移

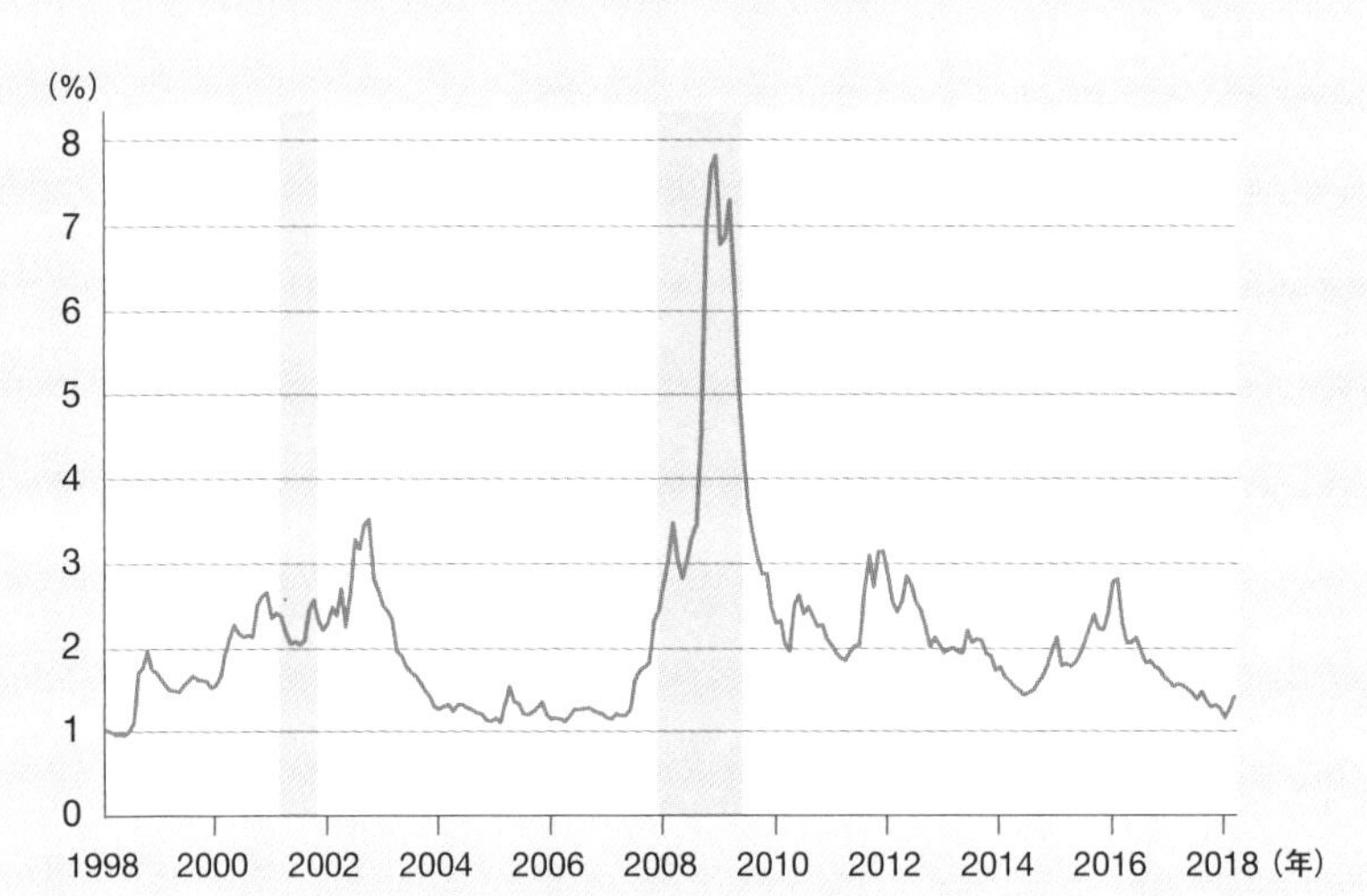

注：網かけ部分は経済分析局が「不況」と判定した時期。

出典：Federal Reserve Bank of St. Louis.
https://fred.stlouisfed.org/series/BAMLC0A4CBBB

国際金融市場には「指標銘柄」（Benchmark Bond）は存在しないが、国内では政府が発行する国債が、他の債券の金利を評価する基準となる。同一満期の国債に比べて社債（ここではBBB格債）の金利がどれほど高いのかを示す上乗せ金利（スプレッド）の変化は、市場参加者たちの心理をよく表している。上乗せ金利が大きくなるときには、景気が悪化して元利返済が滞る企業が増えそうだとの市場参加者の懸念が反映されていると見ることができる。

慶尚道慶州の名家が周囲の知人や小作人にお金を貸すときの利率は、17世紀末から1910年まで50％を下らなかった。全羅道霊岩では1740年代に40％、18世紀末には30％、19世紀半ばには35〜40％を記録していた。

朝鮮王朝後期にこれほど利率が高かったのは、朝鮮人が借りたお金を返さないような人びとだったからではない。資本の蓄積が困難だったのでお金を貸してくれる人自体が少なかったばかりか、近代的な社会構造を備えていなかったため、債務を返済せず逃げてしまった人を制裁する方法もなかったからだ。

この点はスペイン、フランス王家も似たようなものだ。国内の貯蓄では足りないので、他国の銀行家から借金するしかなかったが、彼らがしばしば破産しても制裁する方法がなかったため、上乗せ金利が高かったのだ。

以上の教訓を「投資」分野に当てはめるなら、**「金利が高いのには必ず理由がある」**ということだ。トルコやブラジルなどの新興国が発行する国債や、国内でも信用ランクが低い社債の金利が高いのには、それ相当の理由があるということだ。

もちろん、好況時には高金利の債券を好む投資家が増え、こうした債券の人気が高まることもある。しかしこのような債券は、不景気になれば真っ先に資金を引き上げる対象になるという点を忘れないようにしよう。

PART2

大航海時代が開いた「グローバル経済」

08 国家の危機を脱するために実施された明の「税制改革」

スペイン人はアメリカ大陸を征服して大儲(おおもう)けしたが、そのことで生活が変化したのはヨーロッパやアメリカの人びとだけではなかった。ともすれば、中国や日本などの東アジア社会のほうが、ヨーロッパよりも大きな影響を受けたかもしれない。

戦争の泥沼から脱するための税制改革

1492年にコロンブスが新大陸に到達する直前、明はさまざまな種類の貨幣を銀に替えはじめていた。14代皇帝の万暦帝(ばんれきてい)(在位1572−1620年)の執権初期に名宰相の張居正(ちょうきょせい)が断行した**「一条鞭法(いちじょうべんぽう)」**がそれだ。

この改革の核心は、**各種の税金を土地税に一本化するとともに、税金をすべて銀で納めさせる**というものだった。税目を土地税に一本化するのと同時に、全国的な土地調査を行った。**地方の支配勢力が脱税のために隠していた多くの土地を探し出して課税対象としたことで、国家財政も大きく好転**した。

明は12代の嘉靖帝（かせい）（在位1521―66年）の時代から戦争の泥沼にはまっていたので、租税改革はまさに緊急課題だったのだ。

なぜ明は倭寇の略奪に悩まされたのか

ここで少し付け加えると、漢族が建国した宋や明は常に外勢の侵略に苦しんだ。国力が弱かったというよりも、周辺民族が騎馬兵や素早い艦隊などの非対称戦力、すなわち中国とは違った特色を持つ戦力を備えていたことが原因だ。嘉靖帝の時代に、明は史上最悪の倭寇（わこう）による略奪に遭うが、これを「嘉靖の大倭寇」という（図2-1参照）。

なぜこの時期に倭寇の略奪が集中したのだろうか？

それについては長い論争があった。最近の研究によ

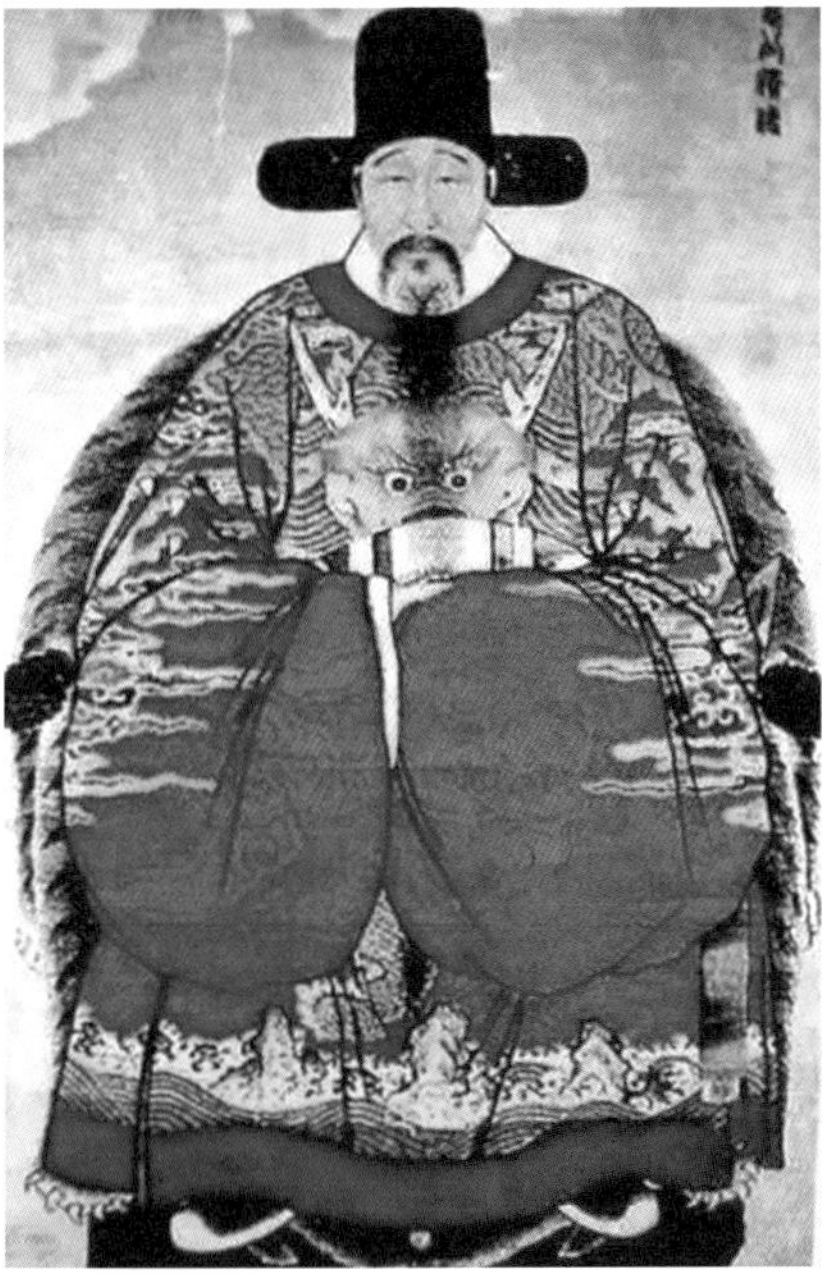

一条鞭法を施行した明の張居正

れば、**当時は単に海賊のことを「倭寇」と呼んでいただけで、そのメンバーの多くは日本人ではなく中国商人だった**という。数百隻の船と十万人以上の船員を率いていた海賊王・王直(おうちょく)もやはり中国出身で、自らを「海商」と呼んでいた。したがって、「嘉靖の大倭寇」は日本人の侵略というより、何よりも中国人同士の問題だったのだ。

では、**なぜ彼らは母国の明に対して海賊行為を行ったのか?**

その理由は、当時の明の政策の変化にある。中国は伝統的に貿易を奨励しており、7世紀以降、朝鮮半島、日本、東南アジア、アラブなどとの海洋貿易が盛んだった。

明を建国した洪武帝(こうぶてい)(在位1368―98年)は建国直後に海禁措置を取ったが、このときはまだ対外的に鎖国を宣言しただけで、暗黙の了解のもとに海洋貿易は続けられた。第3代の永楽帝(えいらくてい)(在位1402―24年)の時期に行われた「鄭和(ていわ)の大航海▼」の経験も含め、明は実質的に相当な規模の貿易を行っていた。

ところが**嘉靖帝は海禁政策を厳格化して、数百隻の貿易船を破壊し、密輸商人たちを処刑してしまった。**

嘉靖帝が急に密貿易を厳しく取り締まった理由についてはさまざまな見解があるが、西洋の勢力が南シナ海に出現したことに警戒心を高めたからだという解釈が最も有力だ。南方にポルトガル艦隊が現れて本格的に略奪を始めた上に、戦国時代の日本の地方領主たちが中国に交易を求めて狼藉(ろうぜき)を働く事件まで起きた。そのため、全面的な統制を主張

鄭和の大航海
鄭和(1371―1434年)は中国明代の武将。12歳のときに永楽帝に宦官(かんがん)として仕えた。軍功をあげて重用され、1405年から33年まで、南海への7度の大航海の指揮を執った。東南アジア、インド、セイロン島からアラビア半島、アフリカにまで航海した。

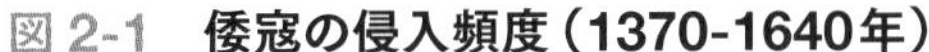

図2-1 倭寇の侵入頻度(1370-1640年)

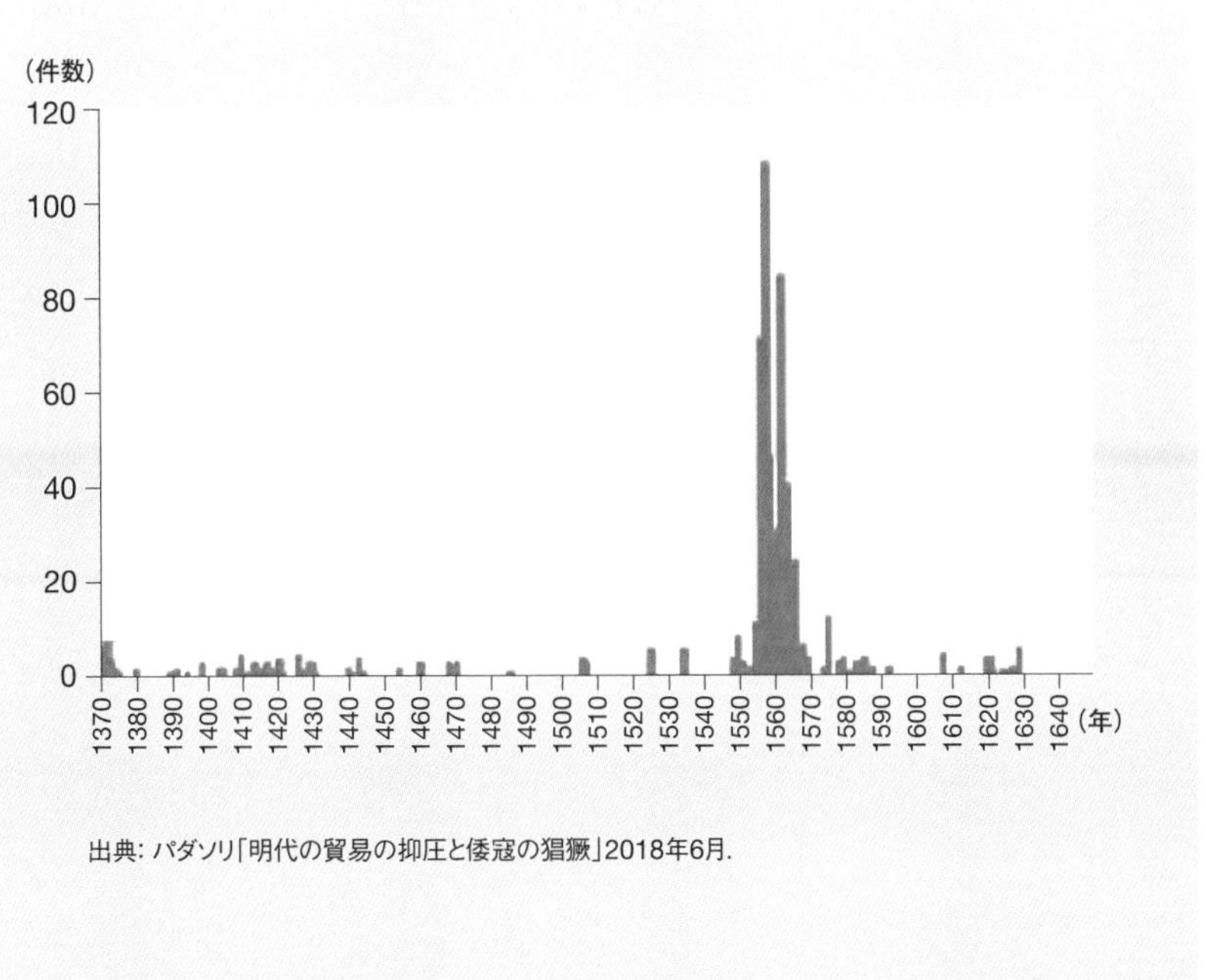

出典: パダソリ「明代の貿易の抑圧と倭寇の猖獗」2018年6月.

中国はいわゆる「北虜南倭」に苦しんできた。北方の騎馬民族は異常気象で飢饉に見舞われるたびに、南方の農耕民族から略奪することで危機を解決しようとした。また南方の海洋民族は通商を求めてそれが受け入れられないと、倭寇に変身した。特に13〜14世紀の倭寇の侵入は日本など海洋民族が主であったが、16世紀中盤の第二次倭寇侵入は、貿易の機会を失った中国人が積極的に参加したとの分析が、最近になって提起されている。

する勢力の発言力が増したのである。

海禁政策の施行直後、密貿易は一時的に収まったものの、これを抑え続けることはできなかった。何よりもポルトガルなどの海外勢が中国の産物を手に入れたがっていたし、数十年来、いや数百年来の〝生業(なりわい)〟を失った中国の貿易商たちが生活に困って海賊になるなど、中国の東南海岸は統制が不可能な状態となった。明の名将・戚継光(せきけいこう)の斬新な戦略によって、倭寇の蔓延はある程度防ぐことはできたが、根絶はできなかった。

結局、**嘉靖帝死後の1567年に即位した隆慶帝(りゅうけいてい)（在位1567―72年）は福建省の漳州(しょうしゅう)港を開放し、海外に出た中国人が貿易して戻ってくることを許容するようになった。**また、中国の地方政府がポルトガル人によるマカオ租借を承認したのをきっかけに、倭寇の襲撃も急減した。しかし、肥沃(ひよく)だった江南地域が倭寇によって荒らされ、北方の情勢も悪化の一途をたどり、明の財政負担は限界レベルに達していた。

中央銀行なき時代の経済改革の限界

張居正の改革はこのような国家の危機的局面で行われたものだ。彼はさまざまな税目を土地税に一本化する一方、税金は米などの現物ではなく銀で納めさせた。

満州や山西省などの北方で戦争をする際に、現地の商人への支払いは金や銀で行われたが、南方で徴税した米をいちいち交換していては費用が重複して非効率的だったのだ。

また、貨幣経済の発達に伴って人びとの意識が変わり、銀で納税したほうがずっと便利だと考えるようになったことも改革の一因となった。

しかし、この制度にも問題がなかったわけではない。先に述べた15世紀ヨーロッパにおける金の供給不足の事例から分かるように、**貴金属の貨幣を使用するとき最も重要なのは安定的な「供給」**だ（〈04話〉参照）。万一、銀が不足して供給に問題が生じれば、経済全体が急激なデフレに陥る危険がある。つまり、**通貨価値が上昇する可能性が高くなると貯蓄志向が強まり、経済全般に強い景気委縮傾向が生まれる**わけだ。

中央銀行があればただちに金利引き下げなど、景気テコ入れ措置を取ることができるが、残念なことにオランダがアムステルダム銀行を設立（１６０９年）する以前は、そうした役割をする中央銀行は世界のどこにも存在しなかった。

09 ヨーロッパの銀の大半が「中国に流入」したのはなぜか？

歴史の勉強をしていると、「運命」というものを感じることがある。16世紀の中国とスペインの出会いがまさにそうだ。一条鞭法という歴史的改革を断行した中国が「銀貨不足」の状態にあったとき、スペインがメキシコとペルーで豊かな銀鉱を発見したからだ。

メキシコを出発したスペインの大船隊がフィリピンを経て中国に到達した後、陶磁器や絹の代金を銀貨で支払ったため、中国の貴金属不足の問題は解決した。一部の歴史学者が「アメリカ大陸からヨーロッパに流入した銀のほとんどが中国に移動した」と述べるほどだから、どれだけの銀が中国に流入したのか察しがつくだろう。

ここで疑問が生じる。ヨーロッパで中国製品の人気が高かったのは事実だが、アメリカ大陸で採掘された銀の大部分が中国に流入するほどの需要があったとは思えないからだ。

中国とヨーロッパで大きく異なっていた金銀交換比率

これについて歴史学者は、**「金と銀の交換比率」**に注目する。他の地域と比べて、中国では銀の価値が高かったのである。図2-2の通り、**16世紀の金と銀の交換比率を見ると、ヨーロッパではおよそ1対12だったのに対し、中国では約1対6と、銀の価値が2倍ほど高かった。**そのため、ヨーロッパ人は銀を中国に持ち運ぶだけでも大きな利潤を手にすることができたのだ。

このような現象が起こった理由は二つある。一つはアメリカ大陸のサカテカスとポトシで史上最大規模の銀鉱が発見されたこと、もう一つは東アジアでは金の産出が相対的に多かったからだ。

最も代表的な例は**日本の佐渡の金山で、記録によればその産出量は累計78トンに達したという。**もちろん、銀がヨーロッパから中国へと大移動するにつれて金と銀の交換比率の落差は徐々に縮まっていったが、移動には時間を要し、費用も高額だったため、蒸気船が発明されるまでは依然としてかなり大きな差があった。

19世紀に電信が開通する前と後の、大西洋を挟む二つの大陸間の綿相場の調整のケースから分かるように、前近代社会において情報の流通はかなり閉鎖的だった。アメリカ・

図 2-2　中国とスペインの金の交換比率（金1単位と交換される銀の量）

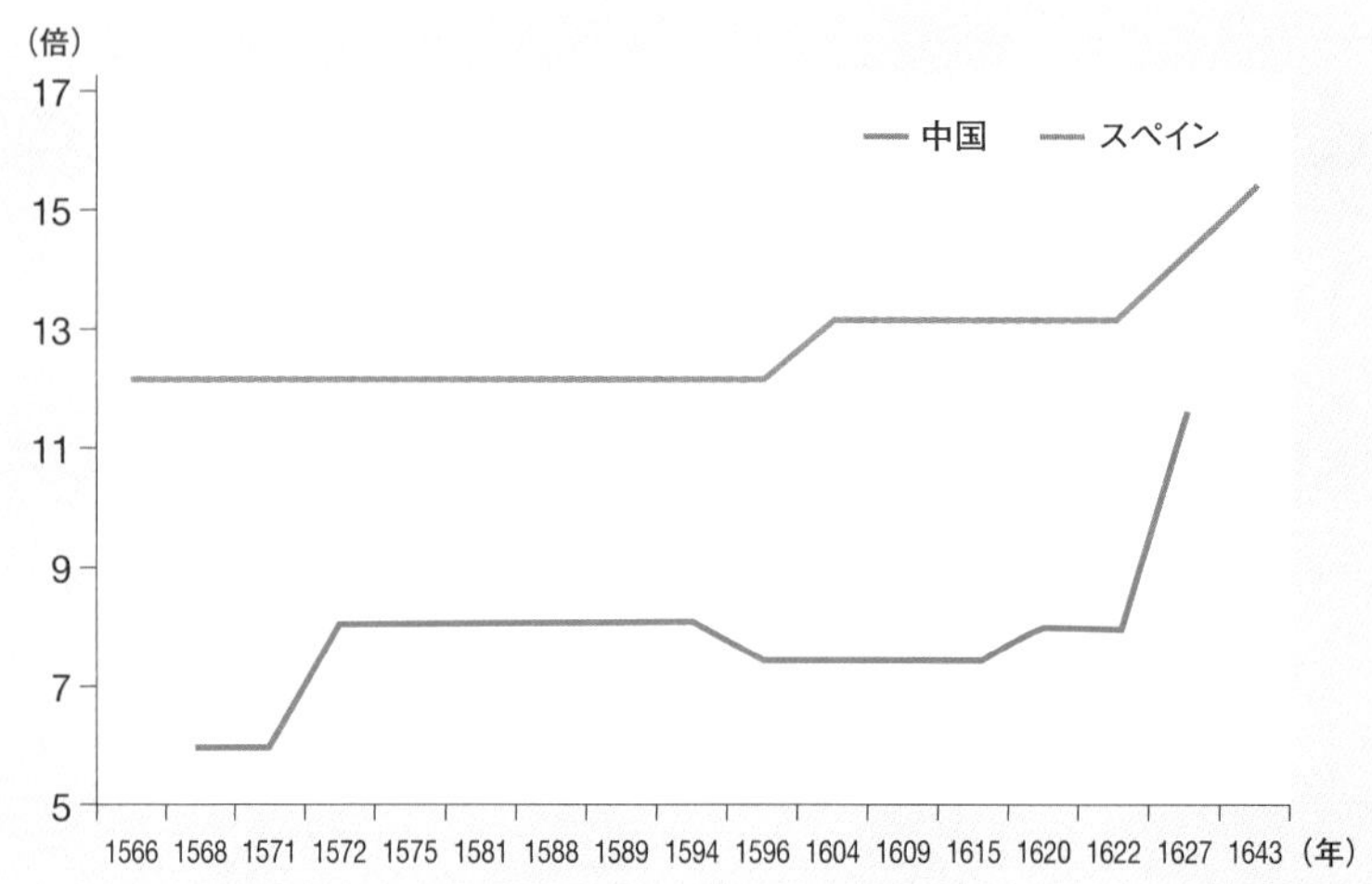

出典：朱京哲『大航海時代』ソウル大学校出版部, 2008.

金と銀の交換率は歴史的に一定してはいなかった。最近は約1対60で取引されているが、過去には地域ごとに比率が大きく異なっていた。特に16世紀にスペインがアメリカ大陸で豊富な鉱脈を見つけて以来、東洋と西洋の金の交換率は2倍近くの差が生じた。マゼランの世界一周以降、アメリカからアジアへの航海が定期的に行われるようになると、一種の「裁定取引」がなされたが、蒸気船や無線電信などの技術革新が本格化する以前は、東洋と西洋の金の交換率には依然として大きな差が存在した。

ニューヨーク港の綿花輸出業者は、綿織物工業の中心であったイギリス・リバプールの相場に敏感だった。

しかし当時は、印刷された新聞がリバプールから蒸気船に載せられてニューヨーク港に到着するまで、相場の動きについてはまったく分からなかった。ニュースが大西洋を渡って伝わるには、7～15日ほどかかったそうだ。そのため、本来ならリバプールにおける綿花の価格設定は、ニューヨークでの価格に運賃を足した程度に設定されるべきだったが、実際の価格の開きはもっと大きかった。

その後、**1858年8月5日に大西洋を横断する海底通信ケーブルが敷設されたのに伴い、両地域の綿相場の情報が時間差なしで伝わるようになった。**そのおかげで二つの市場の価格差は急激に縮まり、相場も安定したのである。

現代人の感覚では、中国とヨーロッパの金と銀の交換比率がなぜこれほど違っていたのか理解できないかもしれないが、**電話やインターネットがなかった時代には情報が非常に貴重な「資産」だった**ことを認識する必要がある。

次の話で、金や銀などの貴金属の流入・流出が中国の歴史にどんな影響を与えたのか、もっと長期的な視点で見てみよう。

10 経済不況が長く続いた「ポスト三国志」時代の真相

中国をはじめアジア人に最も影響を与えた物語といえば**『三国志』**▼だろう。漢の末期、宦官と外戚の権力争いによって政治が乱れる中、黄巾の乱をきっかけに群雄割拠の時代が始まる。その中で**曹操、孫権、劉備が天下統一をめざしながら、争い、協力しあう物語**は、多くの人の血を沸かせた。

だが、三国志以降の歴史については誰も興味がないようだ。それも無理はない。事実上の主人公とも言える劉備、関羽、張飛の三人の義兄弟が順々に世を去り、一人残った諸葛孔明が蜀を守るために奮闘するも、圧倒的な強さを誇る魏との国力の差は次第に広がり、最後は北伐の中で命を落として終わってしまう。それを見て、多くの人が涙した

三国志
後漢末期以後の群雄割拠の時代（180年頃－280年頃）、魏・呉・蜀の三国が覇権を争った歴史を扱った歴史書。後世、これに民間伝承を加えた説話が好まれ、明の初期に通俗歴史小説『三国志演義』が成立し、日本も含め世界中に広まった。

に違いない。

その後、魏の後を継いだ晋が三国を統一するものの、五胡（五つの北方民族）に侵略されて揚子江以北の土地を奪われ、南に移動してかろうじて滅亡を免れるという展開も、この時代への関心を薄れさせた原因だろう。

なぜ強力な軍事国家が北方民族に敗れたのか？

ここで一つ不思議なことがある。三国時代の各国は数万から数十万の兵力を動員して総力戦を繰り広げた。これほど**強力な軍事力を持っていたにもかかわらず、なぜ三国を統一した晋は、北方民族にあっけなく敗れてしまったのだろう？**

歴史家たちは、地方に領地を与えられた王族が後継問題をめぐって起こした「八王の乱」などによって国が分裂していた上に、無能な皇帝が相次いで帝位に就いたことが敗北の理由だと指摘している。だが、本当にそうだろうか？

中国の歴代王朝の中で、清を除けば、愚かな皇帝が国を食いつぶすことは珍しくなかった。どの王朝も、必ず一度は大規模な農民反乱に遭っている。その中でなぜ、晋に始まって唐が建国されるまで、漢族が建てた王朝は負け続けたのだろうか。

三国志の有名な一場面「桃園の誓い」を描いた桜井雪館の絵。劉備（左）・関羽（中央）・張飛（右）。

さまざまな理由が考えられるが、中でも最初に思い浮かぶのは**「軍事革新」**だ。北方民族は強力な新兵器とも言える鐙（あぶみ）を発明したおかげで、「重騎兵」（鐙で武装した騎兵）が圧倒的な武力を行使できるようになった。鐙とは馬の鞍（くら）に装着する足の支えのことで、これがあると馬にまたがりやすく、馬上でもバランスが取りやすくなる。

鐙が発明される前の騎馬兵の主な武器は弓で、機動力を利用して弓を射った後はすぐに後退するのが一般的な戦略だった。ところが鐙の発明によって、騎兵の戦闘方法は長槍を用いた突撃戦法に変わった。つまり「北方の遊牧民族が優位に立ったのは鐙のおかげだった」というわけだ。確かに8世紀頃に鐙が伝わったのを境にヨーロッパで本格的に中世が始まったことを考えると、この分析はかなりもっともらしい。

だが、中国の文献に初めて鐙が登場するのは477年のことなので、北方民族が三国時代（3世紀初頭）に強力な軍事的優位に立つのは難しかったと思われる。実際、曹操の時代の魏は少数の遠征部隊だけで鮮卑（せんぴ）族（五胡の一つである北方の遊牧民族）を破ったことがある。では、**北方民族が優位に立った要因はいったい何なのだろうか？**

農耕民族が騎馬民族に対抗する手段

先に述べた通り、漢族などの農耕民族が騎馬民族と1対1で戦えば、（鐙の発明以前であっても）農耕民族に勝ち目はない。**農耕民族が騎馬民族に対抗するには、「戦闘に負けて**

北方民族の強力な新兵器だった鐙（あぶみ）

も戦争で勝つ」という態勢に転換する必要がある。

つまり、**騎馬民族と比べて圧倒的に数が多い点、大都市を建設し居住している点、そして生産力に優れている点を積極的に活用して、長期戦を繰り広げるのが勝利の秘策**であった。騎馬民族は農業を営むことができないので、農耕民族が生産した食糧と鉄器が手に入らなければ生存自体が困難だからだ。

実際、前漢時代初期、武帝▼（在位紀元前141―87年）は強大な軍事力を有し、倉庫は食糧と貴金属でいっぱいだった。武帝はこの資金力を基盤に古朝鮮を侵略しただけでなく、張騫（ちょうけん）の西域旅行などを推し進めたことで征服王として歴史に名を残した。

武帝が西域の国々との交易を強く望んだのは、血のような汗を流して走るという名馬・汗血馬（天馬）を手に入れて、北方の匈奴（きょうど）を征伐するためだったが、名馬がいなくても北方民族を叩き、さらには征服することは十分に可能だった。交流を遮断して食糧と鉄器の補給を断って、万里の長城などの要塞を強化すれば、時間はかかっても最終的に匈奴は倒れるだろうからだ。

貴金属の流出と人口減少が国を衰退させた

しかし、武帝は匈奴問題を自分の代で解決することを望んでいた。最終的にシルクロードの開拓によって騎馬軍団の育成に成功した武帝は、紀元前119年、匈奴をゴビ砂

武帝
武帝は紀元前139年、イリ川流域の大月氏と同盟を結んで匈奴を挟み撃ちにしようと目論み、旅行家の張騫を大月氏国に送った。しかし匈奴を討つ意思のなかった大月氏に同盟を拒否されたので、紀元前119年、今度は張騫をイリ地方の烏孫に派遣した。このとき、張騫は西域帝国の使節・隊商を連れ帰ってきた。張騫の旅行によって西域の産物が中国に流入し、東西の交易と文化が発展することになった。

漢の向こうへと追い出すことに成功した。

強敵の匈奴を追いやったところまではよかったが、その後の漢は長い下り坂を下ることになる。衰退の直接の原因は、長い戦争による財政逼迫（ひっぱく）を挽回しようとして、塩などのさまざまな必需品に重税を課して商業活動を委縮させたことだったが、決定的な影響を与えたのは、馬などの物資を海外から持ち込む過程で西域に貴金属が流出したことだった。

漢の時代、黄金1斤が銅銭1万枚に相当した。つまり、金と銅の交換比率は大体1対130で、現在と比べて金の価格が驚くほど安かったことが分かる。しかし、西方との交易が始まってからは、金価格が持続的に上昇した。

通貨供給量（＝貴金属の供給量）が減ると、経済全般に悪影響が現れる。先に15世紀ヨーロッパの事例でも述べたように〈04話〉参照）、通貨供給量が減りはじめたときの最も一般的な対応は貨幣の使用を減らすことだが、そのいちばん簡単な方法は自給自足することだ。

実際、後漢から南北朝時代までは荘園文化が続いた。裕福な貴族が広大な土地を開拓し、飢饉で生活基盤を失った人びとを使って大規模農場で食糧を栽培する、一種の自給自足の生活圏を建設したわけだ。

これは当時の時代状況からは十分理解できることではあるが、経済全体で見るとかなり非効率的な行動と言える。アダム・スミス▼のピン製造工場の事例から分かるように、**分業と交換こそが最も手っ取り早く生産性を高めることのできる手段**だからだ。ここでピン製造工場の事例を少し引用してみよう。

1人の労働者が機械の力を借りずに手作業でピンを作った場合、1日にせいぜい1個のピンしか作れない。だが、ピンの製造工程を18の段階に分けて10人で分業した場合、1日に4万8000個のピンを作ることができる。つまり、1人で1日に4800個のピンを作ることができる計算だ。

このようにピンの生産に特化して分業を実現するためには、1カ月に144万個のピンが売れる市場が必要だ。したがって、この規模の市場が形成されれば、「収穫逓増(ていぞう)」の法則に従い、分業によって生産性を高め莫大な利潤を得ることができるようになる。

アダム・スミスの文章からもよく分かる通り、**都市が委縮して市場が縮小すると、技術革新も消滅してしまう。**いくら分業によって生産性を上げ、均質な製品を作っても、それを買う市場がなければ革新の芽は出てこない。

『三国志』を読むと、劉備や孫権のような豪傑たちが地域の有力者から多額

アダム・スミス
(Adam Smith)
1723–90年。イギリスの哲学者、倫理学者、経済学者。主著は倫理学書『道徳感情論』(1759年)と経済学書『国富論』(『諸国民の富の本質と原因に関する研究』)(1776年)。全5篇から成る『国富論』の第1篇の最初の3章で分業を扱っており、ピン工場の例が登場する。

AN
INQUIRY
INTO THE
Nature and Caufes
OF THE
WEALTH OF NATIONS.
By ADAM SMITH, LL. D. and F. R. S.
Formerly Profeffor of Moral Philofophy in the Univerfity of GLASGOW.
VOL. II.
LONDON:
PRINTED FOR W. STRAHAN; AND T. CADELL, IN THE STRAND.
MDCCLXXVI.

『国富論』(1776年発行初版)の最初のページ。第2篇「資本の性質・蓄積・用途について」

の資金や兵力の援助を受ける場面がよく出てくるが、彼らこそまさに荘園の所有者なのだ。

彼ら荘園主たちは「部曲（かきべ）▼」と呼ばれる私兵を率いて、独立した部隊の将として自ら戦争に参加することもあった。

しかし、経済力の弱体化よりも大きな問題は、人口の急激な減少だった。黄巾の乱（184年）以降に人口が大きく減り、三国時代の初期には約6000万人に達していた人口が、三国時代末期には1600万人にまで急減したのだ（もちろん、政府の統治能力も弱体化していたはずで、この集計には荘園に隠れていた人びとは含まれていないと思われる）。

結局、三国時代の後に晋によって統一が成されたものの、不況の流れ自体は続いていたと見るべきだろう。すなわち、経済力の弱体化と人口の減少が、北方の遊牧民族にとって最適の活動条件となったというわけだ。

農耕民族の国にとって最大の長所は強大な経済力だが、この長所が荘園経済の出現によって崩壊してしまった以上、北方遊牧民族の攻勢を阻止する力はなかった。長期的な視点で見れば、古代中国は漢の武帝のときに頂点に達して以降、南北朝時代までの約500年間、ずっと下り坂だったと評価できるだろう（図2-3参照）。

ここで付け加えることがある。「シルクロードを通じて金が流出しデフレが発生した」という宮崎市定（いちさだ）教授▼の指摘はとても興味深いものだが、最近ではこの主張に反対する研

部曲
「部」も「曲」も軍隊の構成単位。大隊を部、中隊を曲と呼んだ。やがて二つをつなげて「部曲」と言うようになり、部隊、兵士、部下を意味するようになった。有力者にかかえられ隷従した集団である。

宮崎市定
1901－95年。中国の社会、経済、制度史を幅広く研究した日本を代表する東洋史学者。京都大学退官後、90歳過ぎまで著述活動に専念、『論語の新研究』『中国史』などを執筆した。一般読書人の間でも人気が高い。

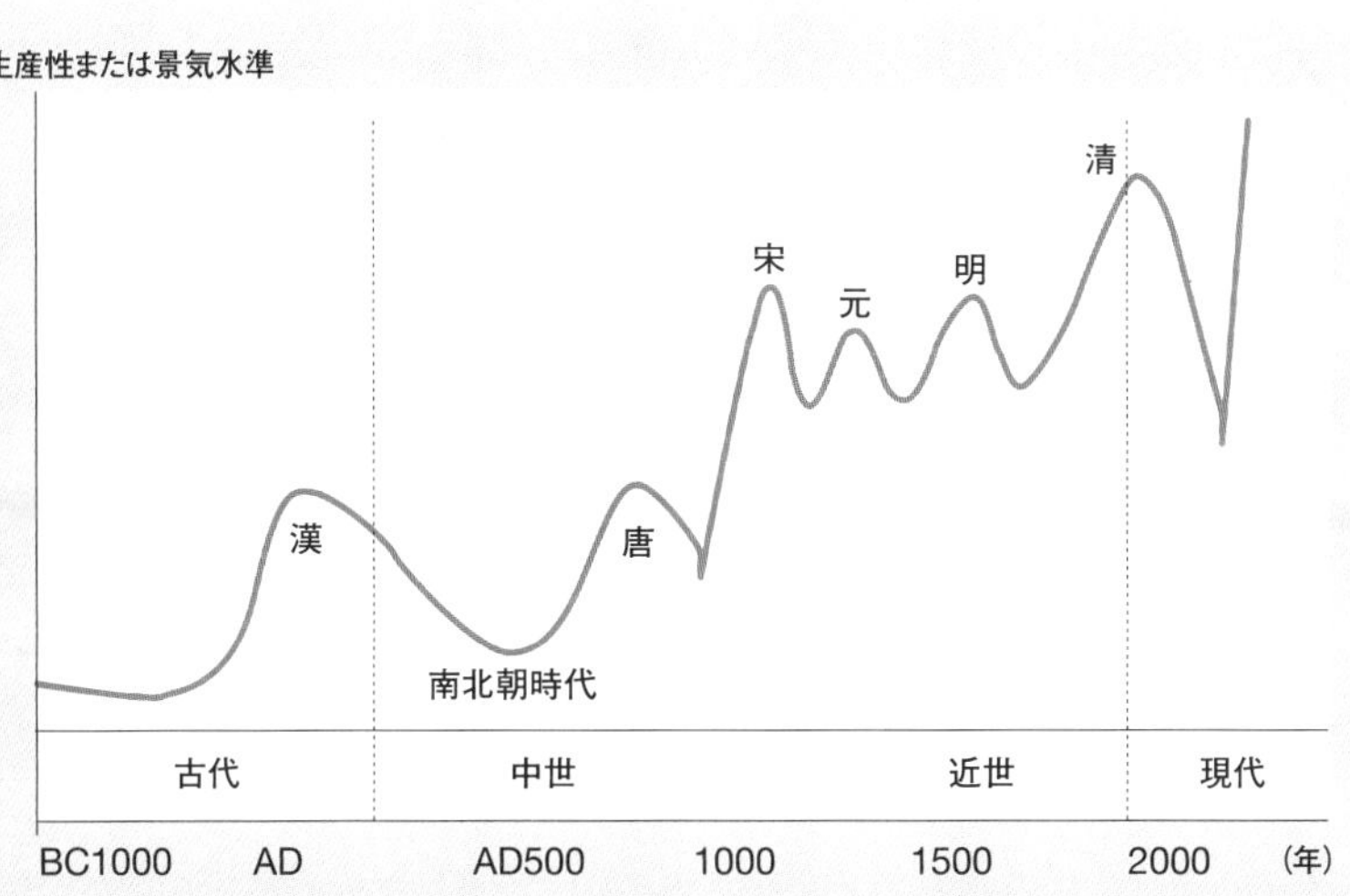

出典: 宮崎市定『世界の歴史〈7〉大唐帝国』河出書房新社, 1989.

中国史研究の第一人者である宮崎市定教授は、中国の景気循環は大きく分けて古代、中世、近世と段階的に飛躍したと描写している。漢代に最初のピークに達した後、三国時代と南北朝時代の長い沈滞期を経て、唐代と宋代にそれぞれ再び飛躍的に発展したと見た。この時期の中国の技術力は西洋よりも発達しており、西洋人が渇望する三つの製品(絹、茶、陶磁器)のおかげで優位に立ったため、貴金属が中国に流入した。

究も出てきている。

リチャード・フォン・グラン教授▼は『ケンブリッジ 中国経済史』の中で、前漢の滅亡後に権力を握った王莽（おうもう）▼政府がそれまで流通していた五銖銭（ごしゅせん）▼に代わる貨幣を作る過程で経済的混乱が始まったと述べており、特に王莽が金の取り引きを国有化する過程で市中から金が消えたと指摘している。

原因の分析には違いがあるとしても、武帝の死後に漢帝国の貨幣経済が徐々に崩壊し、その中で自給自足型の荘園経済へと後退し始めたことだけは明らかな事実だ。

次の話では、ヨーロッパの大航海時代が開かれたおかげで莫大な貴金属が流入したにもかかわらず、なぜ明が滅亡したのかについて考えてみよう。

リチャード・フォン・グラン
(Richard von Glahn)
1953年生まれ。UCLA（カリフォルニア大学ロサンゼルス校）歴史学教授。近代以前の中国経済史が専門。

王莽
紀元前45－紀元23年。新朝（紀元8－23年）の皇帝。前漢最後の皇太子から禅譲を受け、国号を「新」とした。

五銖銭
前118年に前漢の武帝により初鋳造された貨幣。前漢以降も鋳造され、唐代の621年に廃止されるまで流通した、中国史上最も長期にわたり流通した貨幣。

11 18世紀、圧倒的に豊かだった東洋が西洋に追い越された！

一条鞭法の施行と貴金属の供給拡大のおかげで、明の財政はかなり潤沢だった。多くの論争があるものの、少なくとも**明代までの中国は西ヨーロッパよりも豊かか、同程度の生活水準を維持していた**と思われる。

特に財政改革に成功した万暦帝初期、西モンゴルを根城に中国北方を脅かしてきたオイラト族のアルタン・ハーンとの平和協定締結に成功したことは重要だ。この協定は、モンゴル帝国が必要とする物品を明が供給してやる代わりに、モンゴル帝国のハーンが明に朝貢することを定めたものだった。つまり、**モンゴル帝国は明の臣下国家であることを認める代わりに、経済的な実利を取った**わけだ。

ある意味、明が「お金で平和を買った」条約とも見ることができるが、一条鞭法と海外交易のおかげで莫大な財政黒字を上げていたからこそ可能だったとも言える。当時の記録によると、明政府の太倉（都に設けられた政府の穀物倉）には食糧が1300万石、そして国庫には600万両以上の銀が確保されていたという。この**巨大な財源のおかげでモンゴル帝国と平和協定を締結し、さらには大掛かりな北方要塞の改築を推進することができた**のだ。

万暦帝は倭寇（〈08話〉参照）との戦争で輝かしい戦果を上げた名将・戚継光を守備隊長に任命する一方、李成梁（豊臣秀吉の朝鮮侵略の際、朝鮮支援軍を率いた李如松の父）に暴動の鎮圧と万里の長城の補修を命じ、実に3000カ所ものやぐらを建設させたという。

昔の人びとの生活水準はどうすれば分かる？

ここで一つの疑問が浮かぶかもしれない。**16世紀の明が繁栄したのは事実だが、人びとの生活水準は他国よりも高かったのか、どうしたら分かるのだろうか。**

いちばん良い方法はGDP（国内総生産）を推定することだが、GDPの測定には多くの困難が伴う。最近亡くなったアンガス・マディソン▼教授は、世界の主要国の2000年にわたるGDPを測定することに生涯を費やした。この画期的な研究成果が、歴史理解に大きく役立つことは明らかだが、彼のデータを信頼するには限界が多すぎる。

アンガス・マディソン（Angus Maddison）
1926-2010年。イギリスの経済学者。経済史、経済発展論専攻。西暦紀元後の世界各国の経済規模の比較で他に類例のない研究成果を残している。著書に『世界経済の成長史1820-1992年』（東洋経済新報社）、『世界経済史概観——紀元1年-2030年』（岩波書店）などがある。

最近、韓国では2018年の家計動向調査の際、所得統計の数値が大幅に悪化した原因について調査方法と統計の信頼性をめぐり大きな社会的議論が起きたが、それを見ても分かるように、国民の実生活の水準、特に所得の測定には多くの限界が伴う。クレジットカードと通信手段が発達した現代であってもこのように深刻な問題が起こるのだから、産業革命以前の経済成長を正確に測定することは不可能に近い。

こうした問題を解決するため、西洋史学界の巨頭イアン・モリス教授は最近、国連開発計画（UNDP）が作成する人間開発指数（HDI：Human Development Index）を歴史分析に活用した。**HDIとは、ある社会の生活水準を測るには所得だけでなく平均余命や識字率などの指標を使う必要があるとしてつくられた指数のこと**だ。HDIが0・9以上だと最高レベルの先進国と見なされる。

18世紀末を境に逆転した西洋と東洋の豊かさ

イアン・モリス教授は、HDIを活用して過去の国家の社会発展指数（SPI：Social Progress Index）を測定しようと試みた。もちろん、GDPや識字率の統計を求めることはできないので、何かそれに代わる指標が必要となる。モリス教授が選んだ一つ目の指標はエネルギー使用量であり、二つ目は都市の規模だった。また、情報処理能力とその量、戦争遂行能力を定量化し、国家の社会発展水準を時期別に測定した。

イアン・モリス
(Ian Morris)
1960年生まれ。スタンフォード大学歴史学教授。イギリス生まれ。古代地中海文明における都市の形成についての研究が専門。『人類5万年 文明の興亡——なぜ西洋が世界を支配しているのか』（筑摩書房）でアメリカ・ペンクラブ賞ほか三つの国際図書賞を受賞。

図 2-4　15世紀以降の東洋と西洋における社会発展指数の推移

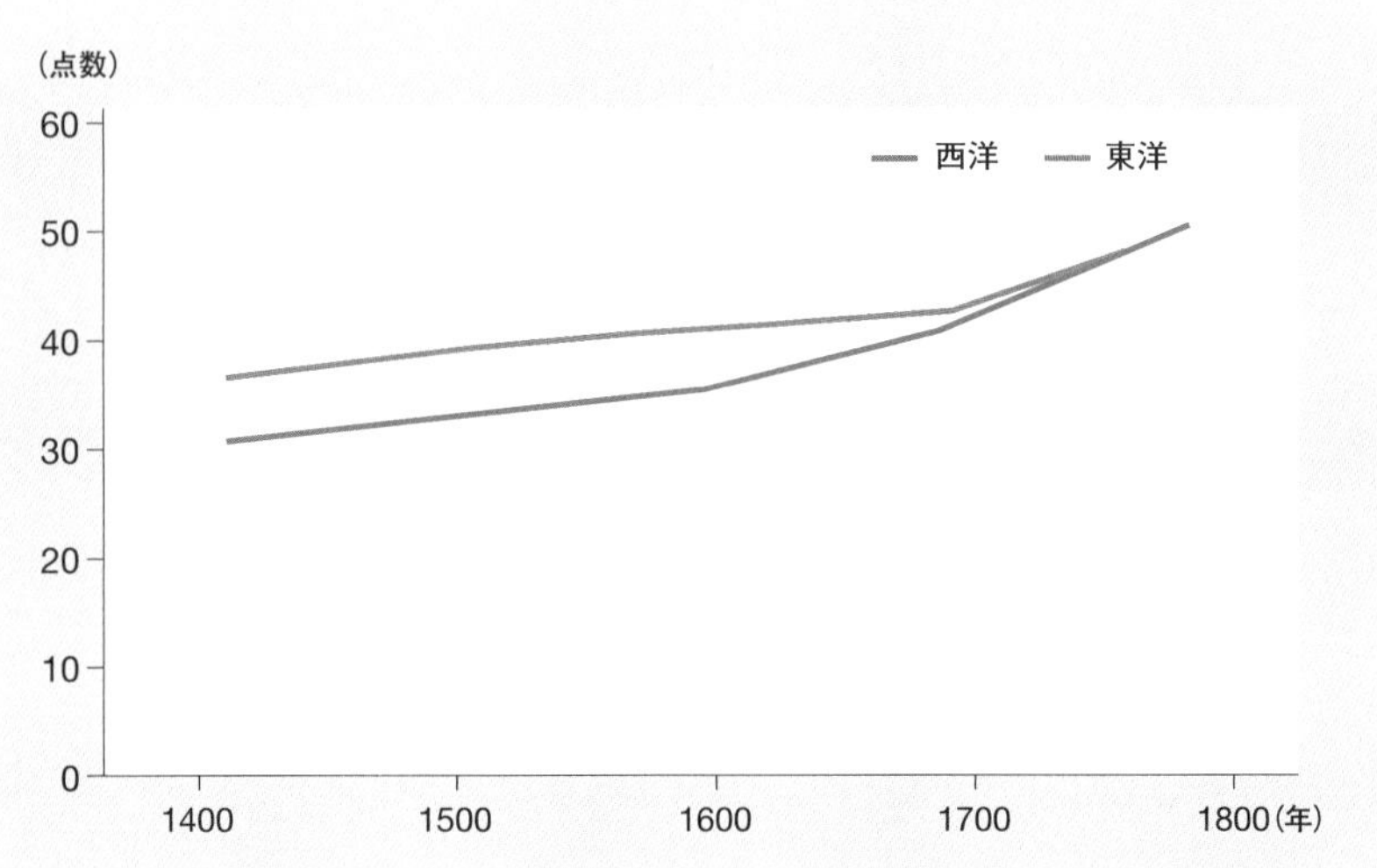

出典: Ian Morris, *Why the West Rules - For Now: The Patterns of History, and What They Reveal About the Future,* Profile Books, 2010.(邦訳: イアン・モリス『人類5万年 文明の興亡―なぜ西洋が世界を支配しているのか』筑摩書房, 2014)

歴史学界の巨頭イアン・モリス教授は、国内総生産(GDP)を正確に測れない過去の社会発展水準を測定するため、世界銀行が作成・発表する人間開発指数(HDI)を活用した社会発展指数(SPI)を開発した。都市の規模、文書作成量、エネルギー消費量などの間接的な指標を用いて、東洋と西洋の発展レベルを測定した点で、画期的な試みと言えよう。ローマ帝国滅亡後は東洋が優勢だったが、1800年を境に状況が逆転しているのが興味深い。

図2-4は15世紀以降の西洋と東洋の社会発展指数を示すものだが、ずっと優勢だった東洋が18世紀末に西洋に逆転されたことが分かる。

ここでひとつ疑問が生まれる。東洋、中でも中国は19世紀まで発展を続け、西洋よりも社会発展水準が高かったのに、なぜ満州族によって倒されたのだろうか？

12 強国・明はどうして「農民の反乱」によって滅んだのか？

16世紀まで豊かな強国だった明が、17世紀に入って清にあえなく倒されてしまったのはなぜだろう（明の中国支配は1368―1644年）。

この当時、満州の騎馬兵がその強さを誇っていたのは事実だが、山海関（万里の長城の東端にある重要な関門）をはじめ明の防御網を突破するのは非常に難しかった。特に、明の名将、袁崇煥の率いる防衛軍が西洋人宣教師アダム・シャールの製造した西洋式大砲を使って後金の太祖ヌルハチを撃破したことから見ても、少なくとも防御戦で明が敗れる兆しはなかった。結局、**明が滅びた理由は、李自成▼らが引き起こした農民反乱にある**と見るべきだ。

李自成
中国明末の農民反乱指導者。明に対して李自成の乱と呼ばれる反乱を起こして首都の北京を陥落させ、明を滅ぼした。順王朝（大順）を建国して皇帝を称したが、すぐに清に滅ぼされた。

では、**なぜ明代に大規模な農民反乱が起こったのだろう？**

後漢と同様、皇帝たちの悪政が直接の引き金となったのは間違いないだろう。最も代表的な例は万暦帝だ。晩年の彼は朝廷に顔を出して大臣と会うことはほとんどなく、主に宮中で宦官と政務を司っていたことで有名だ。

明の崩壊は気候変動のせいだったのか？

一方、ハーバード大学のティモシー・ブルック教授は、明滅亡の直接的な原因は「気候の変化」にあると主張している。

1568〜1588年に発生した最初の「万暦の災害」は政権自体を麻痺させるほど深刻なもので、これまでの災害の記録を塗り替えるほどのものだった。しかし、これほど深刻な環境レベルでの「崩壊」を明の朝廷が無事に乗り越えることができたのは、1580年代初頭から張居正が施行した財政改革の賜物だった。（中略）

張居正が1582年に死去したとき、国庫には銀があふれており、この資金のおかげで万暦帝の朝廷は嵐のように押し寄せ

無能な統治で明を没落させた万暦帝

る1587年の自然災害に適切に対処することができたのである。（中略）
それから20年後の1615年、2度目の「万暦の災害」が発生した。この2年前から中国北部全域では洪水が続いており、その次の年には急激に気温が低下し寒冷化した。（中略）1616年の後半期になると、飢饉は中国北部から長江流域へと広がり、次いで広東省を襲った。1618年までに最悪の状況は脱したものの、その後も万暦帝の最後の2年間、干ばつとイナゴの大量発生が絶えなかった。

図2-5は、過去2000年間にわたる地球の気温変化を示すものだが、500年ほど前から地球全体の気温が低下していることが分かる。気象学界では、この時期を小氷期▼と呼んだりもする。木の年輪を用いた分析によると、明の時代の末期に発生した干ばつは5世紀ぶりの深刻なレベルのもので、中国北部の干ばつ発生頻度は（元を滅ぼした）明の初期と比べて76％も高かったという。

万暦帝の無能な統治で崩壊が進んだ

もちろん、当時の明の皇帝が異常気象に対応するに足る財政を築いていて、これをもとに国力をより強固にしていれば、滅亡は免れたかもしれない。しかし、万暦帝はその治世を通して財政を浪費した上、治世中には異民族の侵入も深刻化した。さらに兵站（へいたん）の

小氷期
ほぼ14世紀半ばから19世紀半ばにかけて続いた寒冷な期間のこと。この気候の寒冷化により「中世の温暖期」として知られる温和な時代が終わった。気候変動に関する政府間パネル（IPCC）は「期間中の気温低下が1℃未満に留まる、北半球における弱冷期」としている。小氷河時代、ミニ氷河期とも言う。

図 2-5　2000年前から最近までの気温変化（1961-90年の平均との差）

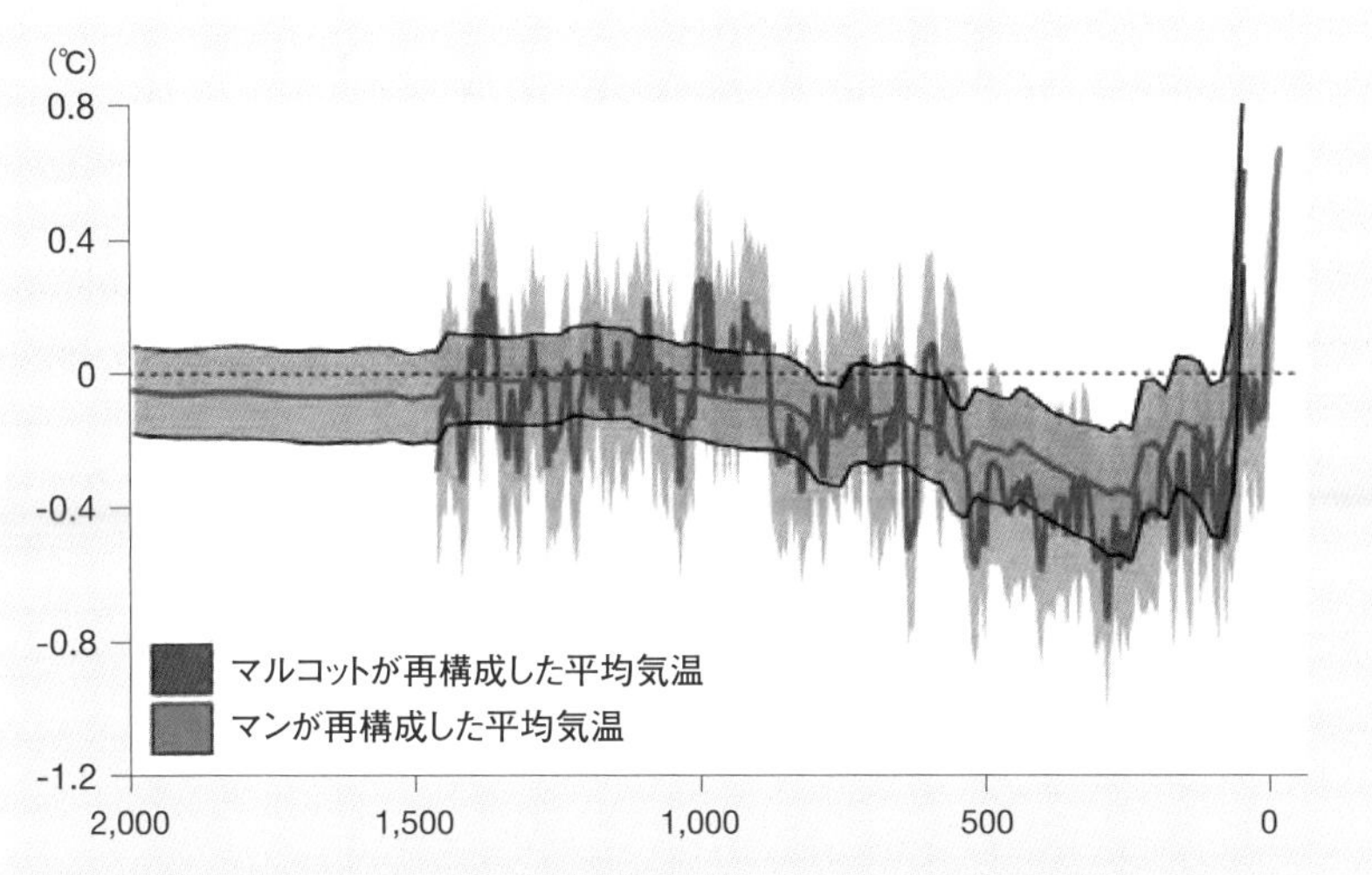

出典：Shaun A. Marcott, Jeremy D. Shakun, Peter U. Clark, Alan C. Mix, "A Reconstruction of Regional and Global Temperature for the Past 11,300 Years", *Science*, 8 Mar. 2013, Vol.339, Issue6124.

横軸は現代（20世紀終盤）からおよそ何年前なのかを表している。縦軸は点線を基準として1961～1990年の平均気温と比較した高低差を表しており、約1000年前にかなり気温が高かったことが分かる。これは中世温暖期と言われるもので、ヨーロッパはこの時期に暗黒時代を脱却して本格的な発展を成し遂げた。

最重要基盤である駅站制▼も崩壊していたので、戦争の勝敗はすでに決まっていたようなものだった。

ちなみに、明を滅ぼした反乱勢力の指導者・李自成は、もともと駅站で働いていたが、解雇されて反乱軍に飛び込んだ人物だ。

次の話では、清代に中国が世界最大の人口大国に浮上した背景について見てみよう。

駅站

清朝によってモンゴル全土の街道筋に張り巡らされた施設。公務で移動する官吏や兵卒に宿泊施設を提供した。人と行政文書を往来させる重要なインフラとして、清朝統治を支えた。

13 国家の繁栄がもたらした「土壌荒廃」と「賃金下落」

山海関を越えて中国本土に侵入した満州族は文字通りの略奪者となって、長江河口の大都市・揚州をはじめとする多くの都市を破壊し、奪い尽くした。江南地方でさえそのような状態だったので、戦場となった北京近郊は「見るものすべてが荒廃し、悲惨」であり、「民は10人中6、7人が路頭に迷う」有様となった。

その上、1645年には満州族の伝統的な髪型である辮髪（べんぱつ）を強制して漢人の大規模な抵抗を呼び、北京近隣のいくつかの州県では、持ち主のない荒れ地や明朝の皇室の所有地を満州貴族や八旗（はっき）▼に分配する中で、農民が実際に耕作している土地まですべて没収してしまった。

八旗
清を建国した太祖が、建国に功のあった満州族をはじめ、漢人、モンゴル人、女真人などを中央集権的に統制するために組織した軍隊。軍旗で色分けされた八つの集団に編制されていたため八旗と呼ばれる。

ここで一つの疑問が生じる。歴代王朝の中でも清は康熙帝(在位1661―172?年)や雍正帝(在位1723―35年)など多くの名君を輩出したことで有名だ。それなのになぜ、**初期には大量虐殺を行い、民の財産を略奪したのだろうか?**

移動型盗賊から定着型盗賊へ

その理由は、**初めは移動型の盗賊として侵入した満州族が、康熙帝の時代を前後して定着型の盗賊へと転換したから**だ。

「移動型の盗賊」と「定着型の盗賊」という表現は、国家の性格を表す一種の比喩と言っていい。移動型の盗賊の代表例が、初期のモンゴル帝国だ。当時、モンゴル帝国の将軍の中には「中国全土から人間を消滅させて羊を飼うべきだ」と主張する者もいた。こんなことを言えたのは、彼らが一カ所に定住したことがなく、税金をどうやって徴収するのかも考えたことがなかったからだ。経済成長や国民の福祉という面から見たら、彼らのような移動型の盗賊は最悪の支配者と言えよう。

定着型の盗賊はそれよりはましだ。彼らも人を飼いならして食い物にしようとするが、流れ者の盗賊にはこうした長期的な計画すらないからだ。彼らにとっては相手の生き死にはどうでもよく、奪えるものはすべて奪って、殺し、破壊するだけだ。

定着型の盗賊はこれとは違って、収奪の対象が死に絶えてしまうと自分たちも飢え死にしてしまう。一方、収奪の対象が豊かになれば奪えるものも増えるので、定着型の盗賊は自分たちの影響下にいる人びとがせっせと働き、投資し、新たな技術を開発できる環境をつくろうと努力する。

このような観点から、三藩の乱を鎮圧し中国全域を掌握した康熙帝前後の清は「定着型の盗賊」に転換していったと見ることができる。

科挙制度の復活と税制改革

清は１６７９年に科挙▼制度を復活させ、農村の支配層である紳士階級を支配構造の中に取り込み、税制も少しずつ改革していった。

特に康熙帝は、１７１３年に**「盛世滋生人丁」**を宣布した。康熙帝の統治によって太平の世が訪れたので、これ以降に増える新たな丁税（一種の人頭税）は徴収しない、という意味だ。つまり、**これから増加する人口に対しては永遠に税金を賦課しないことにした**わけだ。

しかし、経済規模が拡大して財政支出も増える中で税金を凍結すれば、長期的に見て財政状況は悪化してしまう。これに対して康熙帝の後を継いだ雍正

科挙
隋から清の時代まで、中国で約１３００年間にわたって行われた科目（試験）による選挙（官僚登用手続き）。家柄や身分に関係なく才能ある個人を官吏に登用する制度をめざしたが、試験偏重の弊害が大きくなり、清末の１９０４年に廃止された。

科挙制度の復活と税制改革で清に太平の世をもたらした康熙帝

帝は、「地丁銀制(ちていぎんせい)」、すなわち人頭税と土地税を統合して税金を賦課する措置を取った。

これはかなり革新的な措置で、大土地を所有する紳士階級から強い反発を受けた。しかし、清は中国全域を支配してすでに70年近くがたち、強大な武力も有していたので、この程度の反発は問題にならなかった。

繁栄がもたらした深刻な副作用

ところが、康熙帝と雍正帝の税制改革は思いもよらない影響を及ぼした。図2-6は紀元前400年から紀元後1950年までの中国の人口を示したものだが、明の末期には1・5億人から2億人ほどだった人口が1700年代から爆発的に増えはじめ、1800年には3億人を突破したことが分かる。

人口が急増した最も直接的な理由は、行政統計が把握できる数が増えたことにある。地丁銀制が施行される以前は、税金逃れのために子どもの数をできるだけ少なく申告していたが、人頭税の廃止▼をきっかけにあえて子どもの出産を隠す理由がなくなった。そこで、**隠されていた人口が戸籍に登録されるようになった**のである。

それだけでなく、**死亡率の低下も人口増加を誘発した要因**と見られている。ピーナッツ、トウモロコシ、ジャガイモなどの新たな作物が普及し、気候条件が悪いときでも食糧を確保できるようになったことが、死亡率の低下に決定的な役割を果たした。

人頭税の廃止
土地税の中に人頭税を含み単一税としたことによって、人頭税は廃止された。

図 2-6　中国の人口推移

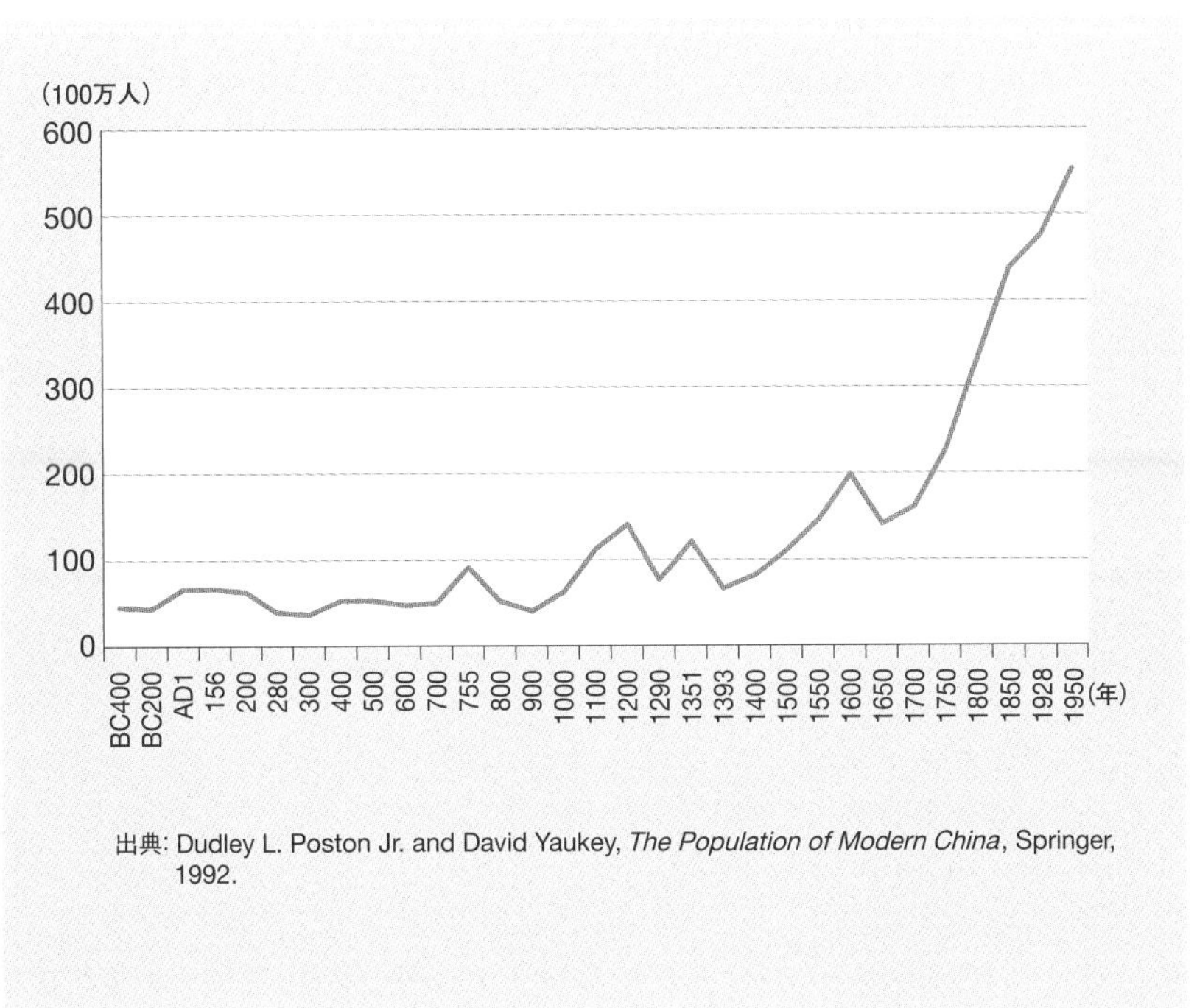

出典: Dudley L. Poston Jr. and David Yaukey, *The Population of Modern China*, Springer, 1992.

横軸は時間の経過を、縦軸は人口の変化を示している。中国もまたマルサスの罠にはまっていたため、人口1億人が長らく「限界」だった。経済発展が続いた北宋の時代に1億人を突破したものの、モンゴルの侵略によってまた半数ほどに急減し、明代の後期に1億人を突破してからは持続的に人口が増加していった。

もちろん**人口増加は、その初期には良い効果をもたらす。**１６００年前後の内乱と征服戦争によって人口が急減し、辺境に無主地が散在していたので、増加した人口を養うのに問題はなかった。特にピーナッツやジャガイモなどの作物は乾燥地や寒冷地でも十分に収穫可能だったので、四川省や台湾など人口密度の低い地域にも人びとが移住するようになった。しかし、**辺境への移住と新たな土地の開墾は次第に問題を引き起こす**ことになる。

最大の問題は**「土壌の荒廃」**だ。山林を切り開いて棚田にすることで農業生産量が増加したのは確かだが、それに伴う山林伐採と表土の大量流失は深刻な副作用をもたらした。

19世紀の朝鮮、あるいは２０００年代初頭の開城(ケソン)工業団地や金剛山の写真を見ると、山に一本も木がないことに気づくだろう。山林の破壊は気候変化への対応力を弱めるだけでなく、洪水と干ばつが繰り返される可能性が高くなる。清の朝廷もこの問題に気づいて開墾を厳しく規制したが、それでも土地を渇望する人びとを抑え切れなかった。

１７００年以降の人口急増による二つ目の問題は、**「賃金の下落」**である。人口の過剰により、「食っていけるだけのお金さえもらえたら働く」という人びとがあふれていたため、賃金が下落するのも当然だった。これは逆説的に産業革命を阻む結果をもたらした。この問題についてはＰＡＲＴ３で詳しく見ていこう。

PART2

教訓

「貨幣の供給」が減ると、景気は悪化する！

ＰＡＲＴ１の16世紀スペイン、ＰＡＲＴ２の中国のケースが与えてくれる**最も重要な教訓は、貨幣の供給が減ると深刻な危機が訪れるということ**だ。ＰＡＲＴ４でまとめて扱うが、貨幣供給量が減少したときの経済の動きを最もよく示している事例が、１９２９年に起きた大恐慌だ。

図2-7は、１９２９年前後のアメリカの失業率と銀行預金の関係を示している。大恐慌は株価暴落に触発されて起こったが、本格的に失業率が上昇しはじめたのは銀行預金残高の急減など、経済全体の貨幣供給量が減少しはじめた30年代初頭であることが分かる。

ここで少し貨幣の供給について見てみよう。金などの貴金属が流入すると経済全体の貨幣供給が増加するのは当然だが、貴金属は最終的にほとんど銀行に吸収される。金を手元に置いておくと盗まれるリスクがあるし、利子も生まないから

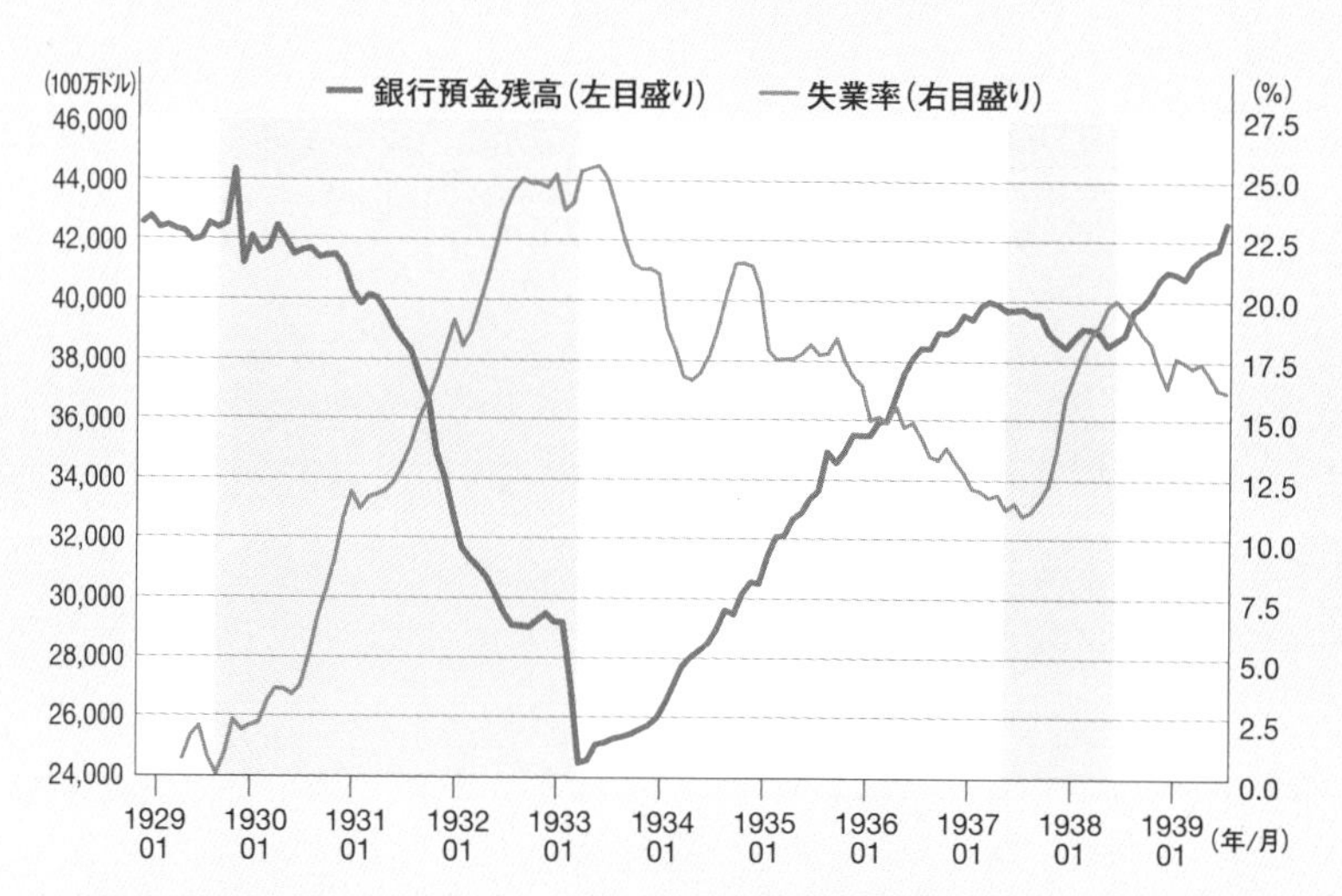

注: 網かけ部分は経済分析局が「不況」と判定した時期。

出典: Federal Reserve Bank of St. Louis.
https://fred.stlouisfed.org/graph/?g=mMC2

好況と不況という景気の循環を引き起こす要因の中でも、いちばん重要なのが「通貨供給」であることを示す図である。通貨供給は大きく二つの要因によって動くが、一つは政府による通貨供給、もう一つは銀行などの金融機関を通した「預金ー貸出」を通じたものだ。1929年の大恐慌は、中央銀行が通貨供給を抑制する一方、銀行危機が起こったために「預金ー貸出」の経路までが詰まってしまったことから発生した悲劇だと言える。

だ。そのため、金を手に入れた経済主体（個人、企業、政府など）は、それを銀行に預ける。

銀行に預けられた瞬間、金や貨幣は生命を持つ。銀行は預金の一部を支払準備金として中央銀行に預託する一方、それ以外の資金を必要な人に貸し出して利子を受け取る。このお金が住宅や機械設備などの購入に回ることで経済を成長させ、雇用を増やすという結果を生むのだ。

ところで、何らかの理由で銀行預金が急激に減少するとどうなるだろうか？銀行の立場としては、企業や個人に貸したお金を回収せざるを得ないし、借金を返せない企業や個人は芋づる式に破産することになる。企業や個人の破産は、銀行の資金回収をさらに促進させ、結果的に経済全体の不況と大規模な失業を引き起こすだろう。

つまり、**ある国が大幅な貿易赤字を出して貨幣供給量が減少し、人びとが一斉に銀行から貨幣を引き出す状況になったとき、経済は深刻な不況に陥る**ということだ。２００８年のリーマン・ショックが国際的な金融危機につながったのも、リーマン・ブラザーズ・ホールディングスという投資銀行の経営破綻で大規模な預金引出が起きたことがきっかけだったことを忘れてはならない。

PART3

「人口」が国家財政を左右した時代

14 「所得の増減」をめぐるイギリスと中国の決定的な差

産業革命以前、一国の国力は人口数によって左右された。「永遠の二番手」であるフランスがそれでも一番手（スペイン、オランダ、イギリスなど）に挑戦できたのも、フランスが人口大国だったからだ。

これは東アジアも同様だ。**中国は莫大な人口のおかげで、さまざまな技術革新をリードすることができた。**当然、技術革新は市場が大きな場所で起きやすく、市場が大きな国は競争力が高い。**世界4大発明と言われる火薬、紙、印刷、羅針盤がすべて中国で発明された**こともこの事実を裏付けている。

「マルサスの罠」に勝ったイギリス

ところで、**産業革命が中国では起こらず、西ヨーロッパの端にあるイギリスで起こったのはなぜだろうか?**

ここで少し産業革命について説明しよう。産業革命を一言で言うと、**1人当たりの所得が持続的に増加する、いわゆる「近代的」成長が続く現象**のことを指す。人口と所得の統計がよく整理されているイングランドを基準にすると、人口と1人当たりの所得は1600年まで反比例の関係にあった。つまり、人口が増加すると1人当たりの所得が減少し、逆に人口が減少すると1人当たりの所得が増加していたのだ。

人口が減らなければ1人当たりの所得が増えないという現象を「マルサスの罠(わな)」という。

マルサスの罠とは、簡単に言えば、技術進歩のスピードが非常に遅い社会を意味する。もちろん、古代ギリシャやローマと比べてルネッサンス時代の社会が進歩していたことは明らかだが、当時の人びとが世の中の進歩を体感することは難しかった。1260年から1650年まで、イングランドにおける1人当たりの所得は年0・6%の増加にすぎず、この程度では当時の経済主体が成長を実感することはできない。結局、1800年前後にイングランドで産業革命が起こるまで、1人当たりの所得は人口に左右されていたの

マルサスの罠
「人口は幾何級数的に増加するが、食糧は算術級数的にしか増加しない。この差によって必然的に人口過剰、すなわち貧困が発生する」というもの。マルサスが匿名で出版した『人口論』(1798年)の中で論じた。

トマス・ロバート・マルサス
(Thomas Robert Malthus)
1766―1834年。イギリスの古典派経済学者。

トマス・ロバート・マルサス

である。

イングランド史上最も所得が少なかったのは、1310年に同地域の人口が577万人まで増加したときだ（1860年の所得を100とすると、1310年の所得は43だった）。その後1450年にペストが流行してイングランド地方の人口が228万人まで減少すると、所得は1310年の倍以上に増えて87を記録した。つまり、**戦争や疫病によって人口が減少すると所得が増加し、反対に平和になって人口が増加すると所得が減少していた**わけだ（図3-1参照）。

ところが、**1600年前後になって変化の兆し**が現れた。チャールズ1世の追放、共和制の樹立、そして王政復古という混乱のさなかにあって、イングランド人の1人当たりの所得は着実に増加していった。さらに1800年以降になると、**「人口と所得が同時に増加する」現象が長く続く**ようになった（図3-2参照）。

なぜイングランドでこのようなことが起こったのだろうか？

ブリューゲル『死の勝利』（1562年）。社会に壊滅的な打撃を与えた疫病と戦争の強烈な印象が描かれている。

図 3-1　イングランドの1人当たり実質所得と人口の関係（1260-1650年）

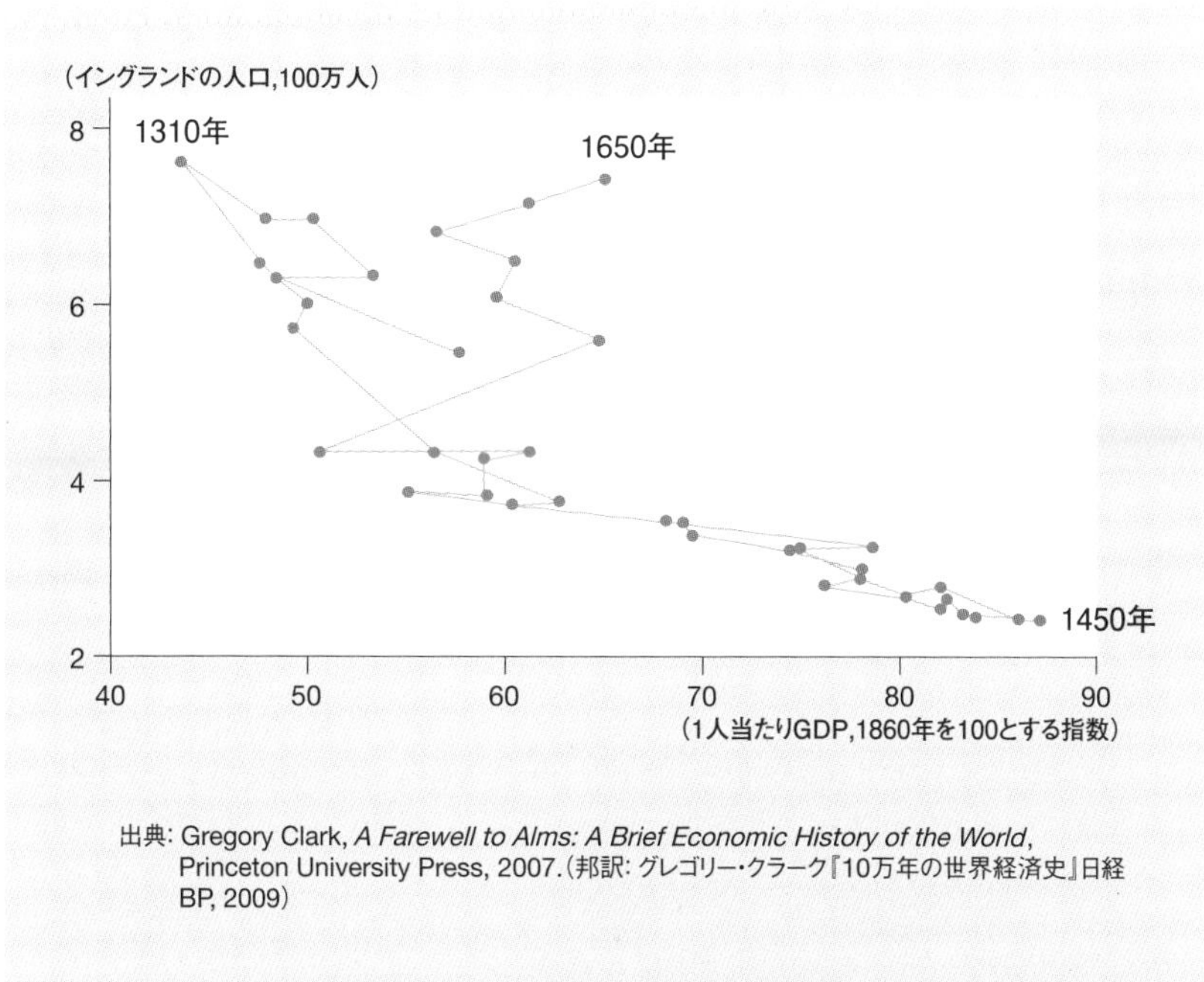

出典: Gregory Clark, *A Farewell to Alms: A Brief Economic History of the World*, Princeton University Press, 2007.（邦訳: グレゴリー・クラーク『10万年の世界経済史』日経BP, 2009）

このグラフは1260年から1650年までのイングランドの所得と人口を表している。横軸は1860年を基準（=100）とする所得、縦軸はイングランドの人口を示す。いわゆる中世温暖期が続いていた1300年前後にイングランドの人口は600万人を超え、1310年には800万人近くまで増加したが、1人当たりの所得は1860年の半分にも満たなかった。一方、ペストの蔓延によって人口が一時200万人に減少すると、所得は1860年の9割まで上昇したことが分かる。

図3-2 イングランドの1人当たり実質所得と人口の関係（1600-1860年）

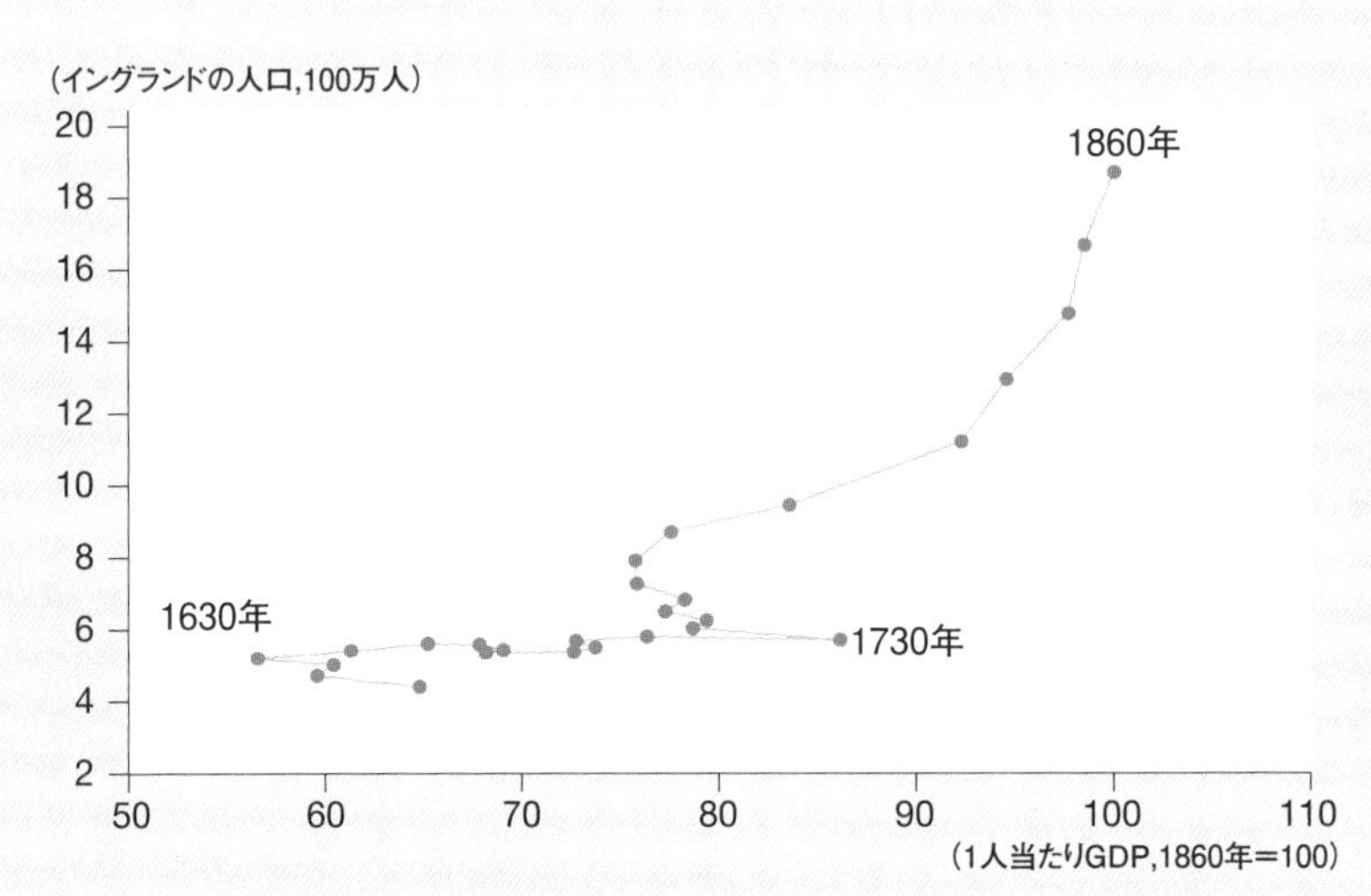

出典: Gregory Clark, *A Farewell to Alms: A Brief Economic History of the World*, Princeton University Press, 2007.（邦訳: グレゴリー・クラーク『10万年の世界経済史』日経BP, 2009）

このグラフは1600年から1860年までのイングランドの人口と所得水準を表しているが、人口が400万人から1,800万人へと4倍以上の増加を示しているにもかかわらず、1人当たりの所得は減っていないことが分かる。こうした現象が見られるのは、農業革命によって収穫量が増え、北米の植民地開拓に成功して交易が増加したことで、人口圧[注]が緩和されたからだ。また、1700年代後半から徐々に産業革命が始まったことも一因である。

[注]人口圧:一定地域において人口過剰のために生活空間が狭まり、生活水準が低くなることで受ける圧迫感。

イギリスはただ運が良かっただけなのか？

これについて、単に**イングランド人の運が良かっただけだと主張する人**がいる。イギリスは石炭の上に国を築いたと言われるほど「産業革命を起こすのに有利」な条件を持ち合わせていた上に、大西洋が太平洋よりも相対的に狭かったおかげでアメリカ新大陸への航海と交易にも有利だったというわけだ。

一方、**「制度」に注目する人**もいる。名誉革命後に金利が低下したことから分かるように、王が自分勝手に税金を賦課することや他人の財産を奪うことが禁止されている社会だからこそ革新が可能になったのだという主張だ。

この仮説は、筆者にとってかなり魅力的だ。というのは、**財産権が保護されるような良い制度を備えた国づくりこそ、産業化の推進のために最も重要なカギになるという主張は、「道徳的」にも実に気持ちの良い説明**だからだ。

しかし、イングランドで産業革命が起こったのは社会制度のおかげだという後者の主張を鵜呑み（うの）みにするのも、なんだか釈然としない。なぜなら、イギリスよりもはるかに早く株式会社と中央銀行を設立したオランダの前例があるからだ。

また、オランダだけでなく、日本でもかなり高いレベルの財産権が形成されていた。江戸幕府が樹立された当時、地方の大名たちは戦争に備えて大勢の家臣を従えていた。

しかし、幕府樹立後は長い平和が続いたので、大名たちの多くが財政難に悩まされることになった。領主だけでなく、**幕府直属の家臣である旗本も事実上の破産状態に陥り、商人の家計管理下でやっと生計を維持しているケースも珍しくなかった。**

江戸幕府は実に8万人にも及ぶ旗本を従えており、これが豊臣家を滅ぼして200年以上も権力を維持できた最重要の基盤となっていたのだが、この「武力」が有名無実になってしまうのを防ぐため、幕府はさまざまな支援を行った。しかし、財政破綻した旗本たちを完全に救済する方法はなかった。

このような状況の中、旗本にとって唯一の選択枝は商人からお金を借りることだった。**これによって日本の商人はさまざまな金融サービスを発展させることになる。**たとえば、大名や旗本に対する貸付は、領地における年貢の徴収権を担保にして行われていた。借金が焦げ付いたときには商人が領主に代わって年貢を徴収し、残債にあてるシステムもつくられた。

「名誉革命」後のイギリスほど完璧な財産権の行使とは言えないが、**借金を返せなければ、旗本という特権身分でさえ最も重要な「権利」を奪われたわけで、財産権の面で相当な進歩があった**ことを示唆している。

では、なぜ日本では産業革命が起こらなかったのだろうか？　次はその点について掘り下げてみよう。

15
江戸時代の日本で「産業革命」が起こらなかったのはなぜ？

江戸時代に商工業の分野で目覚ましい発展があったにもかかわらず、ついに日本で産業革命が起こらなかったのはなぜだろう？

さまざまな理由が考えられるが、最も説得力のある答えの一つが「人口過剰」だ。戦国時代▼が終わって太平の世になると、日本の人口は爆発的に増加し、1800年頃には清と同じく人口過剰時代へ突入した。

人口圧が高いと、最低生活レベルの賃金で容易に労働力を確保できるようになる。これは手作業が必要な工芸や園芸の発展にとってはかなりの好条件だが、**労働生産性を高めるための技術の発展、すなわち工業化を推進するためには不都合**だ。

戦国時代
15世紀後半から16世紀後半の日本で群雄が割拠し互いに争った時代のこと。この時代には地方長官や豪族が勢力を拡大し、各地に地域国家を建てて、それらの間で発生した政治的・経済的問題は主に武力で解決した。一般的に群雄割拠のきっかけとなった応仁の乱が起こった1467年頃から豊臣秀吉が天下を統一した1590年までを戦国時代と言う。

労働力を節約する機械が必要だったイギリス

一方、イギリスの状況はまったく異なっていた。ジェームズ・ワットなどの発明家たちが、なぜあれほど多くの時間と資金を研究開発に注いだのだろうか。

生産物を売るための市場が存在したことも大きな理由だが、もう一つ、「労働力を節約する機械」を開発することが金儲けになったからだ。つまり、**労働力が高価で資本が安価なところでは、機械を使うほうが利益になるが、その条件にイギリスが該当していた**わけだ。

ここで少し付け加えると、19世紀前半の日本の状況は中国とよく似ていた。中国では爆発的に人口が増える中で、労働生産性はむしろ低下していた。市場経済が発達していた長江下流の社会相について研究した中国の歴史家は、「土地単位面積あたりに投入する労働力の増加」が、1人当たりの生産量低下につながったと報告している。

このような現象を経済学では**「収穫逓減（ていげん）」**と言う。たとえば1反の農地で穀物を栽培する場合、1人よりも2人で働くほうが収穫量は増える。ところが、2人が3人、3人が5人に増えると、収穫量の増加率は急激に鈍っていく。種子の改良や化学肥料の投入

イギリスと世界の産業革命を促したワットの蒸気機関

がなされない限り、収穫逓減は避けられない。つまり、農業に適正数以上の人力を投入する社会では生産性が低下し、1人当たりの所得も減少する可能性が高い。

したがって、近代的な成長（＝生産性の向上）が経済全体の成長をリードする過程を経るためには、製造業を育成することが必須となる。製造業は農業と違って**「収穫逓増」**が起こるからだ。収穫逓増の**最も代表的な事例が、1900年代初頭にアメリカのフォード自動車会社が開発した「T型フォード」**である。

製造業の新時代を築いたT型フォード

1908年にT型フォードが初めて発売されたとき、その年間生産量は1万台にすぎなかった。販売価格は825ドルで、これを2017年の物価に換算すると2万2500ドルになる。そういうわけでT型フォードは高額な上にスタイリッシュと言いがたく、発売当初は不人気だった。ところが、1910年に設立されたハイランドパーク（ミシガン州）の新工場にベルトコンベアという革新的な工程技術を導入したことで状況が変化した。

もちろん、ベルトコンベア・システムはフォードの発明ではない。

フォード社が発売した革新的な自動車、T型フォード（1910年式）

ヒントになったのはシカゴの食肉解体工場だった。当時の食肉解体工場のシステムは、家畜をフックで吊り上げてから移動させ、数十人の労働者がそれぞれ自分の担当の部位だけを切り出すというものだった。

フォードはそのアイデアを取り入れるにあたって、重い自動車をフックで吊り上げることはできないので、大きなベルトの上にシャーシを置くよう工程技術を修正した。その結果、生産性が爆発的に向上し、1909年には1万台にすぎなかった生産量が、18年には66万4000台、22年には130万台にまで増加した（図3-3参照）。

労働力の投入量は一定なのに、生産量が急増したのだ。このような現象を表すのが**「学習曲線」**だ。労働者が作業に習熟するだけでなく、**無駄な工程を省き、生産に支障をきたす問題を解決していく過程で、1人当たりの生産量は徐々に増加していく。**こうして労働者1人当たりの生産量が増加し続けると、自動車1台当たりのコストは低下することになる。

1909年に825ドルで売られていたT型フォードは、14年に440ドル、22年には319ドルまで値下がりした。これを2017年の物価に換算すると4662ドル、わずか約50万円だ。わずか13年で60％も値下がりした上に、ベルトコンベア・システム

1913年当時のフォード自動車組み立てライン

図 3-3 T 型フォードの生産量と販売価格の推移

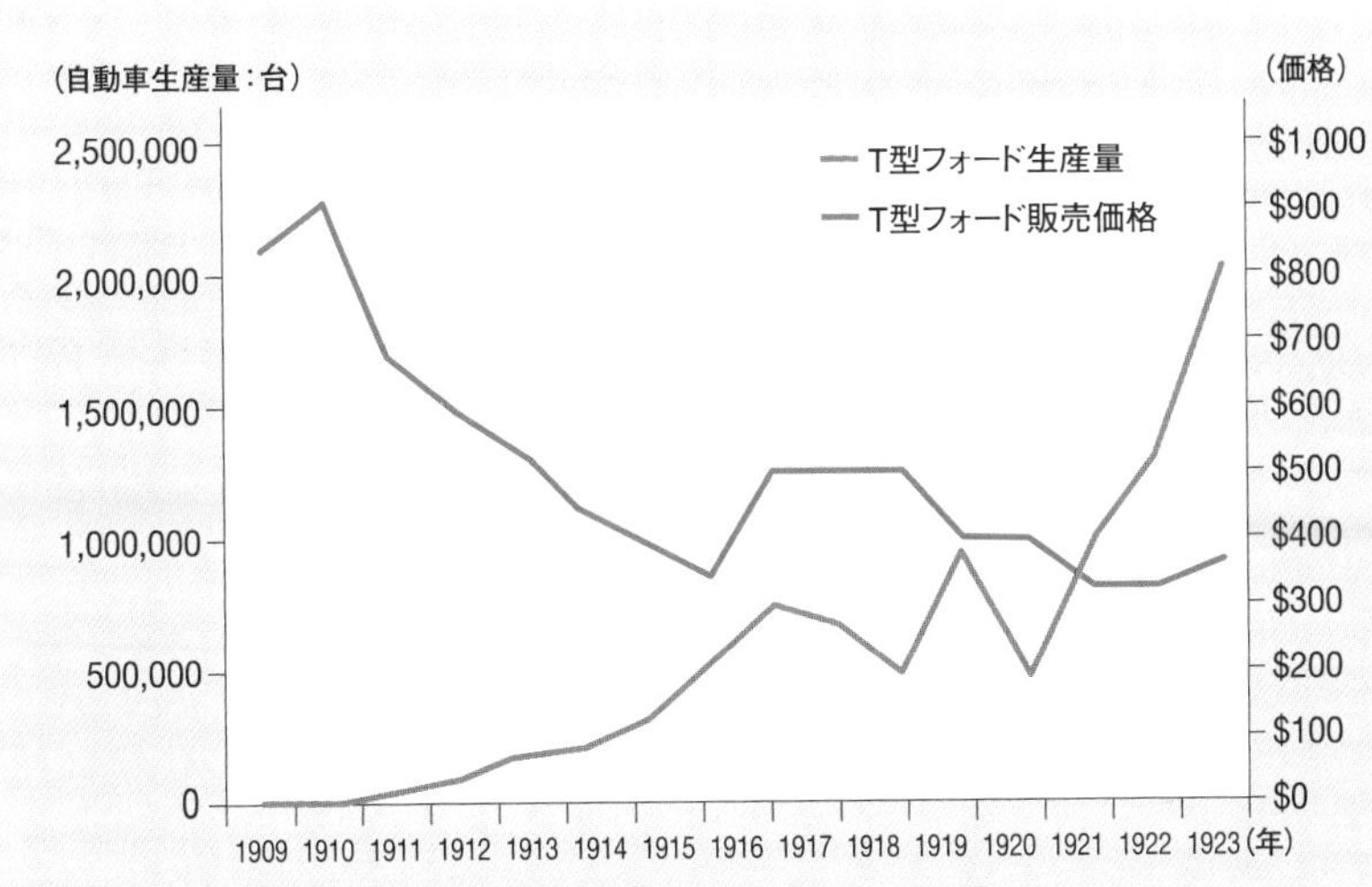

出典: Compiled by R.E. Houston, Ford Production Department, August 3, 1927.

このグラフは製造業の重要性を教えてくれる。横軸は時間の経過、左の縦軸はT型フォードの生産量、右の縦軸はその価格を示しているが、生産量が爆発的に増える一方で価格が下がり続けていることが分かる。いわゆる「規模の経済」の効果が現れ、生産量の増加によって費用が削減され、消費者価格の引き下げにつながった。1917年を境に生産量増加の勢いが鈍くなっているのは、アメリカの第一次世界大戦参戦でフォード社が軍需品生産に投入されたからだ。

のおかげで不良率も低下したのだから、買わないほうが損というものだった。

日本で起こったのは産業革命ではなく勤勉革命だった

誤解がないよう付け加えると、1800年前後の江戸幕府（日本）や長江下流域（中国）では何の発展もなかったというわけではない。当時の日本では菊や朝顔の新種が開発されていたし、中国では余剰労働力を活用して綿花の栽培が行われており、経済全般にわたって「分業化」が盛んに進められていた。人びとの趣向に合った新製品の開発や、個々の農家で生産されていた綿布を専業の農家で生産するようになったのは明らかな「進展」だ。

違いは、この進展が「産業革命」（industrial revolution）ではなく「勤勉革命」（incustrious revolution）の性質を持っているという点だ。**労働力を削減して機械への依存度を高めたのが産業革命だとすると、勤勉革命は安価な労働力を最大限に活用して、形だけでも経済を成長させるための戦略**ということができる。

代表的なのが19世紀の日本だ。名古屋を中心とする濃尾（のうび）地方の例を挙げるなら、1660年頃の家畜数は1万7825頭、1810年頃の家畜数は8104頭と、実に55%も減少している。これは、1670年代には馬や牛を使って耕作が行われていたが、1810年には家畜を利用した耕作がほとんど行われなくなったことを意味している。

人口が増加し、１人当たりの人件費が下がるにつれて、家畜の代わりに人を使って耕作するようになったというわけだ。つまり、**高密度の長時間労働によって総生産量を増加させる方法で社会が発展した**ということだ。

ここで疑問を感じる読者は少なくないだろう。なぜ、イギリスは人口過多に陥ることなく、経済成長を続けることができたのだろうか？ 次にこの謎を解いてみよう。

16 イギリスはいかにして「人口爆発」を回避したか？

日本や中国は「人口過剰」の状態だったため、人手を減らすためにわざわざ高価な機械を作る必要がなかった。一方、イギリスはそれと正反対だった。

人件費が高かったイギリス

図3-4は、1800年前後にイギリスで産業革命が起きる以前から、すでに世界各都市の労働者の賃金に大きな開きがあったことを示している。1日分の賃金を銀に換算すると、1800年のロンドンでは17グラムを超えているのに、デリーや北京では1日3グラムにも満たなかったことが分かる。

図 3-4　世界主要都市における労働者の1日の賃金（銀貨換算）（1325-1875年）

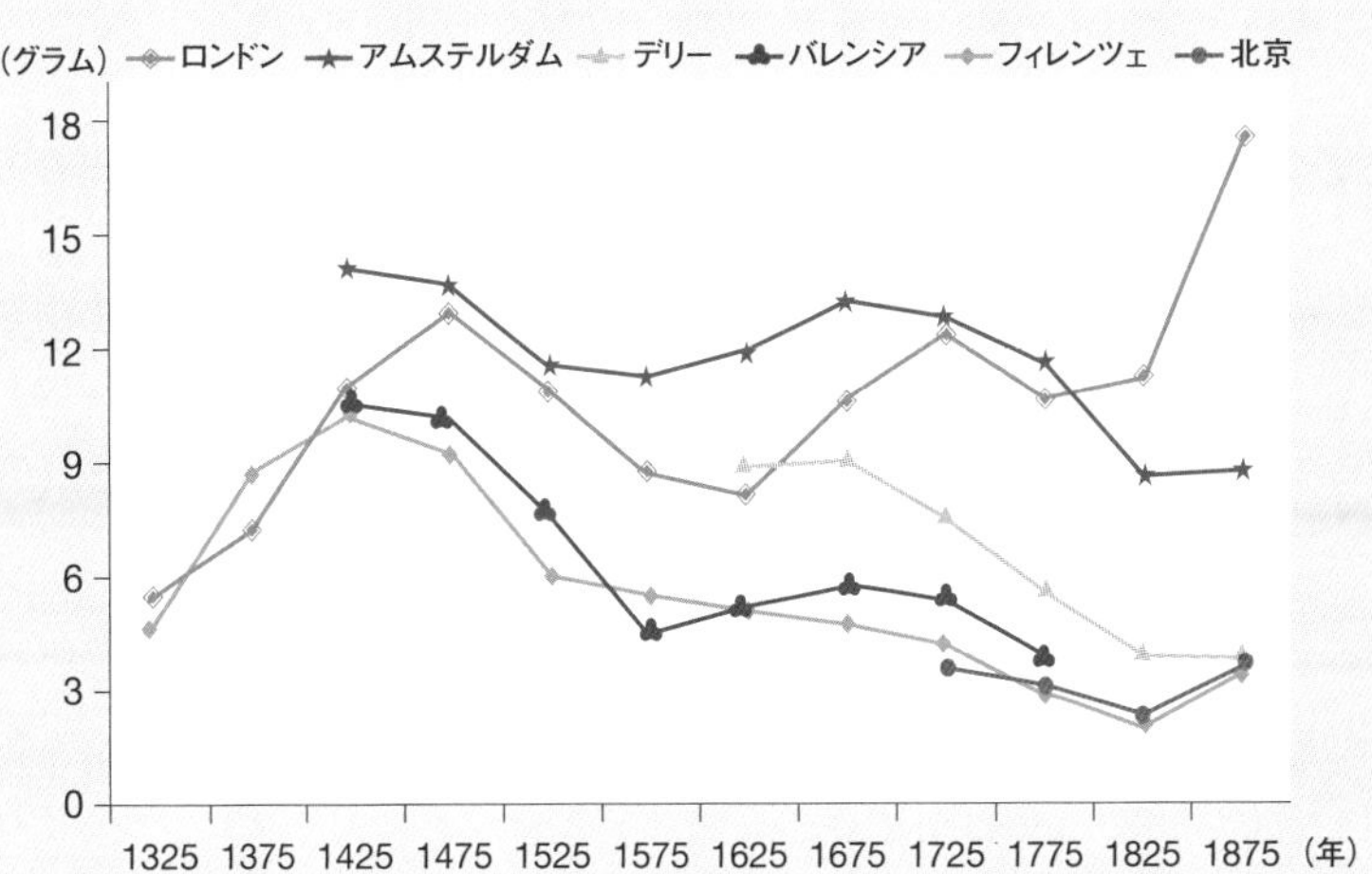

出典: Robert C. Allen, "The British Industrial Revolution in Global Perspective: How Commerce Created The Industrial Revolution and Modern Economic Growth," Unpublished paper, Nuffield College, Oxford University, 2006.

世界主要都市の労働者の1日の賃金を銀で表している。中でもロンドンの動きがいちばん目立つ。ロンドンはアムステルダムとほぼ並んで最も高水準にあったが、1825年を境に跳ね上がった。一方、デリーや北京などアジアの都市では、賃金が下落を続けていることが分かる。

他地域と比べて圧倒的に人件費が高いロンドンでは、「人件費を削減できる機械」の発明が切実に求められていた。 だが、イギリスで発明された機械はアジアや他のヨーロッパ諸国にはなかなか普及しなかった。最新技術を駆使したアークライトの紡績工場が建設された1780年代のイギリスでは、投資収益率が40％に達したのに、同じくアークライトの新技術を導入したフランスでは収益率が9％に下落し、インドに建設された工場の収益率は1％にも満たなかったからだ。

イギリスを除くほとんどの国では「高金利」負担を強いられていたので、収益が低ければ投資を渋るのは当たり前だった。実際、フランス革命（1789−99年）が起こる前のイギリスではジェニー紡績機だけで2万台が設置されていたが、フランスでは900台にとどまり、インドでは1台も設置されていなかった。

では、**ロンドンの労働者の賃金が高かったのはなぜだろう。**

小麦の生産性の低さが人口圧を抑制した

言うまでもなく、日本や中国と違って人口圧が存在しなかったからだ。それでは、なぜイギリスやオランダは人口圧が低かったのだろうか？

最も有力な仮説は、ヨーロッパ人は晩婚であったり、（宗教的な理由などで）未婚を貫いたりする人が多い一方、東アジアはそうではなかったというものだ。しかし最近の研究によれば、西ヨーロッパと東アジアとの間で、女性の初婚率と出生率に大きな差はなかったそうだ。たとえば、１７９０年前後の女性の平均初婚年齢は、ベルギーで24・9歳、イギリスで25・2歳だった。出生率もそれぞれ６・２人、４・９人と、決して低くはなかった。一方、中国と日本の女性の出生率はそれぞれ５・０人と５・２人だった。

だとすれば、東アジアと比べてヨーロッパの人口圧が低かった理由は何なのだろう。

直接の原因は、ヨーロッパで主に栽培されていた小麦の生産性が東洋の米と比べてはるかに低かったことにある。小麦やライ麦の栽培は地力を低下させるため、生産性も落ちるが、稲は同じ場所で何十年も栽培できるばかりか、二毛作や三毛作も可能だ。

それ以外にも、ヨーロッパのほとんどの地域では、種をまいたあとに期待できる収穫量の比率（播種量対収穫量）が１：４ないし１：６にすぎなかった。穀粒を４粒収穫したとき、次の栽培でまく種を取っておく必要があるので、実際にパン作りに使えるのは３粒しかないことになる。凶作によってこの比率が１：３を下回ると飢饉が始まり、１：２ほどに下がった状態が2～3年続くと餓死者が出る。

つまり、**ヨーロッパではアジアと比べてそもそも「人口過剰」状態が起こりにくかったのだ。**

その後、18世紀のオランダの農民たちがクローバーやカブなどの飼料作物を休耕地に栽培し、地力を回復させながら家畜の数を大幅に増やす方法を発見する。この農法はす

表1 ヨーロッパの穀物収穫の割合（播種量対収穫量）

1200～1249年以前	1：3～1：3.7
① イギリス　1200～1249年	3.7
② フランス　1200年以前	3.0
1250～1820年	**1：4～1：4.7**
① イギリス　1250～1499年	4.7
② フランス　1300～1499年	4.3
③ ドイツ、スカンジナビア諸国　1500～1820年	4.2
④ 東ヨーロッパ　1550～1820年	4.1
1500～1820年	**1：6.8～1：7.1**
① イギリス、オランダ　1500～1700年	7.0
② フランス、スペイン、イタリア　1500～1820年	6.3
③ ドイツ、スカンジナビア諸国　1700～1820年	6.4
1750～1820年	**1：10以上**
① イギリス、アイルランド、オランダ　1750～1820年	10.6

出典：朱京哲、イ・ヨンリム、チェ・ガプス『近代ヨーロッパの形成』カチ（2011）.

ぐにイギリスに伝わり、イギリス人はこれをさらに発展させて「ヨークシャー農法」の基礎を築いた。15世紀までは1粒の種から3～4粒収穫するのがやっとだったのが、18世紀には10粒以上の収穫を期待できるようになったのである。ただし、こうした**農業革命は「人口過剰」の危険性を高めるし、実際に18世紀イングランド地方では人口が増え続けていた。**

新大陸への移動が人口過剰を解消した

にもかかわらず、ロンドンの労働者の賃金が高水準を維持できたのはなぜか？
それは、**多くのヨーロッパ人、特にイングランドやアイルランドの人びとが新大陸に移動したから**だ。

ここで16世紀スペインが新大陸を開拓したときのことを振り返ってみよう。植民地経営のために本土の若者たちが流出したせいで、当時のスペイン経済は激しいインフレに見舞われた。一方、18世紀のイギリスの状況は正反対だった。

イギリスはヨーロッパでほぼ唯一と言っていいほど潤沢な余剰農産物を有していたため、農村の「余剰労働力」をいくらでも海外に送り出すことができたのだ。そのおかげで海軍は新兵を補充し続けることができたし、北大西洋を含む巨大な商圏を形成して大金を稼ぐことができた。副次的な効果として、不足している木材などを北米植民地から安定的に輸入して強力な海軍を育成することもできた。

このように**イギリスは、17世紀から始まった金融市場の革新のおかげで、低金利で莫大な資金を調達し、さらには豊富な人力で海軍を建設して物流ネットワークを守るとともに、外敵から国土を防衛できた。**それが「産業革命」の足掛かりとなったと言っても過言ではないだろう。

一方のオランダは大陸に位置していたため、ヨーロッパの戦争に絶えず巻き込まれざるを得なかった。その上、18世紀末にはナポレオンによって占領されたため、産業革命を推進する力を蓄えることができなかったのである。

もちろん、これらの説明だけではまだ足りないだろう。ニュートンのような科学者を優遇したイギリスの伝統や、戦禍から逃れてイギリスに渡った知識人と資本の存在は無視できない。

次は、「産業革命」を推し進めたイギリスが、世界最大の強大国であった中国をどのように打ち負かしたのかを見てみよう。

17 世界最強の中国を打ち負かしたイギリスの「切り札」とは?

18世紀の初頭まで世界で一、二を争う大国だったイギリスと中国の状況を、ここで少し整理してみよう。

当時の中国の最大の強みは、無限に近い人力だった。米作のおかげで4億もの人口を抱えることができ、1人当たりの所得は西洋と比べて低かったものの、膨大な人口のおかげで巨大な市場と軍隊を持つことができた。

一方、**イギリスは中国と比べて人口ははるかに少なかったものの、1人当たりの生産性は非常に高かった。**また、強力な海軍を備えており、遠く中国へ軍隊を派遣することは難しいにしても、インドやシンガポールなどの中間地点に食糧と補給物資を十分備蓄しておけば、中国に脅威を与えることはできたであろう。

しかし冷静に見れば、経済面でも軍事面でも中国のほうがイギリスより一枚上手だった。そこで**イギリスは、清とできるだけ和平を維持しつつ交易を行うことを望んでいた。**

利害が一致しなかった東西の大国

だが**清にとっては、あえてイギリスの求めに応じる理由がなかった。**康熙帝は1685年、中国のすべての沿岸における私貿易を合法化し、主要な港に税関を設置した。入港した船舶は税関に登録し、商品を販売する前に関税を支払うことが義務付けられた。外国商人が中国に押し寄せるようになり、康熙帝の晩年には外国商人と専門的に取り引きする貿易業者（商行）が広州だけで40カ所以上もあったという。

康熙(こうき)帝の孫の乾隆(けんりゅう)帝（在位1735—96年）の代になると、清は西洋との交易が可能な港を広州に限ることと定めた。さらに1760年には、外国人の中国滞在期間と居住地、貿易の対象を定めた詳細な規定も発表した。

こうした規制に、イギリスは次第に不満を抱きはじめた。何よりも、**イギリスから中国に銀が流出し続けた**のが決定的な理由だった。**イギリス人が中国産の茶を好む一方、**

1729年、ジョージ3世の命で清に特使として派遣されたジョージ・マカートニー伯爵

中国人はイギリス製品にそれほど関心がなかったからだ。イギリス国王ジョージ3世は1792年、ジョージ・マカートニー伯爵を特使として派遣し、広州だけでなく浙江省舟山などでも貿易できるよう、乾隆帝に要請した。

その中でジョージ3世は自らを「海の帝王」と称するなど、イギリスの強大な武力をほのめかしたが、全盛期を迎えていた乾隆帝としてはイギリスの言い分を聞き入れる理由はなく、次のような有名な信書を託した。

広州で貿易を行っているのはイギリスだけではない。我が帝国には豊富で多様な生産品があり、他国の商品がなくても生活にまったく支障がない。特に中国は、茶、質の良い陶磁器、絹、その他の原材料が豊富である。これらは貴国のみならず他のヨーロッパの国々でも需要が高い。朕（ちん）は貴国に寛容を示すため、こうしたさまざまな商品を貯蔵するための公的な倉庫を広州に開設するよう指示した。

マカートニー使節団と接見する乾隆帝

アヘンを切り札にしたイギリス

乾隆帝の言い分ももっともだが、イギリスの立場は異なっていた。そのために**イギリスが準備していた「切り札」こそ、インドで栽培されていたアヘン**（Opium）である。アヘンは中国において、昔からさまざまな用途に使われてきた。

1405年、2万7870人以上の船員を乗せた63隻の宝船（ほうせん）がインド洋をめざして南京を出発した。この船団を指揮していたのは宦官の鄭和だった。このときアフリカやインドの多くの国々は、中国の宝船に積まれてきた豊富な物産への返礼としてアヘンを贈った。アヘンは媚薬（びやく）とも言われ、「男性の英気を養い精力を回復させる」と宣伝された。

明の王たちはすでにアヘン中毒に陥っていた。生前に建造した壮大な陵墓に埋葬されていた万暦帝について、中国共産党の官吏たちが1997年に次のように指摘している。「万暦帝の骨に大量のモルヒネが含まれていることを発見した。アヘンを時々服用するだけではここまでの影響は出ない。彼はアヘン中毒者だった。皇帝がこの有様なら、王子や大臣、宦官も同様の状態だっただろう」

もちろん共産党の官僚たちは、中国の王朝、特に歴代で最も無能だったことで知られる万暦帝の威信を傷つける目的でこのような発表をしたのだろうが、それでもこの内容には一抹の真実が含まれていると見ることができる。

アヘン中毒者が増え、銀が流出した中国

明代までアヘンは非常に高価だったため民間には普及しなかったものの、清の康熙帝の台湾征服以降は、南部地方を中心に急速に拡散しはじめた。

特に問題になったのは、1818年に開発されたパトナ・アヘンだった。パトナは英領インドで生産されたアヘンのブランドで、非常に中毒性が強く、生産開始から150年間にわたりアヘン貿易の代名詞となるほど大量に販売された。1839年の中国のアヘン輸入量は、1000万人の中毒者が使用する量に匹敵し、20世紀初頭の中国は約4000万人のアヘン中毒者を抱えることになった。

この過程で、莫大な銀が流出したのである。一部の歴史学者によれば、1801年から26年の間に少なくとも7470万ドル、27年から49年の間に1億3370万ドルの銀が流出したという。

このおかげでイギリス本国とイギリス東インド会社は、莫大な収益を手にすることができた。**図3-5**の通り、おびただしい量のインド産アヘンが中国に流れ込むようになり、単一品目の貿易品として当時の世界第一位を記録した。これは英領インドにおける総収益の7分の1に当たる。また、**アヘン貿易による莫大な銀の流出に伴い、中国内の銀の価値が急上昇**した。1758年に730対1だった銅銭と銀の交換率は、1846

図 3-5　中国に流入したアヘンの規模（1830-1839年）

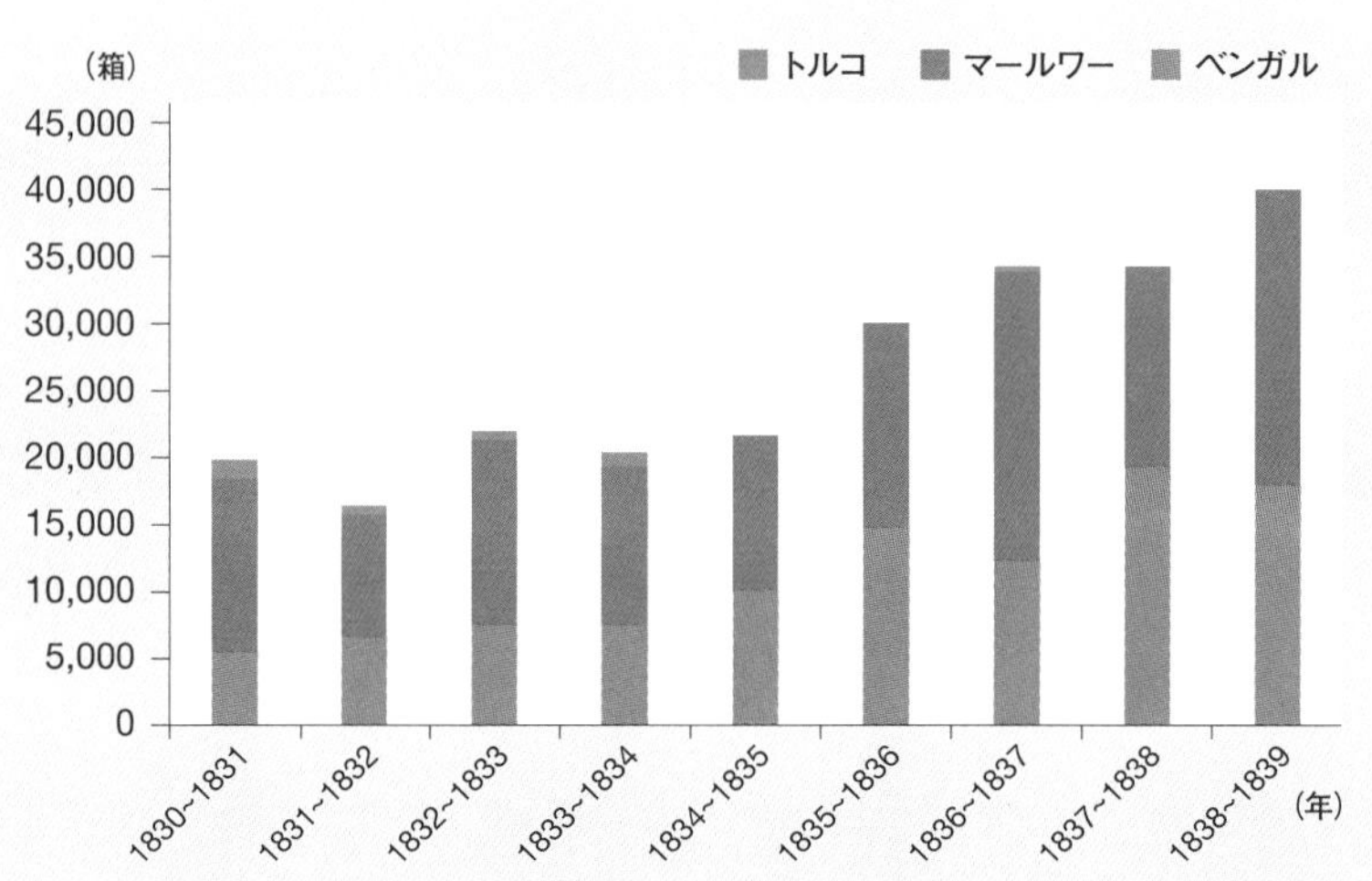

出典: チョン・ヤンウォン『中国を揺るがしたアヘンの歴史』エコリブロ, 2009.

アヘン戦争直前に中国に流入したアヘンの量を示している。最初はトルコ産アヘンの輸入が目立つが、1830年代半ば以降はインド産（マールワーおよびベンガル）産アヘンが圧倒的に優勢であることが分かる。これは1010年から本格的に売られ出したパトナ・アヘンの影響と判断できる。

年には1800対1まで上昇した。

清がアヘン戦争（1840―42年）直前にイギリス人のアヘン販売を規制しようと尽力したのには、こうした経済的背景があったわけだ。デフレが深刻な不況につながることについてはPART2で説明したが、**当時の中国ではデフレにより実質的な債務負担が増加し、土着の金融機関が破産するなど、江南地方を中心に信用不安現象が発生**していた。また、**国家の屋台骨を支える支配層の間にアヘンが浸透していた**ことも、清の朝廷の決断を促す要素となった。

アヘンで産業革命の資本を得たイギリス

ところで、当時の清はアヘンを厳重に規制しようとする人ばかりだったわけではない。一部の人びとは、アヘンを厳しく禁じれば闇取引が発生して価格高騰を招くだけで、そうなればむしろ外国商人と密売組織を肥やすばかりか、大量の銀を流出させるという逆効果を生むだろうと指摘した。アヘン販売を公認して税を課せば商品としてのアヘン価格は下落し、密売組織も

アヘンの廃棄を命ずる林則徐。アヘンの輸入が急増して深刻な事態が生じると、清の道光帝は林則徐を派遣して外国人商館を封鎖し、外国人商人のアヘンを没収して溶かしてしまうように指示した。これがアヘン戦争の契機となった。

消滅すると主張したのだ。

しかし、この方法では短期的にアヘン中毒者がさらに増加する可能性が高く、彼らを更生させる方法がないというのが問題だった。結局、**合法化の主張は退けられ、アヘンを全面規制する方向が決定されたが、剛健で知られた八旗軍（はっき）でさえアヘンの影響は避けられず、とても戦争に勝てる状況ではなかった。**

当時のイギリス人たちも、自分たちが悪魔のような所業を行っていることをよく理解していた。イギリス教会の指導者らは「イギリスの本性をこれほど害するものはない」と指摘し、ある匿名の牧師はこれを指して「イギリスの国家犯罪」と称した。しかし、政治家と企業家らはそれとは立場を異にしていた。彼らは清国政府がアヘン輸入を規制することに憤りを表し、「大英帝国の権利、義務、利益」を盾に中国政府に賠償を要求した。

結果的に**アヘン戦争後、イギリスの企業や政治家の目標はほとんど達成された。**イギリスは19世紀初頭にナポレオン戦争に勝利した上に、中国との貿易不均衡を「アヘン販売」で解決することによって産業革命を推進するための資本力も備えることができた。

次に、そんなイギリスを牽制する最も重要な強者・アメリカの南北戦争について考えよう。

八旗軍
清朝の軍事・行政・社会組織。17世紀初めに清朝の太祖ヌルハチによって制度化された。満州族を旗色によって八隊に編制したのでこの名がある。

18 アメリカの南部諸州が「奴隷制」廃止に抵抗した根本理由

南北戦争（1861―65年）の勝敗を知る現代人の感覚からすれば、なぜ南部連合が「奴隷制」に固執して分離独立を宣言したのかを理解するのは難しい。奴隷を強制労働させるより、日雇い労働者を雇うほうがはるかに利益になりそうに見えるからだ。

生産性が高かった南部の奴隷制農場

しかし、最近の歴史学界の研究によれば、南部の奴隷制農場は非常に高い生産性を記録していたそうだ。つまり、**人を雇って働かせるより奴隷を使うほうがはるかに安上がりだったわけだ。** **なぜこんなことが可能だったのか、**詳しく見てみよう。

アメリカの経済学者であるロバート・フォーゲルとスタンリー・エンガーマンは、南北戦争直前の1860年におけるアメリカの農業生産性を地域別に比較した（**図3-6**参照）。すると、奴隷の数が圧倒的に多かった南部の生産性は北部より35％も高かった。特に、奴隷を1人も使役しない「自由民の農場」の生産性は北部の農場とあまり差がなかったが、16～50人ほどの奴隷を使っていた「中規模の奴隷農場」の生産性は、北部と比べて実に58％も高かったことが分かった。

このデータだけを見れば、奴隷を使っている南部の農場主らが自分たちの利益を害する北部寄り政権（リンカーンの共和党政権）の登場に強く抵抗して武力に訴えたのも、もっともに思われる。

しかし、依然として疑問は残る。**北部と比べて南部の奴隷農場の生産性が高かったのはなぜ**だろう？

最大の理由は、**南部の気候条件が農業により適していたこと**にあるが、これ以外にも二つの重要な理由がある。一つは、**南部の農場が奴隷を非常に効率的に配分していたこと**、もう一つは、**奴隷個々人の生産性がかなり高かったこと**だ。

南部の農場主は、奴隷を活用するのに適した作物を選んで栽培していた。多くの場合、農繁期の異なる二つの作物、つまり綿花とトウモロコシが選ばれたが、トウモロコシに

アメリカ南部の綿花農場で働く黒人たち（1890年頃の写真）

図 3-6　アメリカ南部の奴隷農場の生産性（1860年基準）

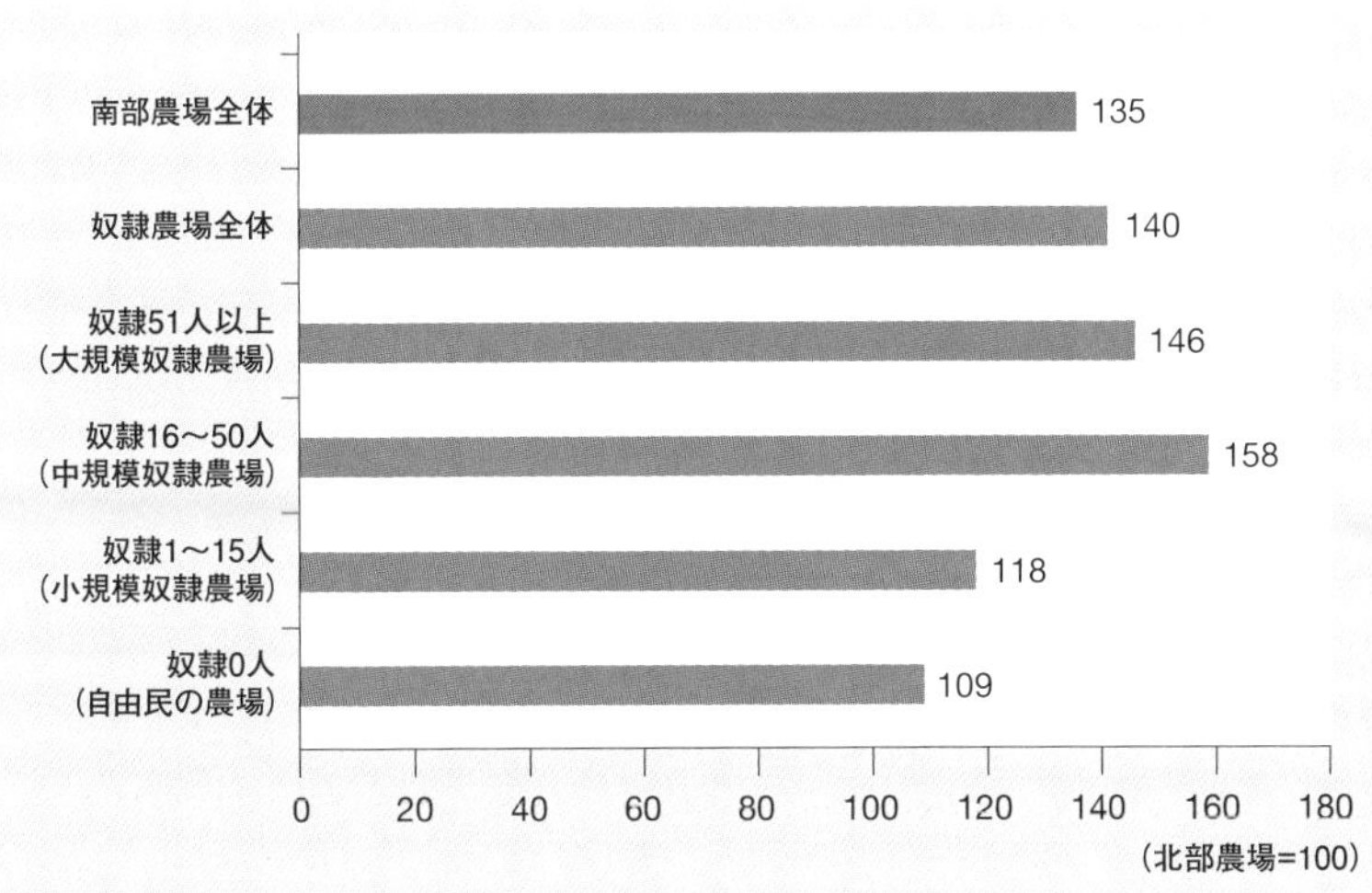

出典：岡崎哲二『コア・テキスト経済史』新世社, 2005.

北部の自由民の農場を基準（=100）とし、南北戦争以前の奴隷農場の生産性を測定したグラフ。最も生産性が高いのは10～50人の奴隷を使っていた「中規模」奴隷農場であり、奴隷農場全体の生産性は北部の農場と比べて平均40%も高かった。

は種まきの時期が綿花より早く、収穫時期を柔軟に選択できるという長所があった。それだけでなく、農場主は奴隷個々人の能力を把握して適切に仕事を配分していた。たとえば、奴隷としての価値が高い20～30代の男性には鋤(すき)を使う作業を集中的に割り当て、少年奴隷や成人の女性奴隷には鍬(くわ)を使う作業を割り当てるといった形だ。

奴隷個々人を能力に応じて配置するだけでなく、労働体制も適切に設計されていた。たとえば、種まきと除草をそれぞれ別のチームに任せるといった方法だ。こうして**組織を分けて仕事をさせることで、「より良い食事」と「より長い休憩」を求めるチームが、別のチームの仕事をせかして競争するようになる。**競争で遅れをとったチームには、食事量や休憩時間の削減はもちろん、過酷な体罰▼が待っていた。

北部に勝利をもたらした銃の製造技術

南部が奴隷労働に頼って農業生産性を向上させていた一方、北部ではまったく異なる形の革命が進行していた。人間の創意を刺激することで革新を持続させる「産業革命」である。中でも**当時の北部の企業家たちは、世界最高レベルの銃を製造するという偉業を成し遂げた。**

1853年に起こったクリミア戦争（フランスとイギリスが連合してロシアと戦った戦争）において、英仏連合軍は強大な陸軍を持つロシアを打ち破った。その決定的な要因となっ

体罰
フォーゲルとエンガーマンは南部ルイジアナ州の奴隷農場主の日記から、奴隷に対する体罰の実態を明らかにした。その農場主は1840年12月からの2年間に、180人の奴隷に対して合計160回むち打ちを行っていた。奴隷1人に対して年平均0・4回のむち打ちを行っていた計算だ。

たのは、制海権を持つイギリス海軍が黒海を自由に往来して、新型ライフル銃の補給を絶やさなかったことだ。

当時のロシア軍が使用していたマスケット銃は火打石を装着して射撃する旧式の銃だった。熟練した銃士は1分で2発前後の銃弾を発射できたが、マスケット銃には銃身の内側に施条（しじょう）▼がなく、相手を殺傷できる有効射程距離は180メートルにすぎなかった。

一方、英仏連合軍が使用した新式ライフル銃には施条があり、有効射程距離は約900メートルに達した。マスケット銃は発射するまでに9段階の手順が必要で操作が難しい一方、新型ライフル銃は標準化された弾丸を装填するだけですぐに射撃できるという利点もあった。

この**新型小銃を製造していた場所こそ、アメリカ北部のマサチューセッツ州スプリングフィールドの合衆国政府造兵廠、そしてコネチカット川流域の民間企業だった。**米北東部の製造業者は19世紀初頭にイギリスで始まった産業革命の成果をすぐに取り入れ、1820～50年にかけて「アメリカ式製造システム」を考案した。

このシステムのポイントは、自動または半自動の旋盤（せんばん）という工作機械を使用して決まった型通りに部品を削り出すことだった。こうした工作機械のおかげで、

施条
銃身内部に施された螺旋状の溝。弾丸に回転を与え、命中精度が高まる。

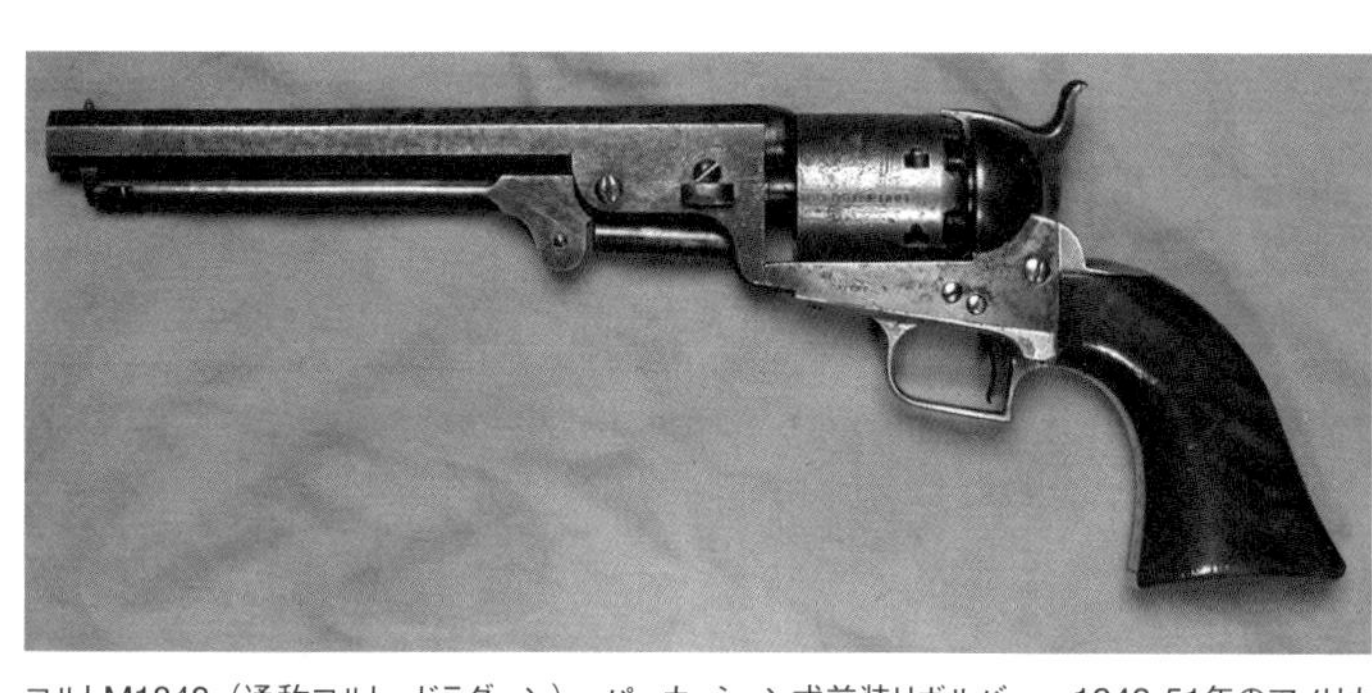

コルトM1848（通称コルト・ドラグーン）。パーカッション式前装リボルバー。1848-51年のアメリカ陸軍制式拳銃。

別の機械でも使える部品を製作できるようになっただけでなく、個々人の能力と関係なく、大量のライフル銃を迅速に組み立てられるようになったのである。

もちろん旋盤は高価であり、材料もひどく浪費する。それでもクリミア戦争のように大量の銃器が必要な場合は、こうした自動式生産でも十分に採算が取れた。**1851年にロンドンで開催された万国博覧会は、アメリカ製造業の競争力を世に知らしめる歴史的な機会となった。**銃器製造業者のサミュエル・コルトはこの万国博覧会で、自社のリボルバー拳銃をバラバラに分解したあと、それをまた拾い集めて拳銃を組み立て、きちんと弾丸が発射される様子を披露した。

輸送能力でも南部を圧倒していた北部

北部勝利の要因は、このように生産力が高い水準にあったことに加え、戦争初期に南部連合がサムター要塞を先制攻撃したために、それまで中立を守っていたアパラチア山脈の人びとが北部支持に回り、均衡が北部に傾いたことも挙げられ

南部連合軍のサムター要塞攻撃。この事件を契機に南北戦争の勝機は北部に傾いた。

る。ちなみに、アパラチア山脈の人びとは北部のヤンキーと南部の奴隷農場主の両方が嫌いだったが、不正義を目にしたときには怒り立ち上がるという特性を持っていた。

しかし長期的に見れば、アパラチア山脈の人びとが北部支持に回らなかったとしても、勝敗はすでに決していたと言える。**北部は製造業だけでなく、輸送体系においても圧倒的優位に立っていた**からだ。

1830年に「ボルチモア―オハイオ鉄道」が敷設されるなど、北部は鉄道が網の目のように張り巡らされていた。1865年にワシントンで暗殺されたリンカーン大統領の遺体を、2575キロ離れた故郷のスプリングフィールドまで迅速に移動させることができたのも、この鉄道網のおかげだった。

つまり**北部の軍隊は、時速35キロの速度で2000キロ以上の長距離を休むことなく移動できる運送手段を持っていた**というわけだ。そのような軍隊が戦争に負けることなど、まずあり得ないのではないだろうか。

52 ADVERTISEMENTS.

Baltimore & Ohio Railroad
RE-OPENED.

THIS GREAT NATIONAL THOROUGHFARE
IS AGAIN OPEN FOR
FREIGHTS & TRAVEL.
The Cars and Machinery destroyed are being replaced by
NEW RUNNING STOCK,
With all recent improvements; and as the
Bridges and Track are again in Substantial Condition,
The well-earned reputation of this Road for
SPEED, SECURITY and COMFORT
Will be more than sustained under the re-organization of its business.
In addition to the *Unequalled Attractions of Natural Scenery* heretofore conceded to this route, *the recent Troubles upon the Border* have associated numerous points on the Road, between the Ohio River and Harper's Ferry, with painful but instructive interest.

CONNECTIONS
At the Ohio River, with Cleveland and Pittsburg, Central Ohio, and Marietta and Cincinnati Railroads; and through them with the whole Railway System of the Northwest, Central West and Southwest.
At Baltimore with Five Daily Trains for Philadelphia and New York.

TWO DOLLARS ADDITIONAL ON THROUGH TICKETS
To Baltimore or the Northern Cities, give the
Privilege of Visiting WASHINGTON CITY en route
This is the ONLY ROUTE by which Passengers can procure *Through Tickets and Through Checks to or from* WASHINGTON CITY.
W. P. SMITH, Master of Transportation, Balt.

ボルチモア―オハイオ鉄道の広告。南北戦争中の1864年にボルチモア市（メリーランド社）の電話帳に掲載されたもので、車両の修理が完了して運行を再開したことを知らせている。

PART3

教訓

「生産性」の向上スピードが速い国家に注目しよう！

南北戦争後のアメリカと産業革命をリードしたイギリスの黄金期の話から、一つの教訓が得られる。**経済が着実に成長している国、つまり生産性の向上を伴って経済成長を遂げている国に投資すべきだ**ということだ。

アメリカが過去100年間に年7％の株価上昇を達成できたのは、生産性の革新による持続的な経済成長のおかげだ。一方、生産性が向上しなかった日本などの国では、株式市場が長い停滞期に陥った。

図3-7は、1960年代以降の日米両国における1人当たり国民所得の推移を表したものだ。90年代に日本はアメリカを逆転したが、その後にあっという間に再逆転されたことが分かる。なぜこんなことが起こったのだろうか。

理由がいくつか考えられるが、最大の要因は生産性向上の問題にあると思われる。80年代の日本経済は不動産価格の急騰によって急激に豊かになった一方で、

図 3-7　1960年以降のアメリカ、日本、韓国における1人当たり国民所得

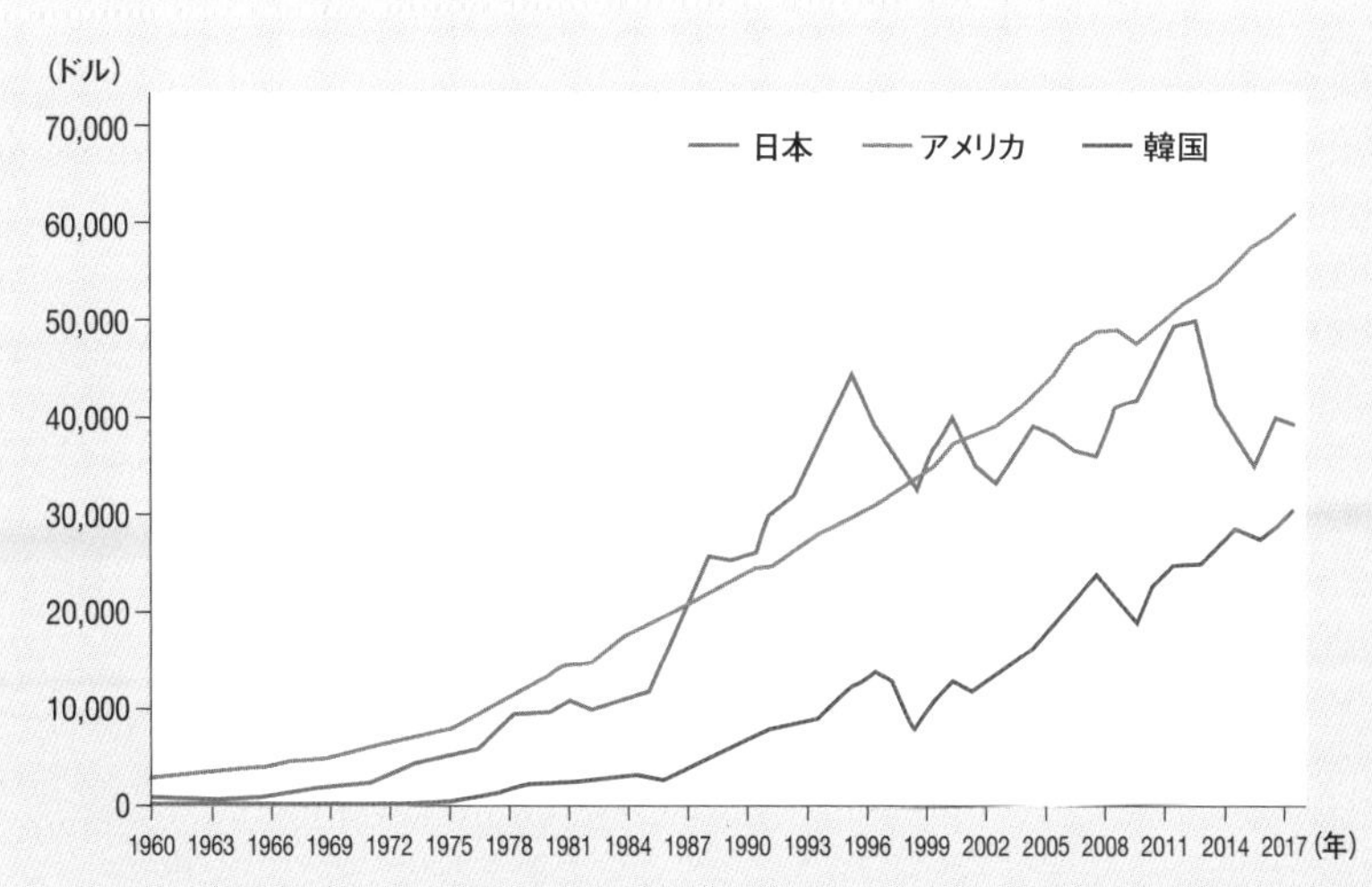

出典: World Bank.

1960年以降のアメリカ、日本、韓国における1人当たりの国民所得を表したグラフ。単位はドル。市場で取引されたドルで測定されたものなので、インフレによって所得増加が強調されている面もあるが、それを差し引いても**アメリカや韓国などの産業国は毎年着実に成長**していることが分かる。一方、**日本は1990年代初めまでは成長を続けたが、バブル崩壊と生産性の停滞によって1人当たりの所得が足踏み状態**になっている。

生産性の向上はむしろ妨げられていた。▼

元より、生産性を着実に向上させている国は、世界的にもそう多くはない。厳しい目で見ればアメリカ、ドイツ、韓国、中国など。もう少し範囲を広げるとしても、スウェーデン、イスラエル、アイルランドなど数カ国が加わるくらいだ。

では、**少数の革新国家以外の国はどうやって裕福になったのだろうか？**

答えは、良い隣人に恵まれたからだ。南ヨーロッパやアメリカ周辺の国々（および植民地）がこのケースに当てはまる。**豊かな隣国の人たちが旅行に来たり、相対的に安価な人件費を利用して豊かな隣国で競争力を失った産業を誘致したりしたわけだ。**また、**潤沢な資本を持つ隣国から「高リスク・高収益」を狙った資金が流入したことも、国民所得を高めるのに一役買った。**

しかしこれは生産性の向上に頼った成長ではなく、隣国の人たちの好みが変わったり、技術の流れが変わって企業が去っていったりする場合、大きな困難を抱えることになる。

2011年から始まった南ヨーロッパの財政危機、1980年代から頻発していた中南米の為替危機などが分かりやすい事例だ。したがって、**ある国が好況を迎えて、良い投資先として浮上したときは、それが生産性向上によるのか、あるいは他の要因によるのかを見極めることが、投資の第一歩**だと言える。

日本企業の生産性低下
錚々（そうそう）たる日本の電機メーカーのうち、今でもその名声を維持しているのはソニー、パナソニック、キヤノンくらいだ。

PART4

「大恐慌」は世界に何をもたらしたか？

19 「起こるはずがなかった」第一次世界大戦が残したもの

第一次世界大戦（1914―18年）勃発の直前、主な産業国はイギリスがリードする「パックス・ブリタニカ」と呼ばれる平和を享受していた。

軍事的に見れば、イギリスは他国と比べて決して優位にあったわけではない。にもかかわらずパックス・ブリタニカを築いて維持できたのは、イギリスが資本市場で圧倒的な優位に立っていたからだ。

19世紀後半、国際的な経済誌『エコノミスト』の編集長だったウォルター・バジョットが、当時の主要金融センターの流動性預金高を測定したところ、他のライバル都市と比べてロンドンの預金規模がはるかに大きいことが分かった。

これはネルソン提督の時代から海上覇権を握り続けてきた強力な海軍の後ろ盾の賜物ではあったが、そうやってつくられたイギリスの影響力は金融を通じてさらに強化されたと言える。

では、**イギリスはどのようにして圧倒的な金融市場を築いたのだろうか？**

強い金融市場で結ばれていた世界

当時のイギリス経済が産業革命のおかげで世界をリードしていたことは明らかだ。とはいえ、GDP（国内総生産）で見るとフランスを28％しか上回っていなかった。ところが資本市場の規模ではロンドンとパリには9倍以上の差があった（**図4-1**参照）。これほど大きな差が生じた理由は、「歴史的経験」にあると言えるだろう。

イギリス政府は名誉革命以降、金融市場への参加者からの信頼を積み上げてきた。一方のフランスは、ジョン・ローの「ミシシッピ会社」事件（〈07話〉参照）に見るように、大衆の信頼を裏切ってばかりいた。そのため、ほとんどのフランス人は貴金属を市中に流通させるよりも、万一に備えて〝ベッドの下に保管する〟ほうを選んだのである。

ところで、**金融市場ほど「規模の経済」が作用する場所はない。**預金が潤沢にある場所にはさらにお金が集まり、預金が少ない国からはどんどんお金が減っていくものだ。たとえば同じ10億円でも、銀行にまとめて預けられているのと各世帯でばらばらに保管

図 4-1 世界の主な金融センターの流動性預金高(1873年)

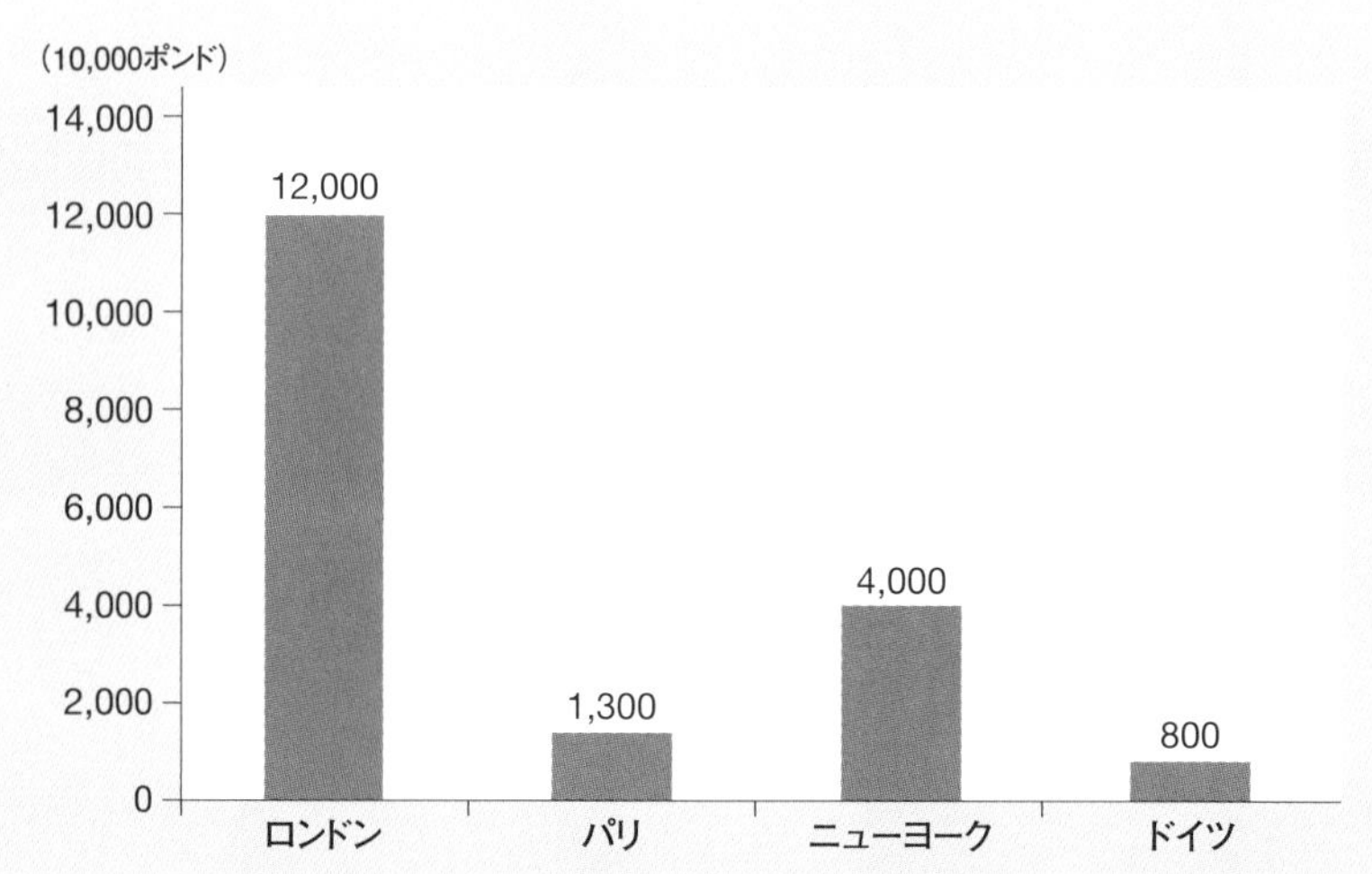

出典: William J. Bernstein, *The Birth of Plenty: How the Prosperity of the Modern World Was Created*, McGraw-Hill, 2004.(邦訳: ウィリアム・バーンスタイン『「豊かさ」の誕生—成長と発展の文明史』日本経済新聞出版社, 2015)

世界的な金融センターにどれほど多くの預金があったのかを比較したグラフ。ロンドンの預金規模が圧倒的に大きいことが分かる。韓国人がよくドル預金をするように、19世紀には世界中の金持ちがロンドンでポンド預金を行うのが一般的だった。ポンドの価値が非常に安定していた上、巨大な金融マーケットがあったため、多様な商品に自由に投資する機会が開かれていたからだ。

されているのとではわけが違う。

前者はさまざまなところに貸し付けることができるが、後者のように数十万～数百万円単位で各世帯に保管されているお金は何の力も発揮できない。誰もそのお金のありかを知らず、誰に頼めば借りられるのかも分からないからだ。

ロンドン金融市場の有利な点は「規模の経済」だけでなく、「基軸通貨」を持っていたことにあった。安定した**「金本位制度」**▼を維持したことでポンドへの信頼が非常に高まったため、世界中の投資家たちは自国通貨よりもポンドを好むようになったのである。

第一次世界大戦直前の1913年の金保有高を比較すると、フランス銀行が6億7800万ドル、アメリカ財務省が13億ドルであったのに対し、イングランド銀行はたったの1億6500万ドルだった。にもかかわらず、問題なく世界の金融センターとしての役割を果たしていたのだ。

ロンドンやニューヨークの金融センターは、周辺の他の金融市場を怪物のように飲み込んでいったが、これは多くの市場参加者にとって好都合だった。たとえばドイツのクルップ（Krupp）家のように、莫大な資本を投資して鉄鋼工場や機械産業を始めようとする資本家たちからすれば、ロンドンという金融センターはまさに天からの贈り物のように思われたことだろう。

金本位制度
純金1オンス＝35ドル（1944年）というように通貨価値を金の価値に連携させる貨幣制度のことで、19世紀にイギリスを中心として発展した。

戦費調達力の差が勝敗を決めた

こうした背景を前提とすれば、1914年にセルビアのサラエボでオーストリア皇太子が暗殺されたことが第一次世界大戦の引き金になることなど、当時の人びとの多くが想像もしていなかったことが理解できるだろう。**ヨーロッパは交易によって緊密に結びついていたし、金融市場におけるポンドの力が非常に強かったので、万が一戦争になればロンドンにある敵国の資産はすぐに凍結される可能性が高かった**からだ。

とはいえ、ドイツ・オーストリア同盟国にまったく勝ち目がなかったわけではない。開戦初期にドイツがシュリーフェン計画▼の通りにパリを占領していれば、有利な条件で終戦交渉に臨めたはずだ。またはロシア革命が1917年ではなく、それ以前に起きていれば、東部戦線の兵力を西部戦線に早期に投入して勝利を確定できたかもしれない。

しかし第一次大戦が泥沼化したことで、イギリスが率いる連合軍にドイツが勝つこと

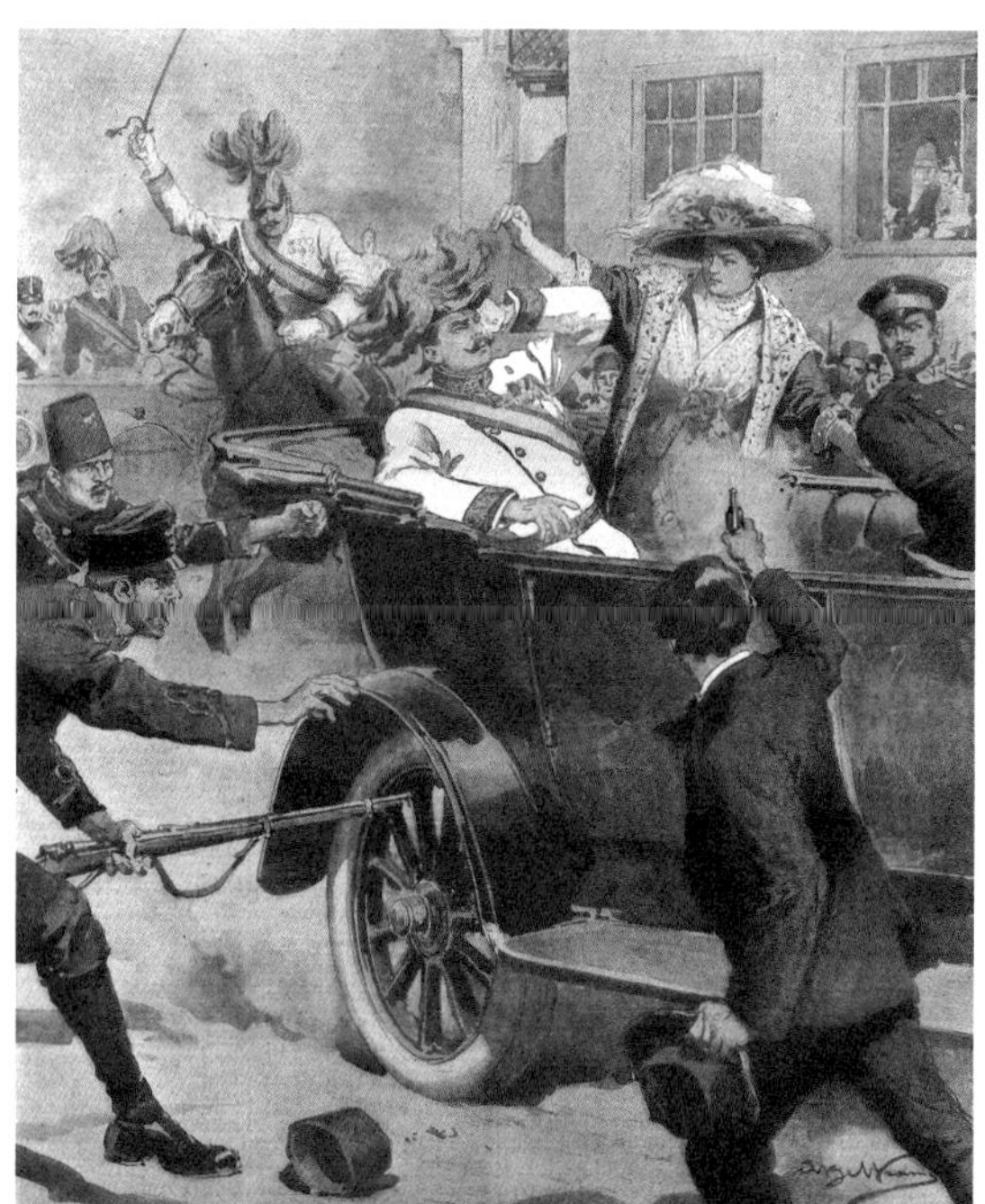

1914年6月28日、サラエボでオーストリア皇太子が暗殺されたサラエボ事件を描いた挿絵。1914年7月12日発行のイタリアの新聞『ラ・ドメニカ・デル・コリエリ』（La Domenica del corriere）に掲載されたもの。

シュリーフェン計画
1906年、ドイツ（プロイセン）の参謀総長アルフレート・フォン・シュリーフェンがロシアおよびフランスとの両面戦争でドイツを勝利に導く方法を提示した作戦計画。

は不可能となった。開戦初期は備蓄資源を使って戦争を遂行できたが、戦争開始から1~2年たつとドイツにはなす術がなくなってしまった。

大戦中はすべての参戦国がせっせと戦争債券を発行し、これまで国債にまったく縁がなかった人に対しても「愛国者なら国債を買うべきだ」と説得した。**連合軍は金融市場のあるロンドンやニューヨークなどで債券を発行したが、ドイツやオーストリアなど「同盟国」側は、中央銀行から借金して戦費を調達するしかなかった。**しかし当時は「金本位制」が採用されていたので、中央銀行が保有する貴金属の量以上の銀行券を発行することは不可能だった。

だが、政府が借りたお金は結局のところ市中にばらまかれる。つまり、**1915年以降のドイツでは、実質的に「金本位制」が廃止されていたのと変わらなかった。**大衆がこのことに気づけば、彼らは紙幣を捨てて金や銀などの貴金属を手元に置こうとするはずだ。こうした行動が経済にとって危険なものだとしても、である。

事件現場で逮捕される暗殺者、ガブリロ・プリンツィプ。「青年ボスニア」という民族主義組織に属する18歳の青年だった。

20 ドイツで「ハイパーインフレ」が発生したのはなぜ？

ここではドイツについて重点的に見てみよう。

第一次世界大戦中、ドイツは実は戦闘レベルにおいて決定的な敗北を喫したことはなかった。大戦末期に食糧難を原因とする革命が国内で起きたため、降服せざるを得ない状況に陥ったのである。

巨額の賠償金を払うための通貨増発

敗戦後のドイツは、皇帝ヴィルヘルム2世までもがオランダに亡命し、一種の無政府状態となってしまった。その上、戦争責任などについて協議したパリ講和会議で、フランスなどの戦勝国はドイツに対して1320億金マルク（golc marks）という莫大な賠償金を課した。ちなみにこの金額は、戦前におけるドイツのGNP（国民総生産）の3倍を上回る。

毎年支払うべき賠償金は、国民所得の10％、総輸出高の80％にも及んだため、新生ドイツ政府には財政赤字から抜け出す術がなかった。

莫大な財政需要を民間からの借入で解決できればよかったのだが、国民の信頼を失い、大戦中の戦費も中央銀行の発券能力に頼って調達していたドイツ政府にとって、この解決策は事実上不可能だった。政治的なリーダーシップもなく、税金の引き上げも困難だった。

このような状況で、**ドイツ政府の唯一の選択肢は通貨を増発すること**だった。つまり、中央銀行に金がないにもかかわらず中央銀行券を印刷し、このお金を金に変えてフランスなどの戦勝国に賠償金を支払う形を取ったのだ。1921年にはこの方法が有効だった。なぜなら

第一次世界大戦終結後、パリ講和会議において戦争責任、欧州各国の領土調整、戦後の平和維持のための措置などについて話し合われた。写真は1919年に締結されたベルサイユ条約調印の場面。

国民は政府が何をしているか知らなかったし、価格変動も非常に硬直的だった▼からだ。

当時の賃金は月ごとや週ごとではなく、年に一度調整されるシステムであり、各企業は価格表を書き換えるのに費用もかかり混乱も生じると考え、原価に変動があってもそれを即時に価格に反映していなかった。

しかし、中央銀行に金がないのに――いや、それどころかフランスに金を払いながら――貨幣を発行していることに国民たちが気づきはじめてから、深刻な問題が発生した。最初にインフレの兆候に気づいたのは、さまざまなネットワークを持ち海外事情にも明るい金融家や企業家だった。

さて、読者の皆さんなら、ここでどんな行動を取るだろうか。最良の選択は、間もなく紙屑になるドイツマルクをポンドやドルなど他国の貨幣に換金して海外に預金することだ。その結果、ドイツでは1922年から資本収支の赤字が深刻化し、マルク安が急激に進んだ。すると輸入品の価格が上昇する。輸入品価格の上昇は物価全体を押し上げることになる。

超インフレ下の合理的経済行動

1920年以降、ドイツでは月に50％以上も物価が上昇する現象が起こった。▼これを

1924年にドイツで発行されていた1000億マルク紙幣。1923年1月に250マルクだったパンが、11月には2000億マルクまで値上がりした。

価格硬直性
需給の変化が価格変動に影響を与えない状況のことで、これを価格硬直性と言う。

図 4-2　第一次世界大戦およびそれ以降のヨーロッパの物価上昇率（1914年=1）

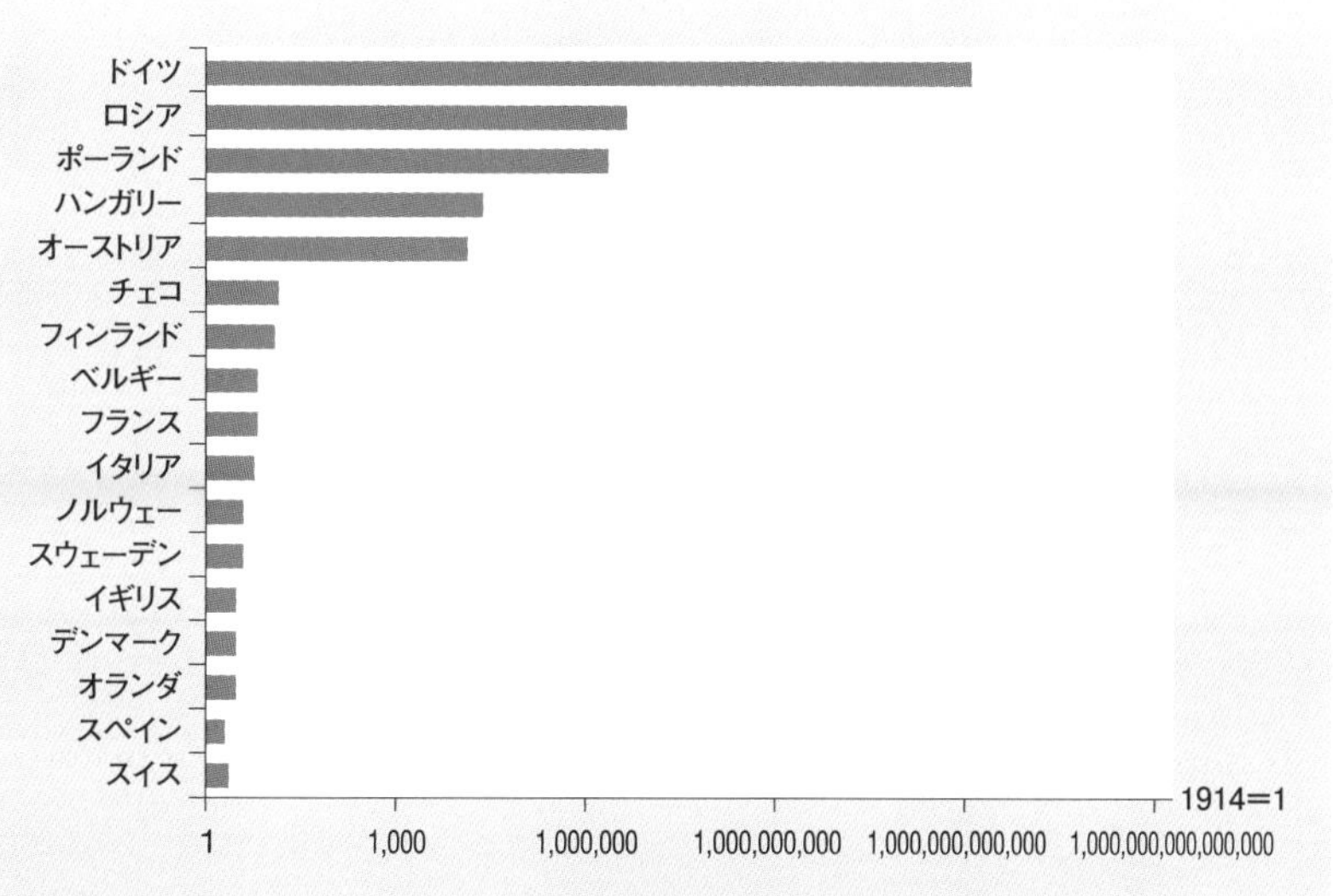

出典: Niall Ferguson, *The Cash Nexus: Money and Power in the Modern World, 1700-2000*, Basic Books, 2002.

1914年、第一次世界大戦以降のヨーロッパ各国はひどいインフレを経験することになった。グラフは横軸の目盛一つが1,000倍の増加を表すので、いちばん右端の単位は1,000兆となる。つまり、**ドイツは1兆倍以上の物価上昇を経験した**わけだ。このように物価が急騰すると、ポンドやドル、または現物資産を持っている人が勝者となり、反対に預金や年金などの金融資産を持っている人は最大の敗者となる。

ハイパーインフレといい、最近ジンバブエやベネズエラで発生したのも同じものだ。**ハイパーインフレの発生は、紙幣（中央銀行券）の信頼が完全に失われたことを意味する。**物価上昇率が月に50％を超える状況では、月給をもらったら即座に物を買ったほうが得だ。つまり、誰もがお金を手元に置かずに現物を購入しようと走り回る姿を想像すればいい（図4-2参照）。

こんな状況では経済が回るはずはない。現に1923年のドイツの産業生産は1914年の半分にまで落ち込んでしまった。**何よりも恐ろしいのは、こうした経済危機が生んだ社会的・心理的トラウマだ。お金の価値が下がったことで、お金で成り立っていたあらゆる財産や固定収入が無価値と見なされるようになってしまった**からだ。

とはいえ、ポンドやドルで発行された海外債券の価値までもが下落したわけではなかった。ドルやポンドに対するドイツマルクの価値も大きく下がったため、外債の償還負担はハイパーインフレ以前と比べてさして変わらなかった。

壁紙として使われた紙幣

形成されたヒトラー台頭の土壌

ところが、戦争の前後に累積したドイツ国内の負債は全額清算されてしまった。大幅なインフレによって、価格が固定されていたすべての物の実質的価値が暴落したからだ。インフレの最大の被害者は、定額の年金を受け取って暮らしていた人びとであり、ドイツ国債を購入していた人びともほとんど全財産を失うことになった。逆に、土地や工場などの現物資産の保有者や借金をしていた人たちは勝ち組となった。

ただし、現物資産を持ち、かつ巨額の負債を抱えていた経済主体というのは二つだけだった。政府と企業である。つまるところ、**ドイツのハイパーインフレは大多数の国民を貧しくする代わりに国家と企業を肥やし、その後ヒトラーをはじめとする全体主義勢力が力を持つ原因となった**のだ。

もちろん、その後に大恐慌が起こらずに平和が長く続いていれば、第二次世界大戦の惨禍はなかったかもしれない。しかし、金本位制に内在する不安要素は最終的に世界経済を破綻に追い込み、ついには世界中の数十億の人びとの人生を変えてしまった。

それでは次に、１９２９年に大恐慌が発生した原因を考えてみよう。

21 株の大暴落を招いた「投資の過熱」と「素人の信用取引」

世界大恐慌のきっかけとなったのは1929年10月末の株価暴落だったという点については、多くの経済学者が同意するだろう。**世界大恐慌とは、1929年から33年まで続いた歴史的な景気沈滞**のことだ。その直撃を受けたアメリカの場合、29年のGNPを100とすると、33年には73・5％にまで経済規模が縮小した。

わずか4年の間に経済規模が26・5％も縮小したのだから、それがどれほど大きな打撃だったのか想像がつくだろう。そういうわけで、1929年10月の株価大暴落については、これまで多くの議論が交わされてきた。その議論のすべてを紹介することはできないが、なるべく簡潔に株価大暴落の原因を探ってみよう。

国中が浮かれた狂騒の20年代

1929年10月にアメリカ証券市場が崩壊した直接の原因は、それ以前の6年間に株価が上がりすぎたことだ。第一次世界大戦直後の20年には、スタンダード&プアーズ500指数（以下「S&P500」）は6・8ポイントにすぎず、配当利回りは7・3%に達していた。

配当利回りとは、1株当たりの配当金をその購入価格で割った比率のことだ。たとえば1株100ドルで取り引きされている株の配当金が3ドルであれば、この会社の配当利回りは3・0%となる。当時のアメリカの10年もの国債金利が5・4%だったことを考慮すると、配当利回り7・3%というのは非常に高かった。

さらに**「割賦販売」のおかげでラジオや自動車など新製品の需要が爆発的に伸びて企業収益が改善されたことも、株式市場に火をつける原因となった。**

ここで当時の株式市場の雰囲気を最もよく伝える事例をご紹介しよう。1929年夏、サミュエル・クローザーという記者が、当時世界第2位の自動車会社だったゼネラルモーターズの金融担当専務であり、民主党全国委員会委員長でもあったジョン・ラスコブにたずねた。「個人投資家が株で資産を増やすにはどうすればいいでしょう？」

するとラスコブはこう答えた。

S&P500
アメリカの信用評価会社S&Pが作成する代表的な500銘柄をもとに算出した株価指数。

割賦販売
商品引渡時に代金の一部（契約金）を受け取り、残額は一定の期間に分割して受け取る販売方法。

「いまアメリカの産業は急成長を続けており、経済は好況のただ中にある。毎月15ドルを優良株に投資すれば、20年後には約8万ドルの資産を手にすることができる」

そしてすべての投資家がお金持ちになれると断言したのだ。

そう考えたのはラスコブだけではなかった。大恐慌が起きる2週間前の1929年10月15日、世界的な経済学者アービング・フィッシャー教授は、ファンドマネジャーや各企業の財務担当者が集まった会議でこう言い切った。

「株価はこれまでになく高い水準に達するだろう」

またカルビン・クーリッジ大統領は1928年12月4日、退任を前にした最後の議会演説で、こんな楽観論をぶち上げた。

「これほど好ましい展望は、アメリカ議会始まって以来のことでしょう。（中略）国内は平和と満足に満たされており、繁栄の最高潮にあります」

それもそのはず、1925年から29年までにアメリカの工場の数は18万4000カ所から20万6700カ所に増え、生産高は608億ドルから680億ドルに伸びた。さらに鉱工業指数も、21年の67ポイントから29年6月の126ポイントへと成長した。

致命的打撃を受けた株式市場

しかし、その一方で株式投資の魅力は急速に衰えつつあった。1928年に株価収益率▼（ＰＥＲ）は16・３倍に上昇し、配当利回りも３・４８％まで下落したのだ。

株価収益率が何倍以上だとバブルで何倍以下だと低評価なのかを判断する絶対的な物差しはないが、過去の平均水準と比べて株価収益率が高すぎる場合はバブルの危険も高まることは確かだ（２４９ページ参照）。

１８７１年から１９２０年までのＳ＆Ｐ５００指数の株価収益率が平均で14・９倍だったことを考慮すると、**１９２８年のアメリカ証券市場はすでにバブルに差し掛かっていた**と見てもいいだろう（29年10月初めの株価の高値は28年の平均株価より30％以上も上昇していた）。

株式市場の熱気が高まる中、危険な兆候がいくつか現れはじめた。それまで一度も株式投資に手を出したことのなかった人が市場に参加しはじめただけでなく、**借金をして投資資金を増やす、「信用取引」が一般化**したのだ。

ここで少し信用取引について説明しておこう。たとえば10万ドルの自己資金を持つ投資家が元金の２倍の借金をして投資を行うと仮定すると、その総額は元金10万ドルに借入金20万ドルを足した30万ドルになる（計算の便宜上、借入利子は10％と仮定する）。では仮に、彼が投資した株が年20％上昇するとどうなるだろうか。彼は株式投資によって６万ドルの収益を得ることになり、借金の利子を差し引いても、元金

株価収益率（ＰＥＲ）
企業が１年間で稼いだ利益と株価を比較した数値。株式の投資価値を判断する尺度。たとえば株価が１０００円で、１株当たり利益が１００円なら、ＰＥＲは10倍である。

に対する収益率は40％になる。借金のおかげで実質的な収益率が大きく増えたことが分かる。

ところが、株価が下がり出すと信用取引は深刻な問題を引き起こす。たとえば、株価が1年で30％下落すると、総投資額（30万ドル）は21万ドルに減少し、投資元金はたったの1万ドルしか残らないことになる。さらに借金20万ドルに対する利子2万ドルも合わせると、純資産はマイナス1万ドルとなる。すると、借入先の証券会社は黙っていない。

借金の返済が難しくなるほどの株価暴落が起こった場合、「追証（おいしょう）」を入れなくてはならなくなる。追証とは「担保となる株や現金を追加で預けること」だ。追証を入れないと、証券会社は顧客の持ち株を強制的に売って貸付を回収する。つまり、**信用取引高が急に膨らんだ状況で株価が下がりはじめると悪循環が起きてしまう**のだ。

このような現象が大規模に起きたのが、1929年のアメリカ株式市場だった。24年末の信用取引の規模は22・3億ドルだったが、27年末には44・3億ドル、そして大恐慌直前の29年10月4日には85・0億ドルにまで膨らんだ（図4-3参照）。

株の世界には「山高ければ谷深し」という格言があるが、これは29年10月にぴったり当てはまる。投資初心者が増加し、投資の魅力が低下する一方、市場金利が上昇したた

図 4-3 証券関連貸出の推移（1924-1929年）

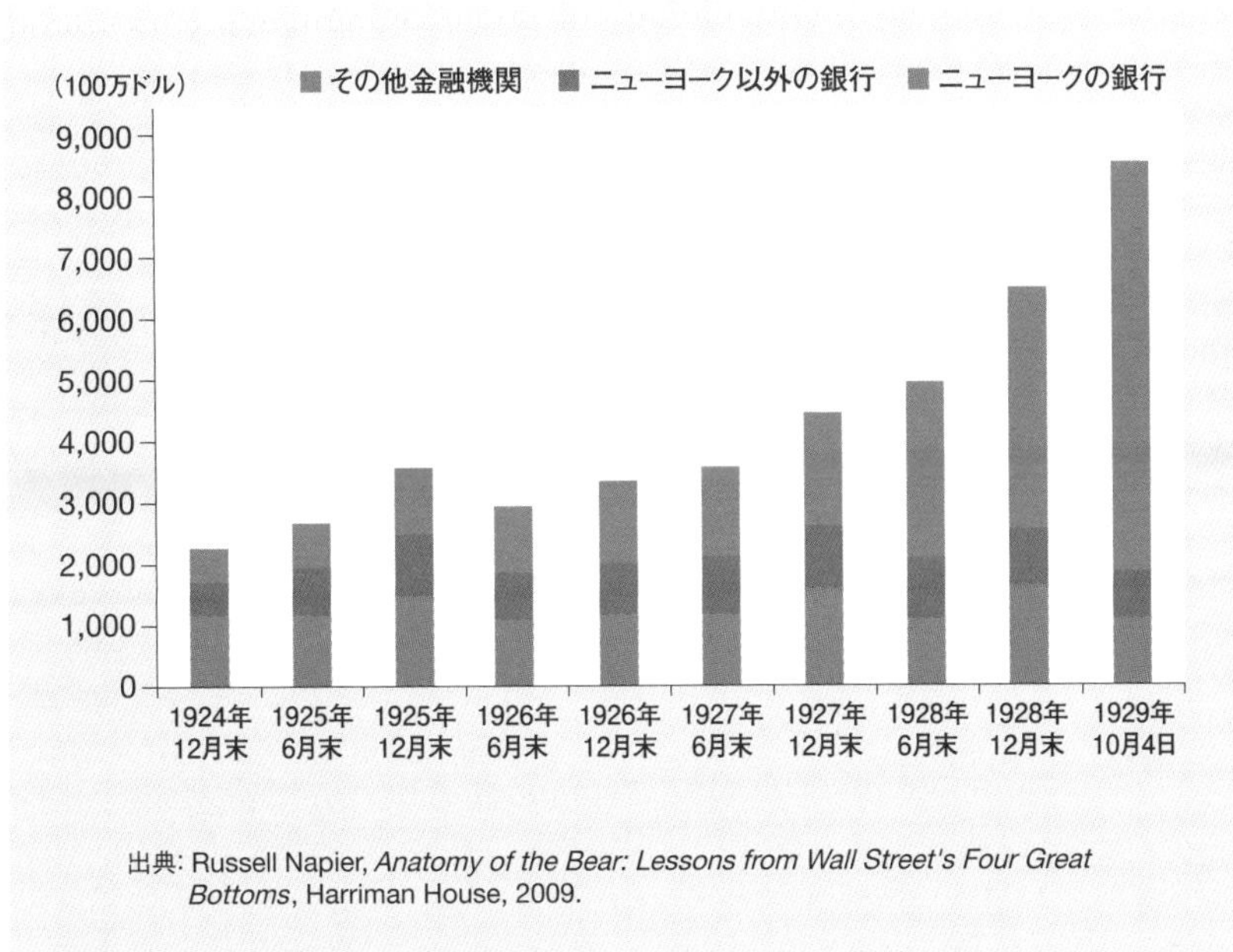

出典: Russell Napier, *Anatomy of the Bear: Lessons from Wall Street's Four Great Bottoms*, Harriman House, 2009.

1929年の大恐慌直前における証券関連貸出の状況を表すグラフ。1929年に近づくほど「その他金融機関」の貸出が急増していることが分かる。ここで言う「その他金融機関」とは、信託会社などさまざまな種類の金融機関の総称。1907年の金融恐慌など、アメリカで起こった金融危機のほとんどは、このような「その他金融機関」が投資資金の貸出を回収できずに破産したことから始まった。

め、株式市場は致命的な打撃を受けることとなった。

市場金利上昇の原因は次の話で説明することにして、**信用取引が大きく膨らんだ状況で市場金利が上昇すると、二つの問題が発生**する。

一つ目の問題は、**貸付利率の上昇が投資収益の悪化に直結すること、**もう一つの問題は、**金利上昇をきっかけに一部投資家が株より債券のほうが魅力的だと判断して、持ち株を売却する可能性が高まること**だ。

特に問題になったのは、ニューヨーク連邦準備銀行（以下「連銀」）の公定歩合が１９２８年2月の３・５％から29年8月の６・０％まで引き上げられた点だ。公定歩合とは、民間銀行に対する中央銀行の貸付金利と考えればいい。中央銀行が民間銀行に貸付を行うときの金利が上がると、民間銀行が顧客に貸付を行うときの金利も上昇することが多い。

公定歩合引き上げの結果、銀行間で資金融通を行う際の短期金利（コールレート）も急騰した。28年1月のコールレートは４・２４％だったが、29年7月には９・２３％まで上昇したのである。

それでは次に、大恐慌のきっかけとなった連銀の公定歩合引き上げの背景について詳しく説明しよう。

郵便はがき

料金受取人払郵便

芝局承認

5701

差出有効期間
2022年10月
31日まで
(切手は不要です)

105-8790

東京都港区虎ノ門2-2-5
共同通信会館9F

216

株式会社 文響社 行

フリガナ

お名前

ご住所 〒

都道 府県　区町 市郡

建物名・部屋番号など

電話番号	Eメール
年齢　才	性別 □男 □女

ご職業(ご選択下さい)
1. 学生〔小学・中学・高校・大学(院)・専門学校〕 2. 会社員・公務員 3. 会社役員 4. 自営業
5. 主婦 6. 無職 7. その他(　)

ご購入作品名

り良い作品づくりのために皆さまのご意見を参考にさせていただいております。
協力よろしくお願いします。

. 本書を最初に何でお知りになりましたか。
新聞・雑誌の紹介記事（新聞・雑誌名　　　　　　　　　）2. 書店で実物を見て　3. 人にすすめられて
. インターネットで見て　5. 著者ブログで見て　6. その他（　　　　　　　　　　　　　　　　　）

. お買い求めになった動機をお聞かせください。（いくつでも可）
. 著者の作品が好きだから　2. タイトルが良かったから　3. 表紙が良かったので
. 内容が面白そうだったから　5. 帯のコメントにひかれて　6. その他（　　　　　　　　　　　　）

. 本書をお読みになってのご意見・ご感想をお聞かせください。

. 本書をお読みになって、
良くなかった点、こうしたらもっと良くなるのにという点をお聞かせください。

. 著者に期待する今後の作品テーマは？

. ご感想・ご意見を広告やホームページ、
本の宣伝・広告等に使わせていただいてもよろしいですか？
1. 実名で可　　2. 匿名で可　　3. 不可

ご協力ありがとうございました。

世界累計160万部の
大人気シリーズ

1日１ページ、毎日5分ずつ知識を身につける、大人の学び直しにぴったりな
大人気シリーズ。曜日ごとに分野が変わるので飽きずに毎日続きます。
定番「世界」シリーズも、新刊「日本の教養」も、知的好奇心を刺激すること間違いなし！

1日1ページ、読むだけで身につく世界の教養365

著：デイヴィッド・S・キダー＆ノア・D・オッペンハイム
翻訳：小林朋則

定価（本体2,380円＋税）｜ ISBN978-4-86651-055-2

1日1ページ、読むだけで身につく日本の教養365

監修：齋藤孝

定価（本体2,480円＋税）｜ ISBN978-4-86651-210-5

1日1ページ、読むだけで身につく世界の教養365【人物編】

著：デイヴィッド・S・キダー＆ノア・D・オッペンハイム
翻訳：パリジェン聖絵

定価（本体2,380円＋税）
ISBN978-4-86651-125-2

1日1ページ、読むだけで身につく世界の教養365【現代編】

著：デイヴィッド・S・キダー＆ノア・D・オッペンハイム
翻訳：小林朋則

定価（本体2,380円＋税）
ISBN978-4-86651-144-3

1日1ページ、読むだけで身につくからだの教養365

著：デイヴィッド・S・キダー＆ノア・D・オッペンハイム＆ブルース・K・ヤング医学博士
翻訳：久原孝俊

定価（本体2,380円＋税）
ISBN978-4-86651-166-5

漫画
バビロン大富豪の教え

28万部突破!

原著:ジョージ・S・クレイソン
漫画:坂野旭
脚本:大橋弘祐

世界的ベストセラー! 100年読み継がれるお金の名著が、待望の漫画化!オリエンタルラジオ中田敦彦さんも大絶賛!

定価(本体1,620円+税) | ISBN978-4-86651-124-5

日本縮約版

「死」とは何か
イェール大学で23年連続の人気講義

27万部突破!

著:シェリー・ケーガン 翻訳:柴田裕之

余命宣告をされた学生が、"命をかけて"受けたいと願った伝説の講義が、ついに日本上陸!「死」という難しいテーマについて、理性的かつ明快に説いた一冊。世界最高峰の「死の授業」をお楽しみください。

定価(本体1,850円+税) | ISBN978-4-86651-077-4

完全翻訳版

定価(本体2,850円+税)
ISBN978-4-86651-128-3

+1cm
たった1cmの差が あなたの世界をがらりと変える

10万部突破!

著:キム ウンジュ 翻訳:簗田順子
イラスト:ヤン・ヒョンジョン

「変わりたい」そんな人の背中を優しく押してくれる、クリエイティブな言葉の魔法。

定価(本体1,430円+税) | ISBN978-4-905073-35-2

22 清算主義による「金利引き上げ」が株式市場を崩壊させた

〈21話〉では、1929年のニューヨーク連銀による公定歩合大幅引き上げが株式市場崩壊を招いた経緯を見た。では、**なぜ連銀は公定歩合を引き上げたのか？**

これについては、**金本位制と清算主義という二つの面から説明することができる。**

金本位制下での役割を放棄した中央銀行

まず「金本位制」の問題から説明しよう。ある国で消費が増大して輸入が急増すると、貿易指数が悪化して金が流出し、通貨供給が減少する。すると金利が上昇し、経済全体の需要を委縮させる。もちろん、この過程で輸入品の需要が減少するため、ここで自然と貿易収支が改善される。これによって通貨供給が増え、市場金利が低下し、経済にまた活力が吹き込まれることになる。これが金本位制の構造だ。

金本位制の下では、中央銀行の役割は大きく二つに限られる。一つは**信頼できる貨幣（中央銀行券）を発行して金属貨幣が持っていた限界を補うこと**であり、これが最も重要な任務である。もう一つは、**経済に何らかの問題が発生したときの最終貸付者としての役割を担うこと**だ。具体的なことは〈23話〉で説明するが、この二つ目の役割を世界各国の中央銀行が放棄したことが、世界大恐慌の勃発に最も決定的な影響を及ぼしたと言えるだろう。

ここで時計を少し戻して、1926年のイギリスに目を向けてみよう。イギリスは第一次世界大戦に勝利したものの、その成果を享受できずにいた。ドイツがハイパーインフレに陥ったせいで賠償金を受け取れなかったばかりか（〈20話〉参照）、戦争で甚大な人的損失を被っていた。それだけでなく、1917年のロシア革命によって社会主義運動への支持が高まり、社会状況もかなり不安定だった。

このときイギリスに救いの手を差し伸べたのがアメリカだった。1927年、アメリカFRB（連邦準備制度理事会）▼は1200万ポンドを受け取る代わりに、保有していた金をイングランド銀行に供給した。それだけでなく、イギリスの経常収支を改善させるために金利引き下げや通貨供給拡大などの景気浮揚政策を実施した。

連邦準備制度理事会
（FRB：Federal Reserve Board）連邦準備制度（アメリカの中央銀行制度）の最高意思決定機関。金融政策を決定する。日本の日銀に当たる。

ワシントンD.C.のアメリカ連邦準備制度理事会（FRB）本部

今では理解しがたいが、当時のアメリカとイギリスは血盟以上の関係にあったのだ。

行き過ぎた清算主義による金利引き上げの逆効果

しかし、1927年の金利引き下げと通貨供給の拡大によってアメリカ証券市場にバブルが形成されると、FRBは一転、28年の夏から商業銀行に対する資金供給を中断するとともに利上げを行った。

この政策は短期的には利下げより大きな副作用を生むことになった。**「金本位制」が維持されているということは、国家間の為替レートが固定されていることを意味する。**そのような状況で、ある国が利上げをすれば、資金がその国に流入するからだ。

アメリカへの資金流入は、海外資本への依存度が高いオーストラリアやアルゼンチンなど新興国の経済に大きな打撃を与えた。1929年前後のアメリカの金保有高を見ると、28年の利上げを境に増加していることが分かる（図4-4参照）。つまり、利上げをしても海外から資金が流入するので、財政の緊縮効果がほとんど見られないのだ。

しかし、FRBは断固として株式市場のバブルを押さえ込もうとして、利上げの手を緩めなかった。当時のFRBは**清算主義**▼(Liquidationist Theory)に傾倒していたからだ。「雇用を清算し、株式を清算し、農民を清算し、不動産を清算せよ」。これは当時のフーバー政権（1929―33年）の財務長官アンドリュー・メロンの発言だが、清算主義の意味をよ

清算主義
倒産や失業の恐れがあるとしても、まず過去のインフレや債務の増加によって膨らんだ経済を「清算」し、正しいバランスを取り戻すべきだとする考え方。

図 4-4　アメリカ連邦準備銀行が保有していた金の残高

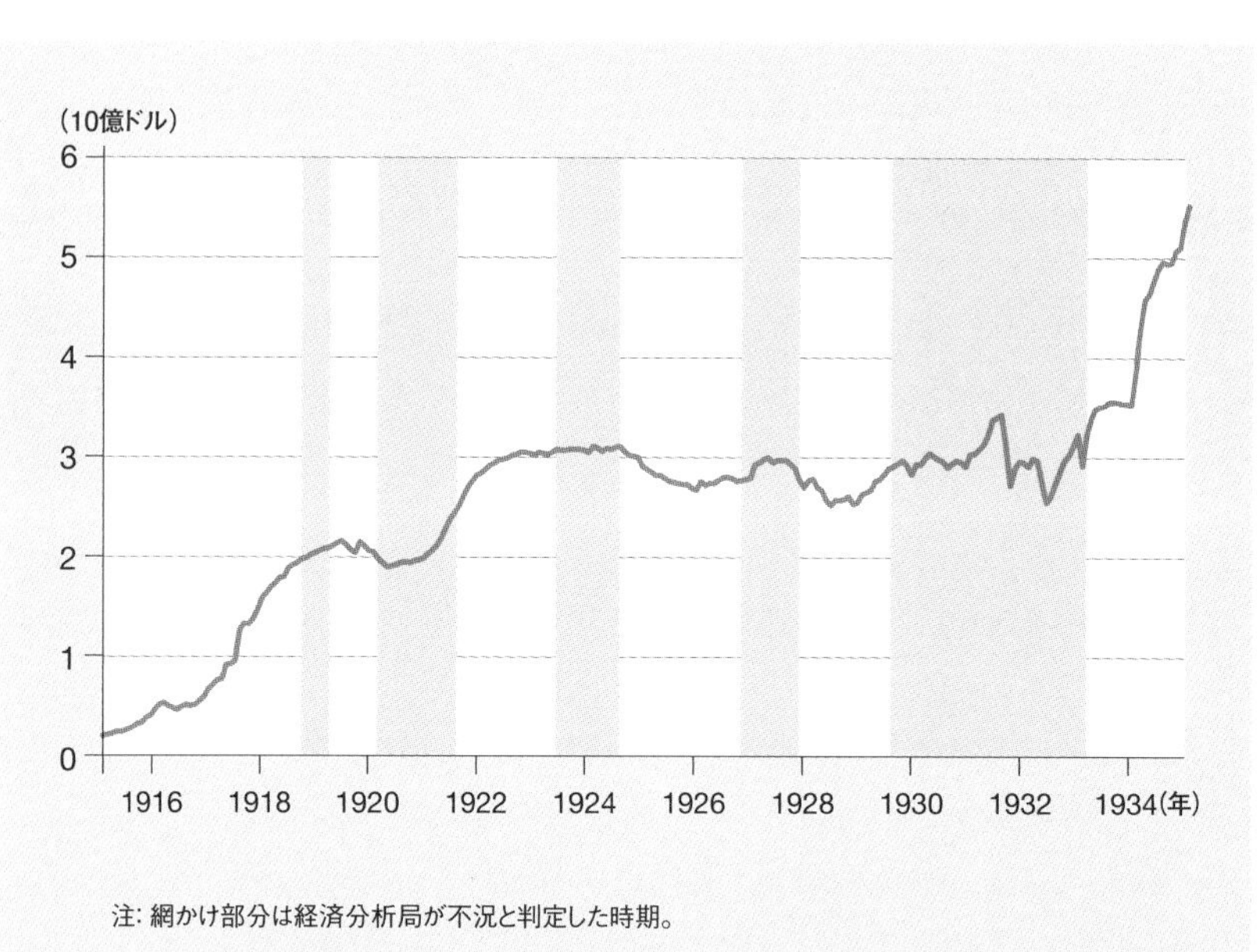

注: 網かけ部分は経済分析局が不況と判定した時期。

出典: Federal Reserve Bank of St. Louis.
https://fred.stlouisfed.org/series/M14062USM027NNBR

近年では世界各国が、ドルをはじめさまざまな外貨を保有しており、急に外貨が必要になった場合にこれを使用している。同様に、金本位制の時代には各国の中央銀行は金を保有していた。そして、その金の量に基づいて紙幣を発行していたため、金が流出すると通貨供給が減少し、逆に金が流入すると通貨供給が増加するという状況だった。1929年の大恐慌後もアメリカの金保有量は減少せず、アメリカさえも金本位制を放棄した1933年になって、やっと金が流出するようになったのである。

く示している。つまり、**経済のあらゆる場所からバブルを清算すれば、人びとがより道徳的な人生を送るようになり、革新的な人びとが台頭して無能な者たちが招いた破局を収拾できる、という考え**だ。

清算主義者たちは１９２０年代の好況を行き過ぎだと評価した。経済が急激に膨張したために信用創造が過大となり、株価が上がりすぎたというわけだ。これまでが過剰だったのだから、これから必要なのはデフレの時期、すなわちあらゆる過剰を絞り出す時期だという主張が広く支持された。

実際、大恐慌が発生して清算主義者の主張は現実となった。１９２９年10月にアメリカの株式市場がパニックに陥り、信用取引を行っていた者たちは相次いで破産した。彼らに貸付を行っていた金融機関も連鎖的に経営危機に直面し、株式だけでなく経済全般が深刻な不況に見舞われた。

当時最も人気があった株価指数のダウ工業株30種平均（ダウ平均）は、１９２９年10月28日の一日だけで38・３３ポイント（12・８％）も下落した。翌日も30・５７ポイント（12・７％）下落し、たった2日で株価は23・０％も暴落する事態となった（図4-5参照）。

だが、株式市場の崩壊と産業生産量の急激な縮小にもかかわらず、当時のＦＲＢや政府の対応は遅れるばかりだった。次に、アメリカの政策当局者が犯した失敗をより詳しく見てみることにしよう。

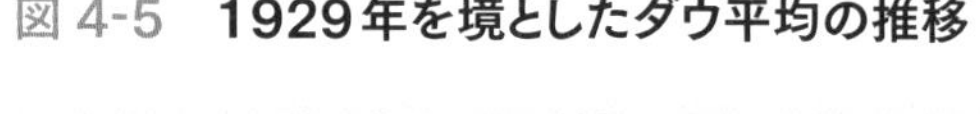
図4-5 1929年を境としたダウ平均の推移

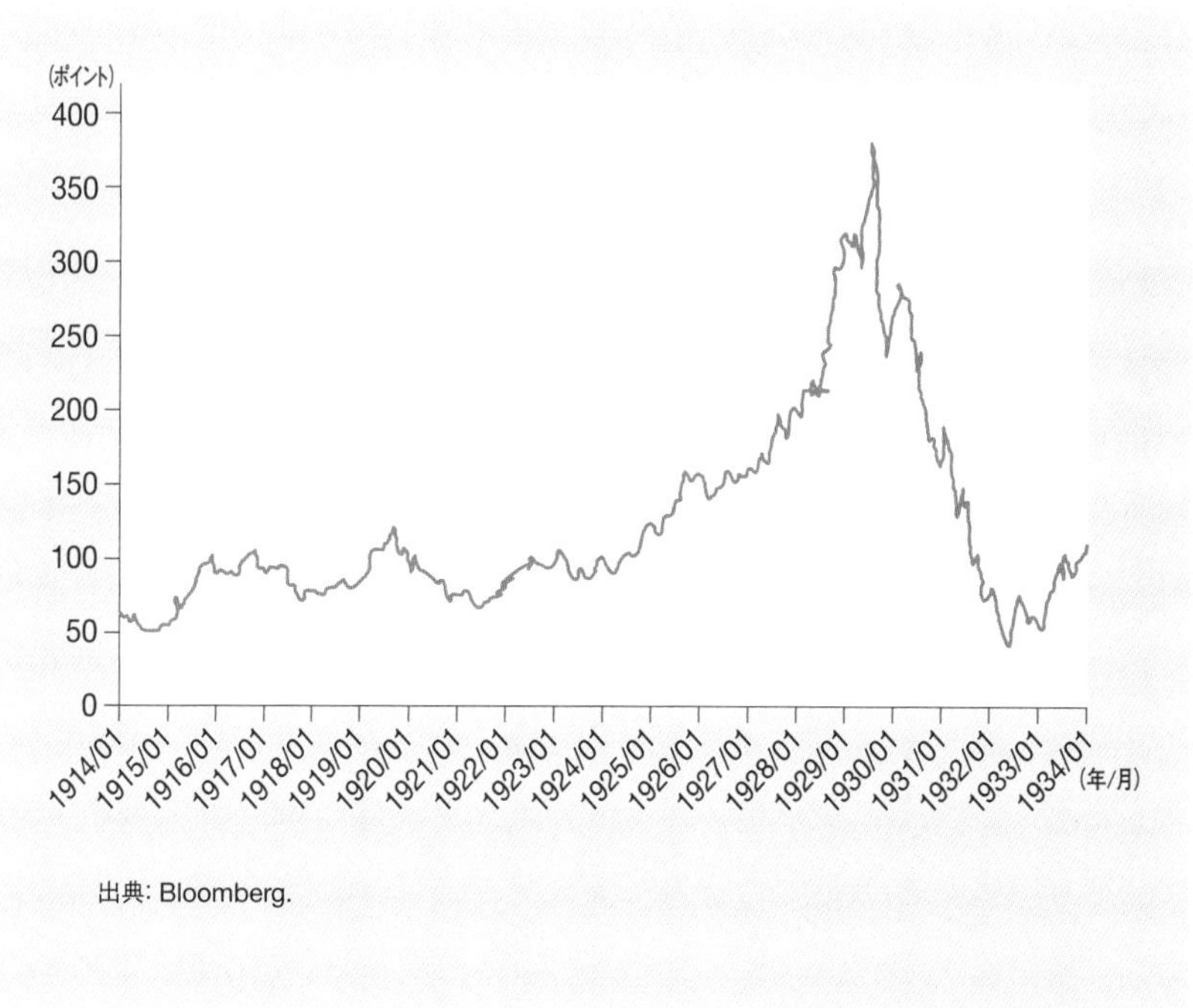

出典: Bloomberg.

大恐慌当時のダウ平均の動き。1921年6月に68ポイントだったのが、1929年8月には380ポイントまで急騰していることが分かる。だが、9月から下落に転じ、1929年10月28日に暴落した後、1932年5月に44ポイントを付けるまで長い下落が続いた。

23 「大恐慌」はどうすれば防ぐことができたのだろう？

1929年10月末の株価暴落によって、信用取引をしていた者たちが元金を一瞬で失ったばかりか、貸付を行っていた金融機関までもが連鎖的に危機を迎える結果となった。このとき、**どんな政策を取れば大恐慌を防げたのだろうか？**

まず必要だったのは金利引き下げだったはずだ。1928年7月、すでにFRBの公開市場委員会は「今の高金利があと数カ月続けば、6カ月から1年以内に景気に影響を与えるだろう」とスタッフから警告を受けていた。したがってFRBの内部、特にニューヨーク連銀では、株価暴落に即時対応する準備ができていた。連銀は公開市場操作を拡充し、29年10月から11月の間に政府の証券保有量を倍増させた。「公開市場操作」とは、通貨供給量を調節するために債券市場が介入する措置のことだ。**連銀が市場で国債を買い入れて債券を保有すれば、債券を保有していた人たちは現金を保有する**ことになる。**その結果、金利は低下する**わけだ。

しかし、**この措置に対してFRB内で強い反発**があった。当時のニューヨーク連銀総裁ハリソンは、「10月のような特別な状況においては、各準備銀行の理事に判断・決定の権限がある」と主張したものの、FRBは「通貨政策の最終責任はワシントンにある」という原則に連銀が背いたと判断した。そして**連銀は11月初め、FRBの圧力に負けて公開市場操作を中止**した（図4-6参照）。

金本位制という足かせ

当時、FRBが強硬な態度を取ったのは、〈22話〉で述べたように、その主要メンバーが清算主義に傾倒していたためだ。ただし、当時の世界金融システムを支配していた金本位制が大きな足かせとなっていたことも忘れてはならない。まず、株価暴落で経済全般の需要が鈍化すると、物価が下がり、経済成長率も下落する。こうした状況では、財政支出を増やしたり、通貨供給を拡大したりといった対応が適切なはずだ。

しかしこの場合、1928年の利上げ時とは逆の問題が起こり得た。28年に株式市場の過熱を冷ますために利上げした際には、海外から資金が流入して株式市場に追加的な

図 4-6 ニューヨーク連邦準備銀行の基準割引率および基準貸付利率（1925-44年）

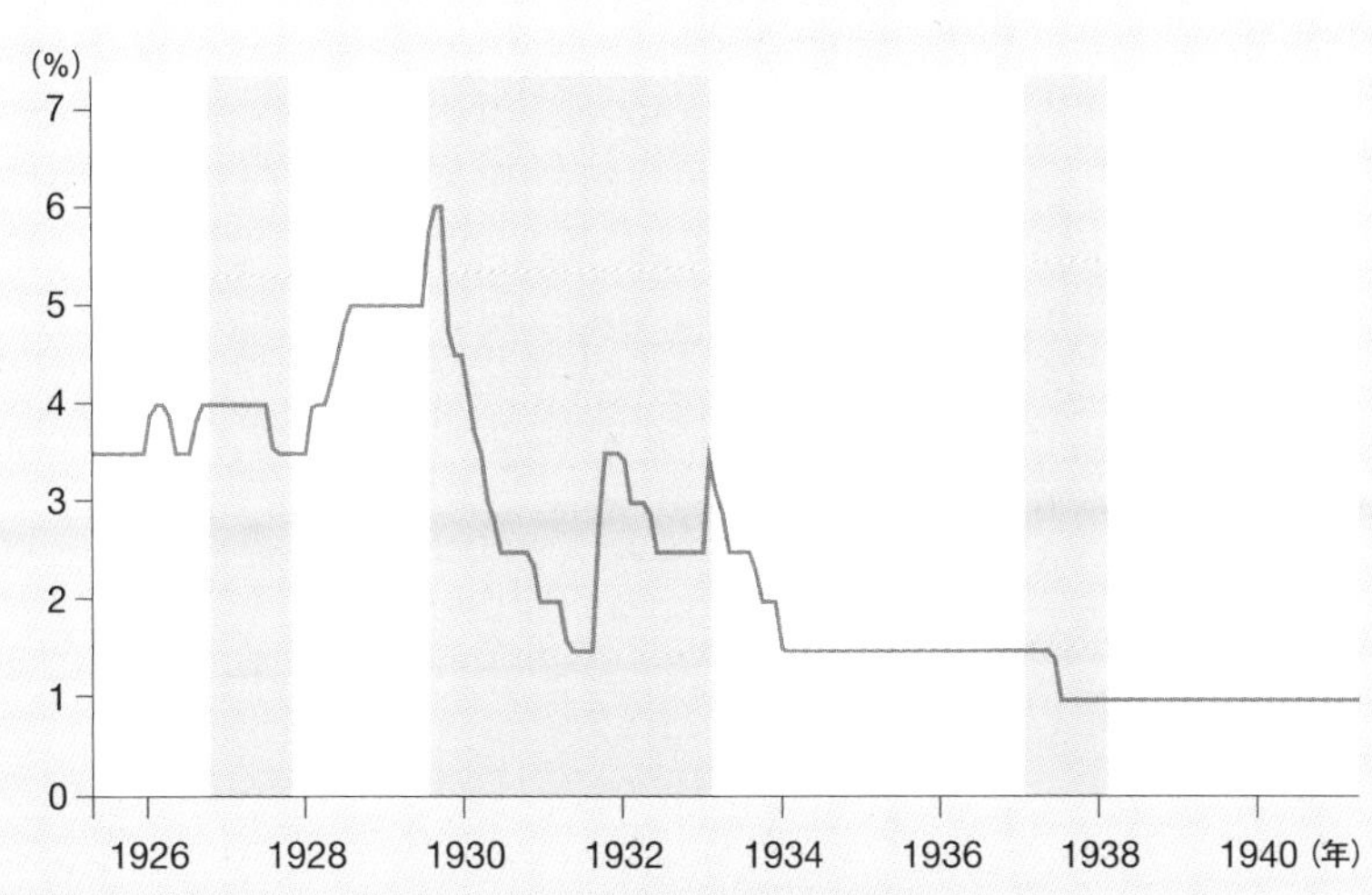

注: 網かけ部分は経済分析局が「不況」と判定した時期。

出典: Federal Reserve Bank of St. Louis.
https://fred.stlouisfed.org/series/M13009USM156NNBR

中央銀行はしばしば手形や債券を市場から買い入れるが、このときに一定の利率で割引をする（基準割引率および基準貸付利率＝公定歩合）。なぜなら、手形や債券を買い入れるということは、中央銀行が手形や債券の持ち主に貸付をするのと同じなので、満期まで一定の利子を付与するのが妥当だからだ。中央銀行が通貨供給量を減らしたいときには割引率を上げる。すると、手形や債券の持ち主は自分の手形・債券を中央銀行に売却するのを控えるので、結局は市中に現金が回らないことになる。逆に、中央銀行が公定歩合を引き下げると、手形や債券の持ち主は積極的に手形・債券を売却しようとするはずだ。

流動性が生まれたが、景気浮揚のために利下げをすれば逆にアメリカから資金が流出する可能性があるからだ。さらに財政支出の拡大によって輸入が増えた場合も、同様な現象が起こり得た。結局、政府の金保有量の分だけ貨幣を発行する「金本位制」を維持しようとするなら、FRBの役割は制約されるしかない。

結局のところ、金の大量流出は起こらなかった。アメリカの貿易収支は依然として黒字であり、金の流出もなかった。一時的に資本収支が赤字になったことはあったが、アメリカは相対的に高金利を維持しており、景気が不安定になるたびに安全そうな通貨を選択する投資家も多かったので、アメリカの金保有高は決して減ることはなかった。

問題なのは「金本位制」の基本を守るべきだという〝常識〟のほうであり、**これが足かせとなって積極的な対策が取れなかった**と言うべきだ。

株式大暴落後、証券取引所周辺に集まった群衆。1929年10月29日。

それまでの株価低落と世界大恐慌はどこが違っていたのか

ここで一つの疑問が生まれる。**1929年以前にも、株価暴落に伴う不景気がなかったわけではないのに、なぜ29年にはそれが大恐慌へとつながり、経済と株式市場が共倒れしてしまったのだろうか？**

最大の原因は株価の下落幅があまりに大きかったことだが、**FRBの対応が全体的に失敗したことも主な原因**だったと言える。〈21話〉で指摘したように、多くの投資家が信用取引で大きな損失を出したため、資金を貸し付けていた金融機関までが危機に瀕していた。なのに、FRBはその事実を見過ごしていたのだ。次は、この問題についてさらに詳しく見てみよう。

24 金融危機をさらに拡大させた「銀行の過ち」とは？

1929年の株価暴落が大恐慌につながった原因を突き止めようと、多くの経済学者が頭をひねってきた。主要因として「金本位制」と「清算主義」的な政策が挙げられたが、それに劣らず重視された要因は、**危機に際して銀行が取った誤った対応**である。

図4-7は、大恐慌前後に不渡りを出した銀行の数を表したものだ。1920年の976行から30年の1350行へと増加し、33年には4000行にまで急増していることが分かる。ところで、その数よりも大きな問題は、破産した銀行の平均預金規模が拡大していたことだ。つまり、**規模の小さな銀行から大きな銀行へ、そして個別の銀行の危機から金融システム全般の危機へと、状況が急速に悪化していた**わけだ。

図 4-7 不渡りを出したアメリカの銀行の数と預金規模（1921-36年）

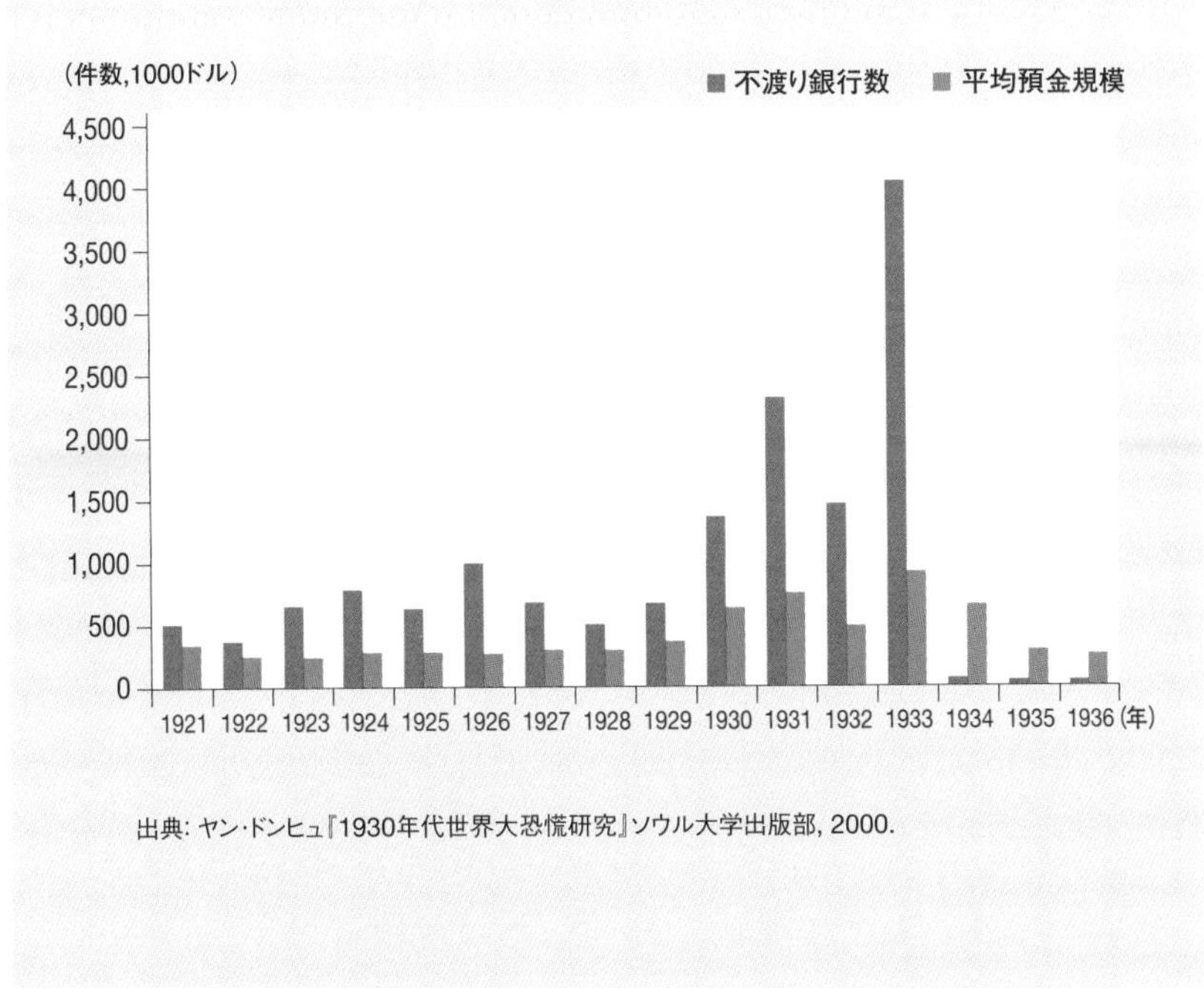

出典: ヤン・ドンヒュ『1930年代世界大恐慌研究』ソウル大学出版部, 2000.

1776年の独立後、アメリカには数多くの銀行が存在したが、全国単位の巨大銀行は少なかった。したがって銀行が不渡りを出すことは珍しくなかったが、1929年に始まった銀行の不渡りは従来の銀行の破産とは次元を異にするものだった。年に4,000行が不渡りを出し、大恐慌の期間に約2万行が閉鎖するに伴い、通貨供給量が極端に減少することになった。

特に30年11月のコールドウェル・グループ（Caldwell group）の破産により、経済主体は大きな恐怖に包まれた。コールドウェル・グループは南部のいくつかの州で銀行や保険会社、証券会社などに投資していた金融グループで、破産時の総資産は実に5億ドルに及んでいた。

このような状況に対処するための最良の方法は、「預金保険」制度を導入することだ。しかし再三述べてきたように、清算主義にこだわるフーバー政権がこの政策を導入する可能性は皆無だった。**唯一残された解決方法は、中央銀行による介入**だった。中央銀行が最終貸付者としての役割を担えば問題は解決するはずだった。

銀行の破産を放置したＦＲＢ

最終貸付者としての中央銀行の役割とは、取り付け騒ぎが起きて銀行が危機に陥ったときに、緊急資金を銀行に貸し付けることだ。もちろん、これは信用貸付ではない。取り付け騒ぎで危機に瀕した銀行の資産を担保に、高金利で貸し付けるのだ。つまり、銀行が保有するローンや債券などを抵当にした貸付なので、中央銀行が損失を被る可能性はゼロに近い。実際、２００８年の世界金融危機▼の際、ＦＲＢは緊急資金の貸付を行ったが、後に相当の収益を得た。

しかし、**当時のＦＲＢは銀行の破産を放置**した。このときの大義名分も「金本位制」

世界金融危機
２００７年に顕在化したサブプライム住宅ローン危機を発端としたリーマン・ショックと、それに連鎖した一連の国際的な金融危機のこと。２００８年９月29日、ニューヨーク証券取引市場のダウ平均株価は史上最大の７７７ドルの暴落を記録。金融危機は世界各国へ連鎖的に広がった。

であった。ＦＲＢが銀行救済のために緊急貸付を行い、その結果として金利が下がると、外国人が金を引き出すのではないかという懸念が浮上したのだ。結局、ＦＲＢは金利を下げるどころか、１９３１年末には逆に連銀の公定歩合を引き上げたのである。**市場に資金を流通させて金利を引き下げたとしても、危機に陥った金融機関が再生できるか分からない状況なのに、あろうことか利上げなどの緊縮政策を取った**ため、アメリカ経済は取り返しのつかない状況にまで至った。

致命的だったのは、通貨供給量の急激な減少だ。金の海外流出を心配するあまり、銀行の破産によって貸付が激減するという問題を無視したのである。１９２９年下半期のアメリカにおける銀行の貸付金は４１８・６億ドルだったが、30年末には３８０・５億ドルまで減少し、危機がピークに達した33年初頭には２２２・４億ドルにまで低下した。

1930年代、アメリカのホームレスのバラック。大恐慌によってこのようなバラックがアメリカ各地に数千カ所もでき、ホームレスの数は数十万人に及んだ。大恐慌の責任を問われた当時の大統領の名を取って、「フーバービル」と呼ばれた。

もちろん、銀行は悪意を持って貸付金を回収したわけではない。取り付け騒ぎによって多くの銀行から預金が引き出されてしまったため、貸付金の回収や保有している債券や株式の売却で現金を確保しようとしたのである。しかし、企業や個人は貸付金の回収によってたちまち大きな困難に直面することになる。**返済期限の延長を当て込んで家を買ったり設備投資をしたりした人たちは、返済期限が延長されなければ「保有資産の売却」以外に残された道がない**からだ。

ところが、保有資産を売却しようとする企業や家庭にとって、1929年から33年にかけては最悪の時期だった。通貨供給の減少で景気が悪化する中、急激なデフレが発生していたからだ。**デフレ**とはインフレとは逆の現象で、15世紀のヨーロッパや3世紀の中国のように**お金の価値が上昇する現象**のことだ。デフレが発生すると、資産を持つ人は困難な状況に陥り、反対に現金や金など貴金属を持つ人は大きな利益を手にすることになる。

なぜデフレが起こるのか、そしてデフレはどんな影響をもたらすのか、次に詳しく見てみよう。

25 「デフレ」の荒波に翻弄され続けたアメリカの苦悩

1年に20万ドルの農産物を生産できる小さな農場を想像してみよう。仮にこの農場を「A農場」とする。A農場は20万ドル相当の土地と農機具を保有しており、年利5％で銀行から10万ドルを借りている。さて、この状況で突然デフレが発生するといったいどんなことが起こるだろう。

A農場で生産しているトウモロコシや麦の価格が5％、10％と下落すると、当然売り上げも減少する。さらに、実質的な利子負担が増加することになる。たとえば、物価が年5％上昇してくれれば5％の利子は実質0％となるが、物価が年10％下落してしまうと、利子負担は15％以上にも感じられるようになる。すると経営は圧迫され、銀行からは返済の催促が矢のように続くだろう。しかも、農産物価格が下落している状況では、農場やトラクターなど農機具の価格だって影響を受けないはずがない。

結局、この農場の人びともジョン・スタインベックの名作『怒りの葡萄』▼の主人公たちのように、愛する故郷を捨ててカリフォルニアへと絶望的な移住をする運命なのかもしれない。

銀行の連鎖破産が誘発したデフレ

これは大げさな話ではない。**1929～33年のアメリカ**では、実際にこのようなことが起こっていたのだ。29年9月のアメリカの消費者物価指数は17・3ポイントだったが、30年末には16・1、33年5月には12・6ポイントまで急落した。**たったの3年で物価が27%以上も下がった**計算だ（図4-8参照）。

〈24話〉で述べたが、**デフレを誘発したのは銀行の連鎖的な破産**だった。1933年の1年で4000行以上の銀行が破産し、人びとはわれ先にと銀行に押しかけて預金を引き出した。こうして銀行にあったお金が各世帯に分散した瞬間、市場を循環する通貨量はさらに減ることになった。

1933年にルーズベルト政権（1933─45年）が金本位制を廃止して、「預金保険」

『怒りの葡萄』初版本の表紙。

『怒りの葡萄』
原題はThe Grapes of Wrath。アメリカの作家ジョン・スタインベックによる小説。初版は1939年。アメリカ中西部で深刻化したダストボウル（開墾によって発生した砂嵐）によって所有地が耕作不可能となり、父祖伝来の地を追われた農民一家の不屈の人生を描く。

図 4-8　アメリカ消費者物価指数の推移（1913-50年）

注：網かけ部分は経済分析局が不況と判定した時期。

出典：Federal Reserve Bank of St. Louis.
https://fred.stlouisfed.org/series/CPIAUCNS

1971年のニクソン・ショック（金兌換停止）以前、インフレ圧力が高まるのは戦時だけのことだった。一方、不況（上図の網かけ部分）になると決まってデフレになり、特に1929年の大恐慌から始まった長い不況の期間に消費者物価は約27%も下落し、市場に大きなショックを与えた。

制度などの大々的な金融改革を断行したため、金融危機は収束した。33年初頭まで利上げしていたＦＲＢは、金本位制が廃止された４月から公定歩合を引き下げ、市場に通貨を供給した。これによって長きにわたったデフレはようやく終結した。

健全財政への間違ったこだわり

しかし、このような措置にもかかわらず、アメリカ経済の回復は容易ではなかった。１９２９年から33年の間に受けた打撃があまりに大きかったからだ。先に挙げた小説『怒りの葡萄』のジョード一家は西部に移住したものの、彼らが再起する可能性は低いと言わざるを得ない。今さら利下げや預金保険などの措置を取ったところで、いったん破産した農家や企業が再生することはないのだから。

ルーズベルト政権の経済政策▼**では、金融政策よりも財政政策が問題**だった。アメリカ政府は１９３３年の

食べ物を求めてスープキッチンに並ぶシカゴの失業者たち。ちなみに、ここはギャング王アル・カポネが開設したもの。

政権交代以降も、「健全財政」にこだわり続けた。アメリカの財政赤字は32年から拡大していたが、これは財政支出が増加したためではなく、税収が急減したせいだった。つまり**大恐慌によって連鎖的に破綻した企業や家計から、税金を徴収できなかったことが財政赤字の原因**だったのだ。

にもかかわらずルーズベルト政権は「財政均衡」のために、37年にさらなる緊縮財政を進めて、景気沈滞を悪化させてしまった。この37年の緊縮財政はルーズベルト政権の限界を示すと同時に、29年以降の大恐慌によって民間部門の需要がどれほど落ち込んでいたかを実感させる事件だったといえる。

結局、**アメリカの1人当たり可処分所得**（所得から税金等を差し引いた、個人が自由に使える収入）が**1929年の水準を回復したのは39年、つまり第二次世界大戦勃発後**のことである。

ここで疑問が生まれる。アメリカがこれだけ苦しんでいた間に、どうしてヒトラー率いるドイツが勢力を伸ばすことができたのだろうか？　その疑問を明らかにしてみよう。

金本位制の廃止や預金保険制度の導入など、大々的な金融改革を行ったルーズベルトだったが、緊縮財政を進めて景気をさらに悪化させてしまった。

財政政策と金融政策
経済政策には、政府が行う「財政政策」と中央銀行が行う「金融政策」がある。財政政策の主要な手段は、公共事業（雇用拡大や所得増加を図る）と所得税や法人税等の減税（個人の可処分所得増加や企業収益改善を通じて消費や投資を促す）。金融政策の主要な手段は、マネーサプライ（貨幣供給量）や金利の調整で、物価の安定や雇用の拡大などを目的とする。

26 なぜ、ドイツ経済は「たった3年」で回復できたのか？

ドイツのポーランド侵攻によって1939年に勃発した第二次世界大戦は、軍人と民間人を合わせて約4700万人の死者を出した人類史上最悪の戦争だ。ドイツはまずポーランドを占領、続く独ソ戦において陸軍強国として名高いフランスとソ連を圧倒し、少なくとも補給が続く限りは負けなしだった。

ドイツ経済は1923年のハイパーインフレとその後の大恐慌によって完全に崩壊していたにもかかわらず、なぜこれほど強力な軍隊を育成できたのだろうか？

その**答えは、金本位制の放棄**である。ドイツは1931年8月、他国より早く金本位制から離脱したが、そのおかげで33年には公定歩合が7％から4％に引き下げられ、ドイツ国内の信用条件は迅速に改善された。29年6月に第一次世界大戦の参戦国がドイツの支払い能力に合わせて賠償金の軽減に合意したこと（ヤング案）も景気回復の助けとなった。

ドイツ経済活性化にヒトラーが果たした役割

1933年に政権を握ったアドルフ・ヒトラーが積極的な財政政策を展開したことも肯定的な影響を及ぼしたと解釈する人がいる。しかし図4-9を見ると、GNPに対する公共支出の比率は、ヒトラーが権力を掌握した後、それほど伸びていないことが分かる。

結局ヒトラーが経済を活性化させたといって称賛されるのは、それ以前に行われた金利引き下げと財政支出拡大の効果が、ちょうどヒトラーが政権を握った頃に表れたおかげだと言える。

ちなみにドイツの失業率は32年に43・8％まで上昇したが、積極的な財政拡大政策が実施された33年には36・2％、34年には20・5％まで下がっていた。もしヒトラーの政策のおかげで経済が回復したと言うなら、失業率は34年以降に本格的に低下しなければならないはずだ。

アドルフ・ヒトラー

図 4-9　ドイツの公共支出と再武装の推移

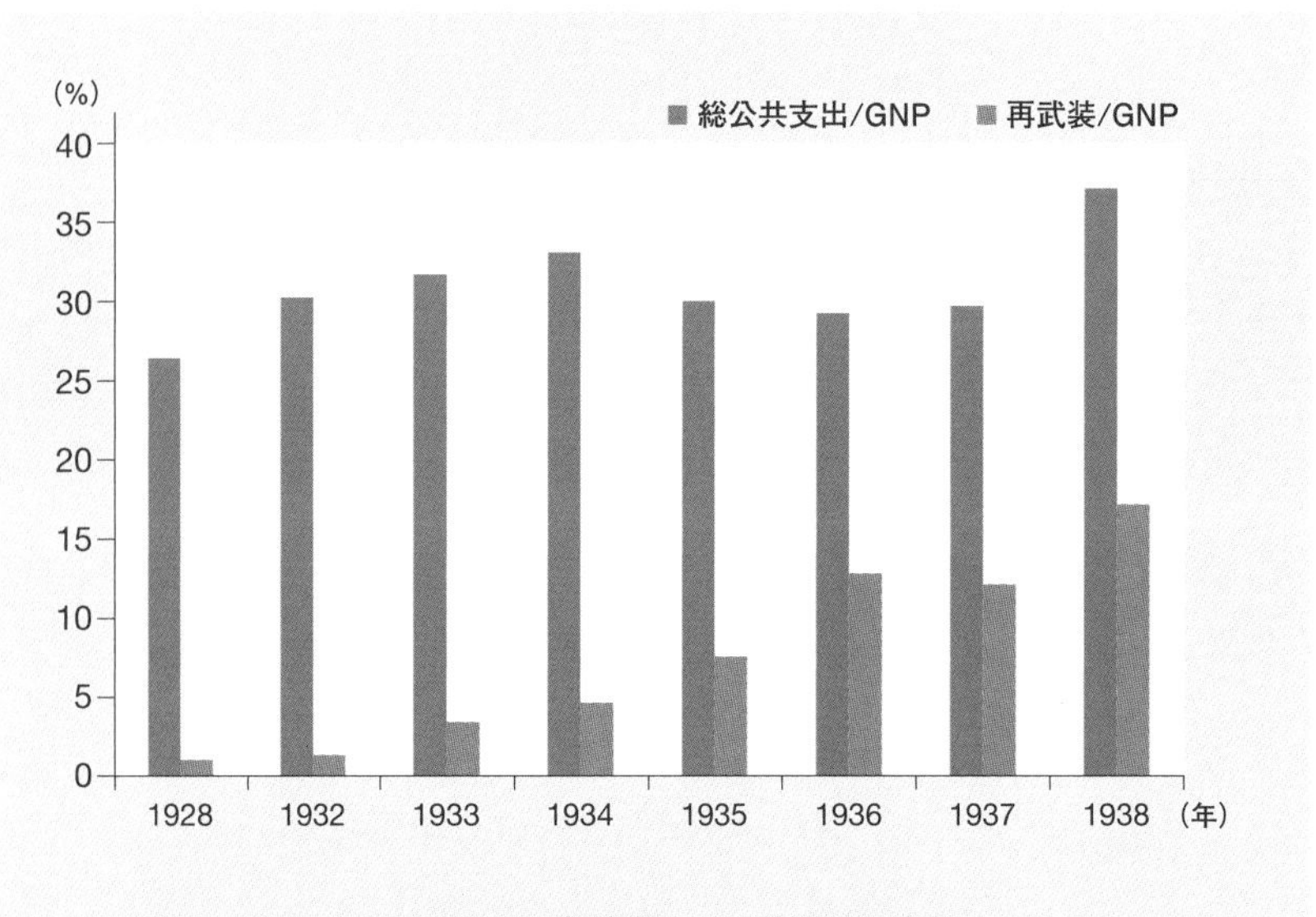

出典: ヤン·ドンヒュ『1930年代世界大恐慌研究』ソウル大学出版部, 2000.

国民総生産(GNP)に占める公共支出と軍事費の割合を示すグラフ。1933年のヒトラー政権樹立より前に、すでに公共支出が大きく増えていたことが分かる。確かに、GNPに占める軍事費の割合が1934年から急上昇しており、これがドイツの景気浮揚に大きく貢献したのも事実だ。だが、ヒトラー政権に始まるドイツ経済の回復は、それ以前に行われた「金本位制の廃止」と「財政支出の拡大」にその要因を求めることができる。

ともあれ、失業率の改善が他の先進国より早かったことも、ヒトラーの評価を上げる要因となった。

アメリカは1933年4月にやっと金本位制を廃止して利下げを行ったため、34年から失業率が下がりはじめた。一方、イギリスはすでに31年に金本位制を廃止して積極的な通貨供給量の拡大に踏み切ったおかげで、32年をピークに失業率を下げることができた（図4−10参照）。

こうして見てみると、**ヒトラーの成功は「運」によるところがかなり大きかった**と言える。あるいは、**ヒトラーがそれだけ自分をアピールする技術に長けていたと評価できる**かもしれない。

1938年にドイツの失業率は3・2％まで下がったが、36年のベルリンオリンピックや、アウトバーン建設など積極的なインフラ投資がこれに貢献したことは否定できないだろう。

ヒトラーの国会演説（1941年）

図 4-10　世界主要国における失業率の推移（1927-38年）

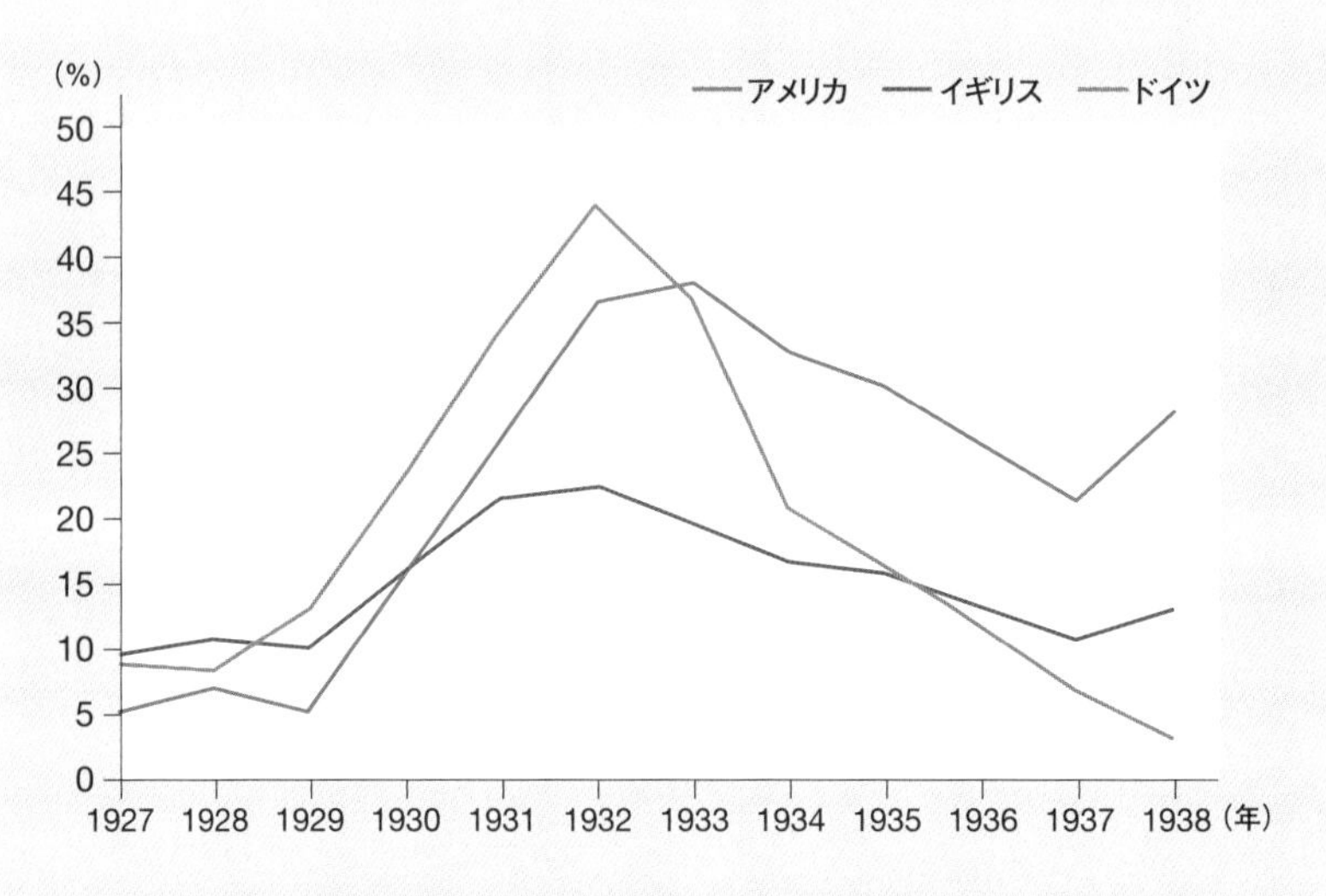

出典：ヤン・ドンヒュ『1930年代世界大恐慌研究』ソウル大学出版部, 2000.

グラフを見ると、イギリス、ドイツ、アメリカの順に失業率が低下したことが分かるが、これは金本位制を廃止した時期の違いによるものだ。イギリスがまず1931年に金本位制を廃止し、続けてドイツ、アメリカの順に離脱した。3国とも金本位制を廃止するとすぐに金利を引き下げて通貨供給を拡大し、これによって失業率が速やかに低下した。

ヒトラーの景気浮揚策の教訓

しかし、**1936年から本格的な再武装を始めたナチスドイツがわずか3年後の39年に第二次世界大戦を引き起こすほどの経済力を備えたのは、明らかに1932年に始まる適切な景気浮揚政策のおかげ**である。そしてこれは、経済危機を経験した多くの国に重要な教訓を与えてくれる事例でもある。つまり、**経済が深刻な危機に陥った場合でも、積極的な利下げや財政拡大政策を取れば悪循環から抜け出せるだけでなく、力強い経済成長を達成できる一つの実例**でもあるのだ。

続くPART5では、1971年のニクソン・ショック以降の新たな世界経済や金融市場秩序について見ていこう。

PART4

教訓

不況のときほど「断固たる経済政策」が必要だ！

大恐慌を扱ったPART4の教訓は明確だ。**不況が近づいたときには、断固とした行動が必要**だ、ということだ。多少の副作用があるとしても、不況が経済全体に悪循環をもたらす前に、思い切って対処しなければならない。

1929年の大恐慌の教訓を最もうまく生かしたのが、アメリカのFRBである。2008年にリーマン・ブラザーズが経営破綻し、大恐慌から約80年ぶりに「取り付け騒ぎ」が起こると、FRBは即時に対策に乗り出した。

図4-11を見ると、FRBの保有資産の規模が2008年末に急増していることが分かるが、これは「量的緩和」▼政策の結果だ。金利をほぼゼロに引き下げるのと同時に、市場から債券を買い入れることで金利を引き下げて通貨供給を促したわけだ。

もちろん、これだけで世界金融危機を脱することができたわけではない。

量的緩和政策
中央銀行が、景気や物価を下支えするために、金利引き下げではなく、マネタリーベースなどの「量」を操作目標として、市場に大量に資金を供給する金融緩和政策のこと。銀行に融資の積極化や債券などの資産購入を促し、経済の活性化を図る目的で行われる。

図 4-11　アメリカ連銀と欧州中央銀行の資産

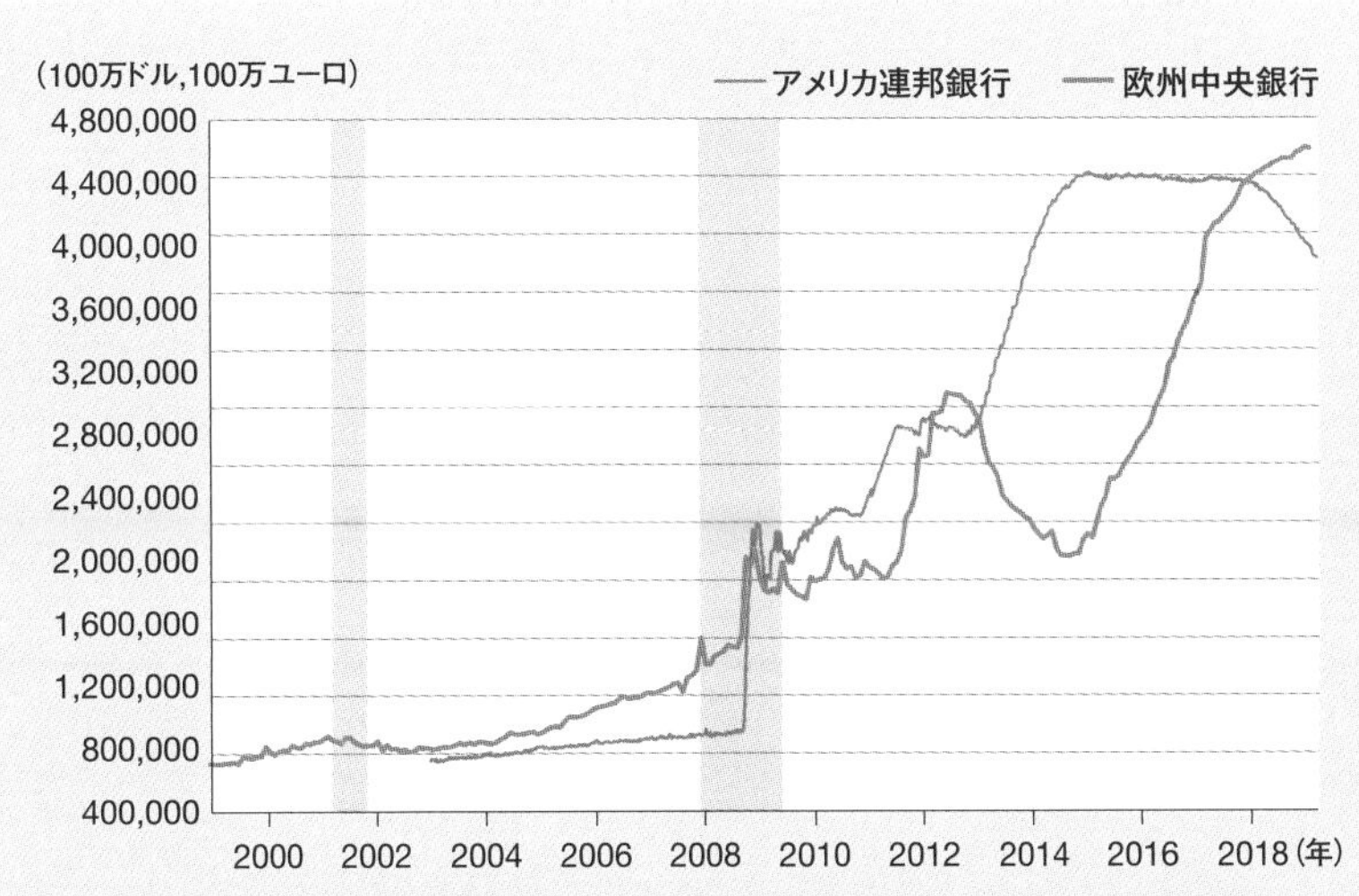

注: 網かけ部分は経済分析局が不況と判定した時期。

出典: Federal Reserve Bank of St. Louis.
https://fred.stlouisfed.org/graph/?g=mMDa

2008年の世界金融危機を前後したアメリカとヨーロッパの中央銀行の資産増減を示したグラフ。単位は100万ドルと100万ユーロ。世界金融危機のときには欧米双方の中央銀行で資産が急激に増加している。2012年を境に両中央銀行の政策基調は変化するが、これが成長率の差へとつながった。参考までに、2012年から2018年までのアメリカの年平均経済成長率は2.3%。一方、同時期のヨーロッパは1.2%成長にとどまった。

２００９年３月に開催されたＧ20サミット以降、世界主要国の政府が同時に財政支出を拡大させることに合意したことも大きな影響を及ぼした。ただし、欧州中央銀行は資産買い入れにそれほど積極的ではなく、２０１２年から14年の間に保有資産を大幅に減らす緊縮政策を施行したが、これに対してギリシャがユーロ離脱（グレグジット）の動きを見せるなど、多くの問題を引き起こした。

PART5

「金本位制」廃止後に生まれた新たな秩序

27 覇権国アメリカはなぜ「市場開放」の道を選んだか？

第二次世界大戦での連合軍勝利が間近となった1944年7月1日、アメリカのブレトンウッズで開かれた連合国通貨金融会議に参加した44カ国の代表は、戦後の世界金融システムのあり方をめぐって激しい議論を繰り広げた。最終的にはアメリカの主張通り、主要国政府は変動相場制ではなく固定相場制に復帰することが決まった。

変動相場制とは、為替レートを市場の需給に従って決定するシステムのことだ。一方、**固定相場制は「金本位制」のように特定の貴金属や通貨に対する交換レートを固定・維持する制度**である。

もちろん、ブレトンウッズでの合意は完全な「金本位制」ではなかった。金1オンスにつき35ドルでの交換を保証する代わり、他の国は米ドルと自国通貨の為替レートを固定することを合意したのだ。それ以外に、1930年代の金本位制度解体の教訓を生かして、国際通貨基金（IMF）が設立された。IMFは会員国が一時的に国際収支の悪化により固定相場制を維持できなくなったときに支援することとした。

アメリカが採用した新しい覇権国の戦略

ところで、ブレトンウッズ協定でアメリカが約束したのは固定相場制への復帰だけではない。**アメリカの覇権を認めて協力する国家に対してはアメリカの市場を開放するとともに、世界貿易ルートに対する安全保障を約束**したのだ。

この措置は驚くべきものだった。なぜなら、これまで世界経済の覇権を掌握した国は、ほとんどが他国の領土を奪ったり植民地を増やしたりして「独占市場」を確保することに力を注いできたからだ。実際、そうした実益がなければ、「貿易ルートの安全保障」にかかる費用を回収できなかった。その代表例がイギリスだ。

1815年にナポレオン軍を撃退して覇権国家の地位にのぼりつ

ブレトンウッズ会議が開かれたニューハンプシャー州ブレトンウッズにあるマウント・ワシントン・ホテル（2011年撮影）

めたイギリスは、その対価として貿易ルートの安全確保のために莫大な資金を投入しなければならなかった。当時のイギリスは、インドや北アメリカへの航路を守るために巨大な護送船団を組んでいた。ポーツマスなどイギリス南部の港に集まって出航する商船は、200隻から多いときには500隻にもなり、危険海域ではイギリスの戦列艦が護衛に就いた。

イギリスはナポレオン戦争後にウィーン会議を主宰して、世界に植民地を建設する基盤を築いたことで、貿易ルートの安全保障費用をまかなうことができたのである。

ところが、第二次世界大戦後のアメリカはまったく違う態度を取った。**自国市場を他国に開放する一方、世界貿易ルートの安全保障のために莫大な費用を負担した**のだ。**なぜアメリカはこのような選択をしたのだろうか。**これには二つの理由がある。

アメリカが「世界の警察」の道を選んだ理由

一つ目の理由はソ連の脅威である。当時のソ連はスターリングラード（現在のヴォルゴグラード）でドイツ軍を、満州で日本の関東軍を打ち負かした世界最強の機甲部隊を有していた。ヨーロッパや東アジア、アフガニスタンに対するソ連の脅威にアメリカが一国で対抗するのはかなり困難であり、収支も合わない。

考えた末にアメリカは、第二次世界大戦の敵国だったドイツや日本を友邦国として育成することにした。つまり、**アメリカ市場を提供するのはもちろん、マーシャルプラン**▼**などによって経済回復に必要な資金を提供し、ソ連の脅威に立ち向かってくれる防波堤を建設しようとした**のだ。

もう一つの理由は自国の利益である。**石油時代の到来に応じて、中東からアメリカやヨーロッパにつながる輸送ルートの安全を保障することは、アメリカの経済発展にも役立った。**特に、アイゼンハワー大統領の時代に始まった州間高速道路網の建設によって石油の消費が爆発的に伸び、アメリカが石油の純輸入国になった点を考慮すると、石油輸送ルートの安全は経済成長の生命線とも言えた。

アメリカのこうした政策は、アメリカに対する輸出能力を持つ国家にとっては「福音」だった。かつてのように軍事力を背景に自国の商品を売ることのできる植民地を管理したり、輸送ルートを守るために莫大な費用を払ったりする必要もないからだ。

さらに購買力のない第三世界の植民地に商品を売るよりも、世界で最も裕福なアメリカ人に物を売るほうがはるかに利益になった。また、アメリカの輸送ルート保護のおかげで、原材料価格が1960年代末まで安定したことも大きな力となった。

そのおかげで世界経済は劇的な成長の時代を迎えることになった。

マーシャルプラン
1947年、米国務長官ジョージ・マーシャルが提案し、アメリカが推進した、第二次世界大戦で荒廃した西欧諸国に対する復興援助計画。共産主義の拡大を阻止する目的もあった。正式名称は「欧州復興計画」。

FOR EUROPEAN RECOVERY
SUPPLIED BY THE
UNITED STATES OF AMERICA

米国務長官ジョージ・マーシャルとマーシャル・プランの支援物資に使われたマーク。「アメリカが供給したヨーロッパ復興物資」という標語が書かれている。

図5-1は1945年以降の世界主要国における1人当たりGDP（国内総生産）を示すものだが、60年代になるとアメリカと敗戦国（ドイツ、日本）の所得水準がほぼ同程度になっていることが分かる。

慢性赤字に陥ったアメリカ

しかし、この素晴らしいシステムにも問題があった。それは他でもなく、**アメリカの慢性的な経常赤字**である。これには二つの原因があった。

一つは、なんと言っても**ドルの価値が他国の通貨に比べて高く評価されていた**せいだ。つまり、ドルの価値を他国の通貨より高く見積もって、アメリカ人が輸入品に魅力を感じるように仕向けたのだ。もちろん、このことはアメリカ人にとっても、他国の商品を安く買えるという利点があった。最も簡単な例を挙げると、第二次世界大戦前には1ポンドが5ドル前後で交換されていたのが、大戦直後には1ポンドが3・6ドルに調整され、1950年には2・8ドルまで下落した。

1948年以降、マーシャルプランの援助を受けて行われた西ベルリン復興のための工事。後看板には「マーシャルプランの支援によるベルリン緊急プログラム」の文字が見える。

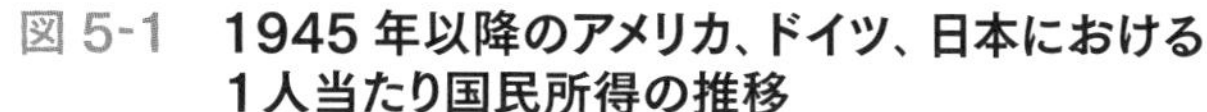

図5-1 1945年以降のアメリカ、ドイツ、日本における1人当たり国民所得の推移

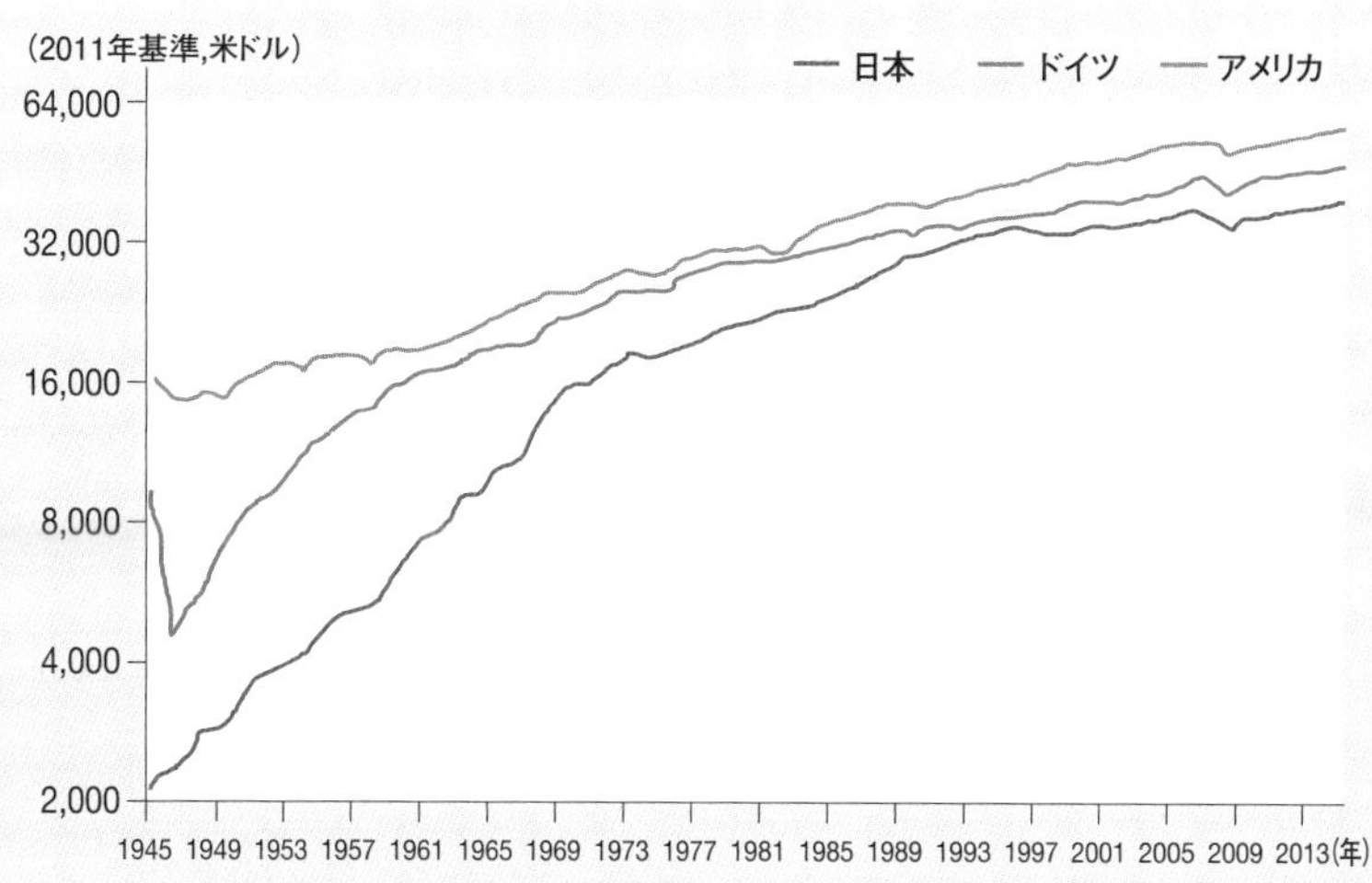

出典: Maddison Historical Statistics Project.

1945年の第二次世界大戦終戦後に最も力強く経済成長した国は、逆説的にも日本とドイツだった。敗戦で国土は廃墟となったが、アメリカの大々的な支援と戦争景気（特に朝鮮戦争）に後押しされて、急成長を遂げたのだ。もちろん、日独ともに、1人当たり国民所得がアメリカの80％の線まで達してからはその差を縮められていないが、それでも先進国としての地位を占めている。

もう一つの原因は、**ドイツや日本などの敗戦国の経済が急成長したこと**だ。１人当たりの国民所得が急上昇していることから分かるように、敗戦国は速いスピードでアメリカの競争力に追いついた。特に、ドイツは自動車や機械産業、日本は電子製品や造船などに特化して、アメリカの巨大な市場に食い込んだ。もちろん、アメリカ製品は圧倒的に優秀だったが、**ドイツや日本の製品は安価であり、さらに自国産業保護のために関税障壁をつくっていたので、アメリカの対外輸出はそれほど増えなかった。**

その**結果、ドルはアメリカから海外へと流出**を続けた。加えて、当時は固定相場制だったので為替の調整は行われず、アメリカの経常収支は次第に悪化していった。さらに、このことに不満を感じる国が増えはじめた。大恐慌のときと同様、最初に問題提起を行ったのはフランスであった。

次はドル危機について見てみよう。

28 ニクソン大統領が「金本位制の廃止」を決めた理由

1945年から60年代まで、世界経済は歴史上まれに見る好況を呈した。**長期にわたる好況の最も決定的な要因は、先進国の消費者たちがアメリカの「消費の時代」を見ならったこと**にある。つまり**各家庭にテレビや洗濯機、冷蔵庫などの白物（しろもの）家電が普及**したからだ。

しかし、栄光の時代はそう長くは続かなかった。アメリカの圧倒的な競争力が徐々に弱体化するとともに、ドイツや日本などの主要先進国がドルを蓄積したことで、アメリカの経常赤字問題が浮き彫りになったのである。

流動性のジレンマに陥ったアメリカ

ここでロバート・トリフィン▼という経済学者について取り上げよう。彼は1966年に自著『迷路の中の世界通貨』（*World Money Maze*）の中で、ドルが金に取って代わった国際体制が持つ**流動性のジレンマ**▼という問題を鋭く指摘した。

要点はこうだ。世界経済が成長するためには十分な通貨供給が必要だが、そのためにはアメリカがドルを作り続ければよい。しかし問題は、金庫に十分な金塊がないにもかかわらずアメリカがお金を作っていることだ。経常収支が赤字になるとアメリカが保有する金は「原則的には」減少しているはずだが、アメリカの通貨供給は減るどころか、むしろベトナム戦争（1960―75年）が始まってからは増加した。

このときに問題提起をしたのがフランスだった。**第二次世界大戦の英雄シャルル・ド・ゴール大統領は、ドルの圧倒的優位、すなわちフランスをはじめヨーロッパ諸国がドルに従属していることに強く反発し、保有するドルを金に交換するよう要求**し続けた。

ド・ゴール大統領が1968年の5月革命で権力の座を追われたことで、フランスの要求は一段落したように見えたが、今度は民間の金投機が問題となった。71年初めに金価格が1オンス44ドルまで上昇すると、フランスだけでなくベルギー政府までもがアメリカにドルと金の交換を要求するようになった。当時、金とドルの公式レートは1オン

ロバート・トリフィン
（Robert Triffin）
1911―93年。ベルギー生まれのアメリカの経済学者。国際通貨問題の世界的権威。第二次世界大戦後、IMFの為替管理局長などの国際経済機関に勤務後、エール大学教授となる。主著『金とドルの危機――新国際通貨制度の提案』（勁草書房）で発表した、IMFを改組して国際的な中央銀行とするという改革案はトリフィン案として世界的な反響を呼んだ。

流動性のジレンマ
特定の国の通貨を基軸通貨とする国際通貨制度のもとでは、基軸通貨の供給と信用の維持を同時に達成できないという矛盾。ブレトンウッズ体制（金ドル本位制）のもとで、基軸通貨国であるアメリカが、国際貿易の拡大に応じて、国際流動性を供給するためにドルを供給し続けると、アメリカの国際収支は赤字となり、ドルの信用は低下する。アメリカがドルの価値を維持するために国際収支を改善する政策を取ると、国際流動性が不足し、世界経済の成長を阻害してしまう。

ス35ドルだったので、アメリカでドルを金に変えて国際市場に売り出せば、1オンス当たり9ドルの儲けになる計算だった。

このとき、アメリカには二つの選択肢があった。一つは金とドルの交換レートを調整すること、もう一つは「金本位制」を放棄することだった。一つ目の案は、投機家たちの圧力に屈服する形となってさらなる金投機をもたらす可能性が高い、という反論が提起され、あきらめざるを得なかった。

ニクソン・ショックによる新たな国際金融秩序

結局のところ、**1971年8月15日にニクソン大統領が金とドルの交換停止を発表し、国際金融秩序は新たな段階を迎えた。**これを経済史学界では「ニクソン・ショック」と呼ぶ。ちなみに金との交換義務のない紙幣を不換紙幣という。

貨幣発行が「金のしがらみ」から解放されたことは、世界経済の基本を変える事件だと言える。**ニクソン・ショック後に現れた最大の変化はインフレ**だった。

ニクソン・ショック以前、通貨供給は金の供給に左右されていた。しかし金の量と関係なく通貨が供給されるようになると、経済全体に強いインフレ期待が現れた。つまり、各国の中央銀行が金の出入りに関

1971年に金ドル交換を停止して、新たな金融秩序を打ち立てたニクソン大統領

図5-2　1871年以降の金価格変化

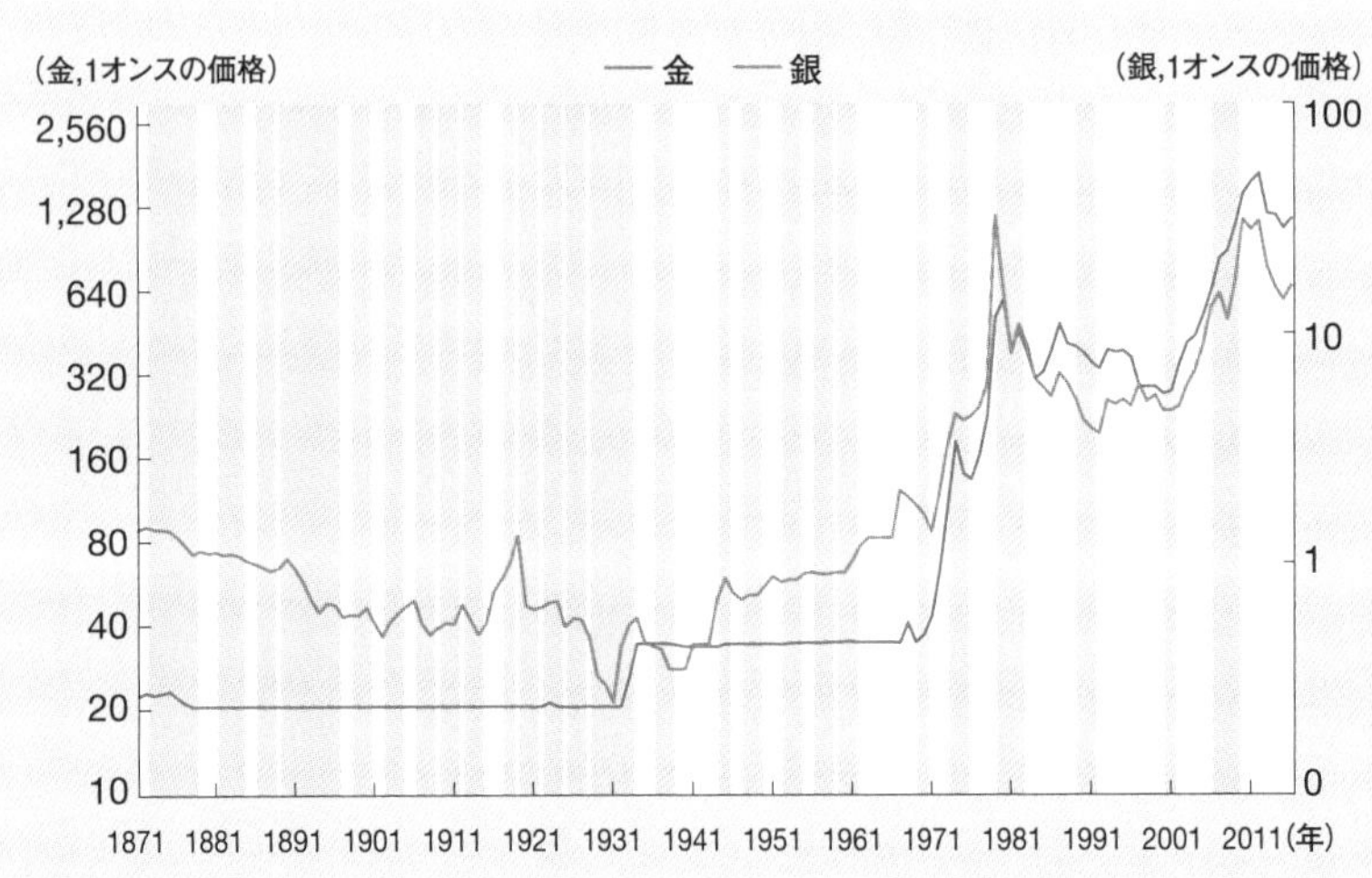

注: 網かけ部分は経済分析局が不況と判定した時期。

出典: Jeremy J. Siegel, *Stocks for the Long Run The Definitive Guide to Financial Market Returns & Long-Term Investment Strategies*, McGraw-Hill Professional Publishing, 2014.(邦訳:ジェレミー・シーゲル『株式投資　長期投資で成功するための完全ガイド』日経BP, 2009)

国際金価格の長期的な変化を見ると、2度の歴史的分岐点を見いだすことができる。1度目は1930年代、2度目は1971年代だ。1930年代には大恐慌の影響を受けて、ほとんどの国が金本位制を廃止したために金価格が急騰した。また、1971年のニクソンショックで再び金本位制が廃止されたために、歴史的な金価格急騰が起きた。ここで興味深いことは、金本位制を廃止した後は、常に景気が回復している点だ。つまり、金本位制を廃止したことで世界経済はインフレという代償を支払った代わりに、「景気の安定」という利益を得たと見ることができる。

係なく貨幣を発行できるようになったので、1923年のドイツのようにインフレが起こると予想した人びとが、一斉に貨幣から**「現物資産」**に乗り換えはじめたのだ。このとき、最も好まれた「現物資産」は金と銀だった。

図5-2は1871年から最近までの国際金価格の動きだが、71年に1オンス35ドルだったのが、9年後の80年には586ドルにまで跳ね上がっている。銀価格も71年の1・38ドルから15・65ドルに急騰した。特に、テキサスの富豪ハント兄弟による投機がピークとなった79年には、一時28ドルにまで値上がりした。

しかし、金価格がいつまでも上がり続けると信じていた人びとは、その後20年にもわたる値下がりに耐えなくてはならなかった。金本位制が崩壊した瞬間、それまで身をすくめていた中央銀行が、やるべきことをやりはじめたからだ。

図5-2の影の部分は、経済成長率が2四半期連続で下落したことを表す。つまり、経済が半年間にわたり低迷した時期とも言える。71年以降を見ると、明らかに不況の頻度が減少していることが分かる。これはすべてニクソン・ショックの影響だった。

次は、FRB（連邦準備制度理事会）が金価格とインフレをどのように抑制したのかを見てみよう。

最も好まれた現物資産
紀元前600年にリディア王クロイソスが初めて金貨を作って以来、金は数千年もの間、貨幣の役割を果たしてきたのだから、人気を集めたのも当然だ。

29 「高金利政策」を貫き通したFRB総裁の真意とは？

まず、1980年代初めのアメリカの状況を整理しよう。インフレという巨大な竜の怒りがほぼ10年にわたって続いており、ドルの価値が金と比べてほぼ90％下落したことで、アメリカ経済はもちろん、ドルに対する信頼も地に落ちていた。

そんな時期に**FRBの総裁に就任したポール・ボルカーは、インフレを抑えることを最優先と考え、政策金利であるフェデラル・ファンド（FF）金利を20％に引き上げた。**金利が史上最高水準まで上がると、企業は投資を控え、消費者は高金利にひかれて銀行に資金を移した。当時の物価上昇率は14％台だったが、銀行の預金金利は20％だったので、実質的に6％台の高金利だった。

経済が不況の嵐に見舞われると、負債を抱えた農家の多くが打撃を受けた。怒った農民たちが利上げに抗議して、トラクターでワシントンのFRB庁舎に押しかけたこともあった。しかし、ポール・ボルカーは1981年の夏までかたくなに高金利政策を維持し、ついにインフレを〝退治〟した。図5-3に見る通り、80年4月に14・6％にまで達した消費者物価上昇率は、83年7月には2・36％まで下落した。

その後は順風満帆だった。インフレ圧力が弱まったことが確認できると、FRBは政策金利を引き下げはじめ、83年3月には3・6％まで下落した。また、レーガン政権（1981―89年）が強力に推進した減税政策のおかげで富裕層と企業の税負担が減り、金融市場も回復しはじめた。80年4月に817ポイントだったダウ・ジョーンズ工業株価平均は、83年3月に1130ポイントまで上昇した。

金融政策と景気の分かりやすい関係

ここで一つ気になることがある。**1983年のように金融を緩和すると景気がよくなり、逆に80年のように金融引き締めを行うと景気が悪化するのはなぜだろう。**

この疑問を、ジョーン・スウィニーとリチャード・スウィニー夫妻が1978年に発表した「金融理論とキャピトル・ヒル・ベビーシッター

ポール・ボルカー FRB総裁

図 5-3　1980年を境としたアメリカの消費者物価上昇率と政策金利

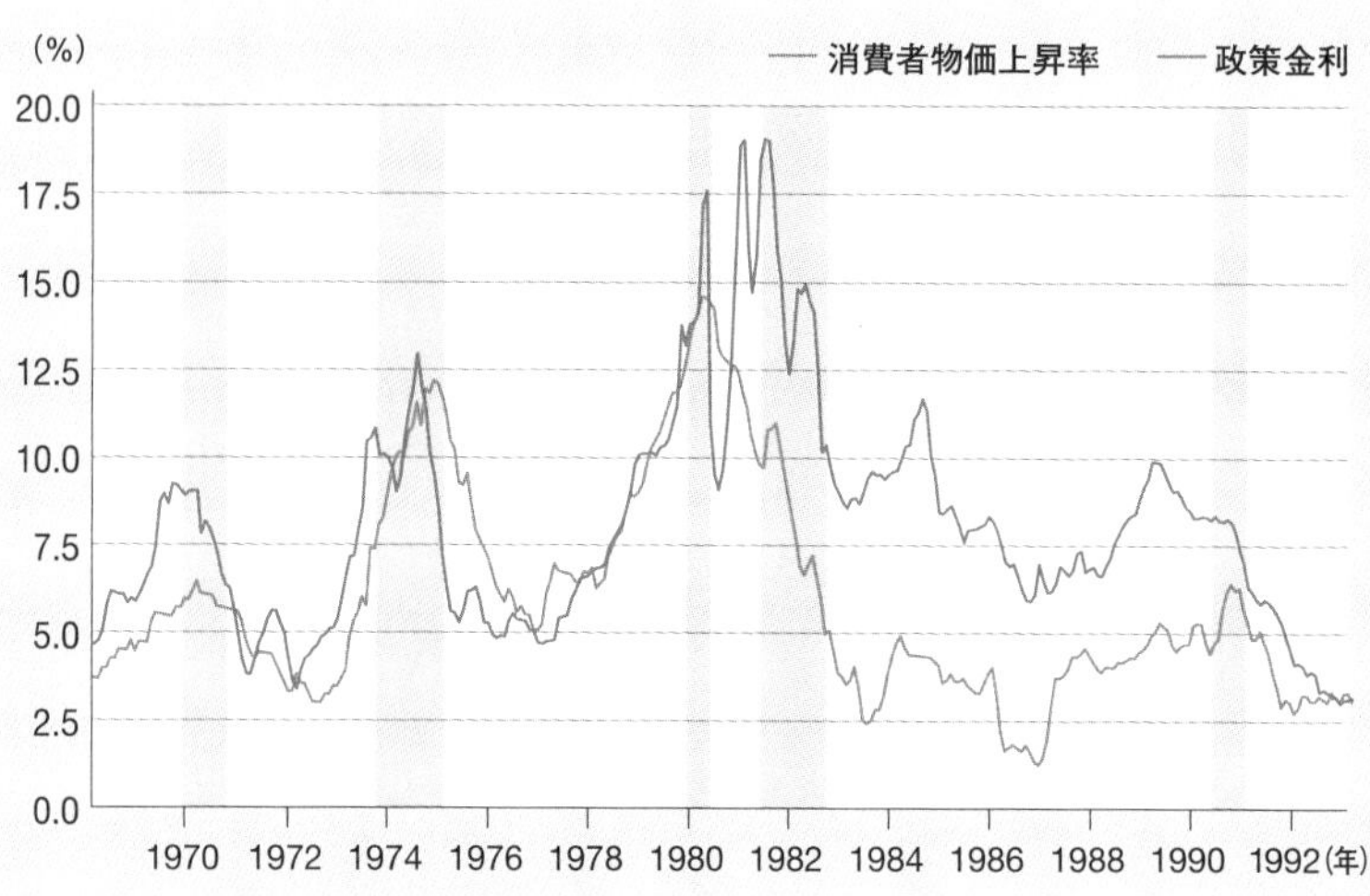

注: 網かけ部分は経済分析局が不況と判定した時期。

出典: Federal Reserve Bank of St. Louis.
https://fred.stlouisfed.org/graph/?g=mQyx

アメリカの消費者物価上昇率の動きを見ると、2度の分岐点があることが分かる。1度目は1971年のニクソン・ショックだ。ニクソン・ショックでドルへの信頼が弱まり、73年の中東戦争を契機に起こった第一次オイルショックで消費者物価上昇率が10%の壁を突破した。2度目の分岐点は80年だ。79年の第二次オイルショックによって消費者物価上昇率が15%に迫っている状況で大幅な利上げが行われたために、インフレ期待がしぼみ、長期的な物価安定期が訪れた。特に90年前後に始まった情報通信革命によって生産性が向上し、情報通信機器の製品価格下落が本格化すると、アメリカ経済は高成長の中で物価安定を享受することとなった。

共同組合の危機」という論文を参考に解いてみよう。

1970年代、キャピトル・ヒル（米国会議事堂）で働いていたスウィーニー夫妻は、同年代の夫婦150人でベビーシッター共同組合を結成した。この組合は他の互助組織と同じくクーポンを発行した。クーポン1枚で子どもを1時間預けることができる。そして子どもの面倒を見る夫婦は、子どもを預けた夫婦から1時間で1枚のクーポンを受け取るのだ。

しかし、このシステムには問題があった。こうしたシステムがうまく回っていくためには相当量のクーポンが流通する必要があるが、誰もがクーポンを集めようとするばかりで使おうとしなかったのだ。結局、ベビーシッター組合の活動は沈滞し、脱退する人が増えてしまった。

ベビーシッター組合が沈滞した理由は簡単だ。子どもを任された夫婦の仕事ぶりに問題があったからでなく、**「有効需要」**が不足していたのだ。クーポンを集めることばかり考え、それを使おうとしなかったので、活動全体が鈍ってしまったわけだ。

では、どうすればよかったのか。ベビーシッター組合の管理委員会が出した答えは単純だった。流通するクーポンを増やすことだ。しかし、どうやって？　それは簡単だ。古くなったクーポンは、その託児時間を減らしたのだ。たとえば、もらってから2カ月たったクーポンでは託児時間を30分に減らすというぐあいに。つまり、インフレを起こしてクーポンの貯蓄を防ぎ、消費を促進したのである。

この対策はたちまち効果を発揮した。持ち続けているだけでは価値が下がることに気づいた夫婦たちが、こぞってクーポンを使おうとしたので、ベビーシッター組合の沈滞は一挙に解消した。

ここでの「クーポン」は、中央銀行が発行する貨幣の比喩と見ることができる。**中央銀行が金利を引き下げて市中の通貨供給を増加させると、インフレ期待が高まり、消費と投資が促進される。**逆に、**中央銀行が金利を引き上げることで消費（または投資）よりも貯蓄を促せば、インフレ期待は弱まり不景気となる**のだ。

ボルカーのFRBは50年前と何が違っていたか？

それでも、まだ疑問が残る。**なぜ1930年代のFRBは、50年後のポール・ボルカーのように思い切った政策を実行しなかったのだろうか？**

すでに何度か述べたように、その**理由は金本位制**にある。不況になって、中央銀行が金融緩和を行い利下げすると、より高い金利を求めて海外に資金が流出する。金が海外に流出すると市中の通貨量は減少するため、その結果として中央銀行の利下げは無力化されることになる。この問題の解決には、複数の国々が一斉に金利を引き下げるといった国際協力が必要だ。しかし当時、各国の主要銀行のリーダーが次々と死去するという「不運」が襲ったために、この方策を推進できなかったのだ（ＦＲＢが連銀の資金供給を阻止したことを思い出そう！）。

だが、**１９７１年に「ニクソン・ショック」が起こり、中央銀行の行動を邪魔していた足かせ（金本位制）がはずれた。**為替レートが年に10％以上も急騰落するような状況でも、利下げによって一斉に資金が海外に流出するといった事態にはならなかった。むしろ利下げで景気が回復して株価上昇への期待が高まったことで、海外からどんどん資金が流入してきた。▼

もちろん、アメリカの利下げが常に目論見（もくろみ）どおりの結果をもたらしたわけではない。ただ、筆者が言いたいのは、**金本位制とは違ってさまざまな要因が資金移動に影響を与えうる**ということだ。

では、ここで少し視点を変えて、１９８０年を前後して国際原油価格上昇の勢いが鈍った原因について見ていこう。

海外からの資金流入
代表的な事例として、１９８２年と83年にＦＲＢが10％近くも金利を引き下げたにもかかわらず、外国人の株式買い越しがそれぞれ13億ドルと18億ドルに到達したことが挙げられる。

30 「オイルショック」から立ち直るのに10年かかった理由

1971年にニクソン大統領が金本位制を廃止したあと、金の国際価格が急騰したことを〈28話〉で述べたが、原油価格も金ほどではないにしろ急騰した。**ニクソン・ショック直後の71年9月、石油輸出国機構（OPEC）は次のような声明を出して原油価格の引き上げを公表**した。

OPECは以下の通り決議する。OPEC会員国は、1971年8月15日の国際通貨体制の変化によって実質所得に否定的な影響が及ぶ場合、バレル当たりの損失分を相殺するために必要な措置（＝価格引き上げ）を取るであろう。

1974年と80年のオイルショック

OPECが原油価格引き上げに踏み切ったのは、石油の輸出代金をドルで受け取っていたからだ。つまり、金に対するドルの価値が90%も下落する状況を放置すれば、サウジアラビアなどの石油輸出国は破産するしかない。

ただ、OPECは声明発表後ただちに原油価格を引き上げたわけではなかった。アメリカの覇権はいまだ強かったし、中東の産油国は独立後間もなかったため、先進国の顔色をうかがわざるを得なかったからだ。

そんなときに起こった**第四次中東戦争（1973年）は、OPECに「大義名分」を与えた。**この戦争は、67年の六日戦争（第三次中東戦争）でイスラエルが占領したシナイ半島とゴラン高原を奪還するため、エジプト・シリア連合軍がイスラエルを攻撃しかけて始まった。

戦時中、アメリカとソ連がそれぞれの同盟国に大量の物資を補給したため、この戦争は二つの超大国の代理戦争の様相を呈した。

第4次中東戦争中の1973年10月7日、スエズ運河に架けた橋を渡るエジプト軍。

戦争初期にはソ連が支援するエジプト・シリア連合軍が優勢だったが、アメリカが後押しするイスラエルの反撃で戦局が逆転した。特にシリア軍がゴラン高原を失い、シリア本土まで侵攻されるのを防ぐためにエジプト軍が攻勢をかけたが、イスラエルの返り討ちに遭ってスエズ運河まで押し返されてしまった。しかし、イスラエル側はこれ以上の戦争拡大を避けようとし、エジプト・シリア軍も戦局をくつがえせないことを認めたため、両者は10月25日に休戦に至った。

戦争は短期間で終わったが、その後遺症は大きかった。**エジプト・シリア連合軍が敗れたのはアメリカがイスラエルを支持したからだと考えた中東国家が、アメリカを含む主要西側諸国に対して原油の禁輸を発表したため、国際原油価格が急騰**した。1973年6月の国際原油価格は1バレル3・6ドルだったが、8月には4・3ドル、74年1月にはついに10・1ドルまで引き上げられた。第一次オイルショックが始まったのだ。

特に79年2月には親米的なパフラヴィー王朝を倒したイラ

1973年の第一次オイルショックの余波で、1974年にアメリカで印刷されたガソリン配給券。実際には使用されなかった。

ンのイスラム原理主義政権が反米路線を強化したため、国際原油価格が暴騰した。さらに、80年9月にイラクのフセイン政権がイランを侵攻し、第二次オイルショックが起こった。79年1月には1バレル14・8ドル前後だった原油価格は、80年4月に39・5ドルまで急騰した。

だが、その衝撃は長くは続かなかった。83年2月、石油価格は1バレル29・0ドルに下落し、さらに86年3月には12・6ドルまで暴落した。**世界第2位と第4位の埋蔵量を誇るイランとイラクの石油生産が1988年まで事実上ストップしていたのに、なぜ原油価格が暴落したのだろうか?**

アメリカの金利引き上げで下落した石油価格

最も直接的な理由は、アメリカの金利、特に実質金利が引き上げられたことだ。図5-4から分かるように、80年代初めにアメリカの実質政策金利が8%まで上昇したため、ドル資産を持つことの実益が拡大した。

実質政策金利とは政策金利から消費者物価上昇率を差し引いたもので、インフレを考慮しても受け取ることのできる実質的な銀行預金利率のことを言う。したがって、ドルで輸出代金を受け取る産油国としては、ドルの価値が上がれば原油価格を引き上げようとして頑張る動機がなくなる。

図 5-4　1980年を境とした国際原油価格と実質政策金利

注: 網かけ部分は経済分析局が不況と判定した時期。

出典: Federal Reserve Bank of St. Louis.
https://fred.stlouisfed.org/graph/?g=mQzO

長期的に見て、国際原油価格がアメリカの実質政策金利と逆の動きをしていることが一目で分かる。最も代表的なケースが1980年で、実質金利がマイナスからプラスに転じた瞬間、原油価格も歴史的な高値を記録している。こうした現象が現れるのは、ドルの実質金利が引き上げられるとドル保有の利益が増大し、ドル資産が好まれるようになるからだろう。さらに実質金利の引き上げによって需要が鈍化し、景気に敏感な原油の需要も低下する余地が生じたことも、こうした現象を後押しした要因と見られる。

さらに言えば、**ドルの価値への上昇期待が高まるとき、商品などの非ドル資産に投資する魅力が低くなるのは当然**だ。１９７１年のニクソン・ショックに見るように、金をはじめ世界中の商品価格が暴騰した最大の理由は、基軸通貨としてのドルの地位が揺らいだことにあった。逆にドルの地位がまた前のように高まれば、原油や金など価格が不安定な「リスク資産」にわざわざ投資する理由はない。

しかし、ここで疑問が湧く。１９８０年をピークに国際原油価格の急騰が収まったことは理解できても、実質金利が下落していた83年から原油価格が下落傾向を示したのはなぜだろうか？　それを理解するには、商品市場の特性を把握する必要がある。

31 原油生産が価格変動にすぐ対応できないのはなぜ？

1983年以降、原油価格が長期の下落傾向にあったのは「需給の不均衡」によるものだった。国際原油価格は1973年から上昇を続け、原油価格高騰の流れが続く見込みが確実になると、**企業も消費者も大きな方向転換**に踏み切った。

まず先進国の消費者は、燃費の良い小型自動車を選ぶようになった。86年に現代自動車がアメリカに輸出した「ポニーエクセル」が1年で16万台以上売れたのも、小型車人気の表れだと言える。また、フォード政権がガソリンに約14％の税金をかけ、輸入ガソリンには1ガロン当たり10セントの罰金を科すなどの増税を行ったのも、石油の消費を減らす決定打となった。

図5-5は、アメリカの原油消費量と国際原油価格の関係を示しているが、原油価格が急騰した2～3年後から原油消費が急減したことが分かる。つまり、**人は一時的な変化にその都度対応できなくても、生活に長く影響を与えるような変化には毅然（きぜん）として対処する**ものだ。

消費者だけでなく、企業も大々的な変化を図った。何よりも、以前は費用の問題から手を付けなかった大陸棚と深海の油田への投資を増加させた。米ソ対立が徐々に鎮静化し、ソ連産の原油が西側諸国に大量に供給されるようになったことも変化を促した。1965年まで、多くても年間2億トンにすぎなかったソ連の石油生産量は、80年代初頭には6億トンまで増加した。

増産にも減産にも時間がかかる原油生産

ここで一つ不思議なことがある。**原油価格は第一次オイルショック（1973年）のときから上昇しはじめたのに、なぜ石油の生産量は80年代初めになるまで増加しはじめなかったのだろうか。**筆者も長らく疑問に思っていたのだが、世界的な投資家ジム・ロジャーズのおかげで解決することができた。少し長くなるが、次のような話を引用してみよう。

ポニーは1975年から90年まで現代自動車が生産していた後輪駆動の小型車で、韓国初のオリジナルモデルの自動車だ。車名のポニーは英語のpony（子馬）に由来する。

図 5-5 アメリカの原油消費と国際原油価格の推移

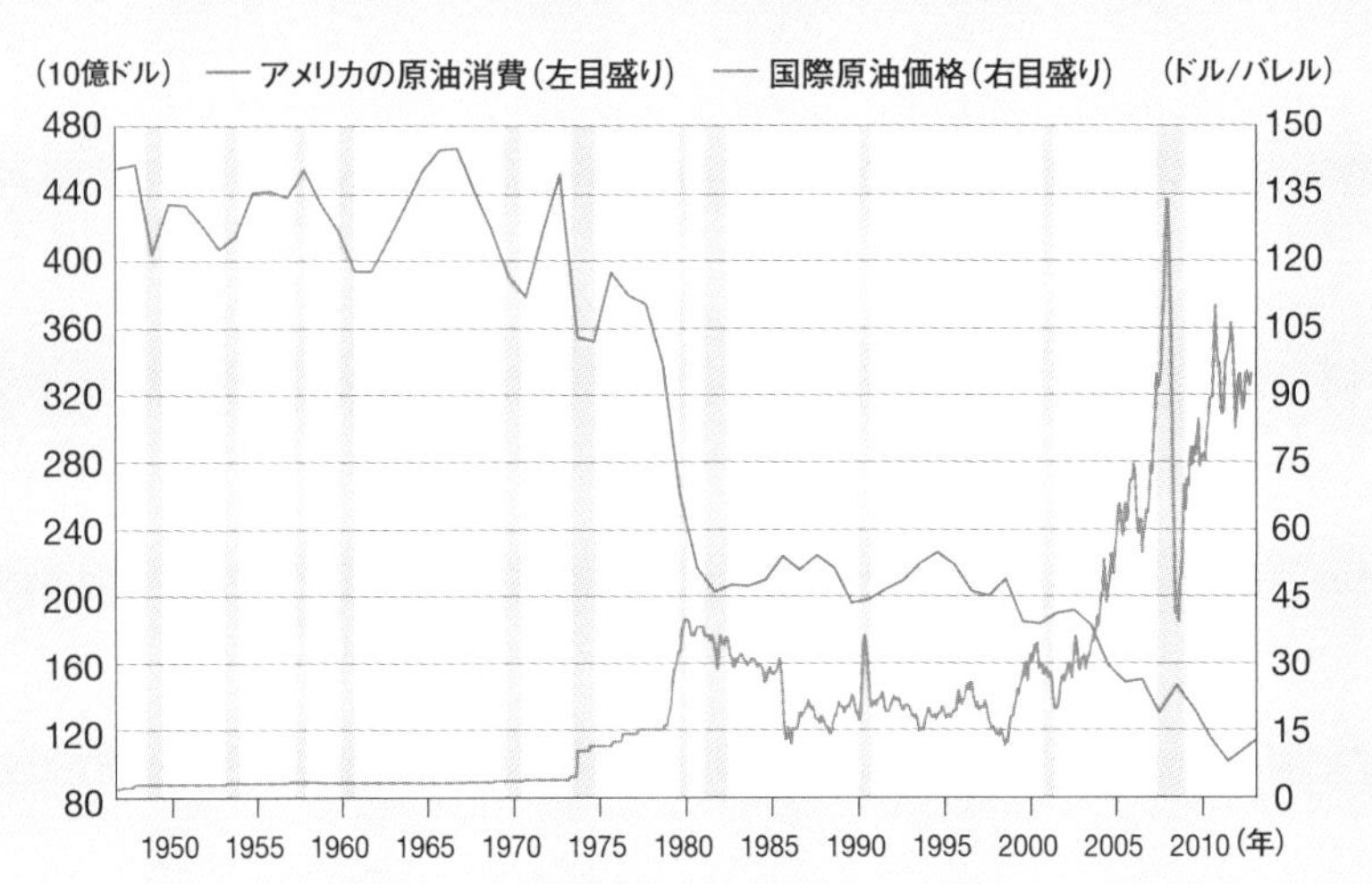

注: 網かけ部分は経済分析局が不況と判定した時期。

出典: Federal Reserve Bank of St. Louis.
https://fred.stlouisfed.org/graph/?g=mTLr

アメリカの原油消費と国際原油価格の関係を表すグラフ。原油価格の上昇に伴い原油消費量が減少を続けていることが分かる。最も代表的な時期は1970年代で、4,400億ドルあった年間の原油消費が2,000億ドルの水準まで減少した。原油消費の減少の原因は、原油価格上昇を契機に原油消費自体が減っただけでなく、低燃費の自動車が普及するなど、消費パターンの変化が大きく影響した。

ここに鉛鉱山を開発しようとする事業家がいるとしよう。彼は過去25年間に新たに生産を始めた鉛鉱山が世界に1カ所しかないことや、中国やインドの高度成長によって鉛の需要がどんどん増えていることをよく知っている。鉛がいちばんよく使われる分野は塗料やガソリンだが、最近では環境問題のせいで鉛の使用量は減る一方で、インドや中国では鉛蓄電池の需要が増大している。

埋蔵量の多い場所を発掘して鉱山を開発すればいいのだが、鉛鉱山の開発には多くの問題が伴う。まず、ウォール街をはじめ世界の投資銀行は、鉛の価格がこの十数年にわたって下落したのを見ているため、鉱山開発事業の収益性には懐疑的だろう。また、環境団体と政府は鉛鉱山開発に多くの規制を加えるかもしれない。（中略）これらの問題を解決するには、短くて数年、あるいは十数年（平均18年）の歳月がかかるだろうし、予算よりも多額の資金が必要となるだろう。

幸い努力が報われて鉛価格が上昇すれば、開発者は大金を稼ぐことができる。しかし、一攫千金を狙って多くの事業家が鉛鉱山の開発に手を付けたらどうなるか。さらに、経済危機にでもなって鉛の需要が一挙に冷え込んだらどうするのか。

需給バランスがいったん崩れたら、鉛価格は底なしに暴落するに

ジム・ロジャーズ。クォンタム・ファンド共同設立者。

違いない。それでも十数年もかけて数百万ドル（または数千万ドル）の資金と努力を費やして鉛鉱山を開発したのだから、価格が10～20％下落したからといって生産を中断することはできない。すでに多額の費用が投入されているため、人件費さえまかなえるなら価格を無視して生産を続けるだろう。そのため、需給バランスの回復はさらに難しくなる。採算の取れない鉛鉱山が閉鎖されるか、鉛蓄電池業者が保有する鉛の在庫がすべてなくなるまで、価格引き下げ競争が続くはずだからだ。

このような現象を経営学の用語で**「リードタイム」**という。リードタイムとは、**注文から供給までにかかる時間のこと**だ。たとえば住宅のようなリードタイムが長い産業は、需給バランスを速やかに解消することができない。１９７３年から始まった原油価格の高騰が収まるのに10年かかった理由はここにある。

だが供給が増えはじめると、今度は底なしの価格下落が続くことになる。90年8月にイラクのフセイン大統領が電撃的にクウェートを侵攻して始まった「湾岸戦争」で再び原油価格が急騰したものの、需要が減少していたために、80年代初頭から約20年間にわたり原油価格は安定していた。

PART5

教訓

中央銀行に逆らってはいけない

ＰＡＲＴ５ではニクソン・ショック以降の市場について扱ったが、そこから得るべき教訓は、**「中央銀行には逆らうな」**ということだ。金本位制の足かせから解放された中央銀行は、それ以前よりはるかに大胆な政策を取る余力ができた。１９８０年のように金利を20％まで引き上げたり、83年のように３％台まで利下げしたりすることが可能になった。

１９２９年の大恐慌当時の中央銀行は「金本位制」に縛られていたばかりか、「清算主義」にこだわっていたので、即時に対応できなかった。一方、１９７１年以降に中央銀行が柔軟に金利を上げ下げできるようになってからは、景気循環のサイクルが長くなり、資産市場のリスクも小さくなった。

図5-6を見ると、**ＦＲＢの実質政策金利が底打ちしたり上昇したりすると株価が急落し、逆に実質政策金利が下がったり安定水準を維持すると株価が急騰**して

図 5-6　実質ダウ指数と実質政策金利の推移

出典: Federal Reserve Bank of St. Louis.
https://fred.stlouisfed.org/graph/?g=trWz
https://fred.stlouisfed.org/graph/?g=trWB

株式市場の長期的な変動と実質金利が強い関連性を持つのは当たり前のことだ。実質金利が上がれば株よりも銀行預金などの安全資産が好まれるようになり、利上げによる景気沈滞の影響で企業の業績が悪化する可能性が高まるからだ。もちろん、逆に実質金利の引き下げなど中央銀行が緩和政策を取れば株価が上がるので、中央銀行の通貨政策の基調を常に見極める必要がある。

いることが一目で分かる。

こうした現象が起こる要因は二つある。一つは、**実質金利が上がると株式投資の魅力が相対的に下がること**だ。ノーリスクの利率が急上昇すると、資金は株から債券や銀行預金へと移動し、株式市場の需給に直接的な打撃を与える。

二つ目は、**実質金利が上昇すると、成功が困難だと思われる投資プロジェクトが中断されて、雇用の悪化につながること**だ。加えて消費者の貯蓄傾向が強まるので、経済全体を成長させるための弾力も弱まる。これは企業実績の見通しの悪化につながり、株式投資への魅力を削ぐことになる。また、株価の下落は投資家の損失を招き、それがさらに消費を鈍らせて悪循環をもたらす。つまり、実質金利の急上昇は、経済全体を「不況」に導く可能性が高いのだ。

ここで一つ、付け加えておきたいことがある。**１９７１年のニクソン・ショック以降、景気の循環サイクルは徐々に長くなって安定してきた**という点だ。米商務省経済分析局はアメリカ経済がいつ沈滞して、いつ回復するかを判定しているが、その基準として、国内総生産が２四半期連続で減少したら不況と見なしている。これによれば、アメリカは１８５４年から２００９年まで計33回の景気循環を経験した。

ところで驚くべきことは、金本位制ががっちりと守られていた１８５４年から

1919年までの景気循環の平均的な長さが48・2カ月にすぎなかったという点だ。つまり、およそ4年周期で好況と不況を繰り返していたことになる。ところが、1919年から45年までは景気循環の平均持続期間が53・2カ月に伸び、さらに1945年から2009年までは平均69・5カ月となった。以前よりもはるかに好況が長くなったのだ。

ちなみにアメリカ経済は2009年6月に底を打って以来、コロナ禍に見舞われる2020年を迎えるまで景気拡大を続けていた。これは1991年3月から2001年3月までの128カ月に次いで、史上2番目に長い好況期であった。

もちろん、**金本位制の廃止はよいことばかりとは限らない。**インフレ圧力が高まっただけでなく、PART6で扱う日本の例に見る通り、**政策当局が資産バブルをうまくコントロールできない場合、取り返しのつかない後遺症を残してしまうのだ。**

では、次に日本のケースを詳しく見ていこう。

PART6

「日本経済」はなぜ崩壊したのか？

32 「プラザ合意」が引き起こしたのは円高だけではなかった

１９７１年のニクソン・ショックを境に、世界の金融市場は大きく変化した。何より「変動為替制度」を採用する国が増えたため、**為替レートを市場で自由に決められるようになった**ことが決定的だった。

為替レートに翻弄される世界経済

付け加えると、為替レートとは一国の通貨の相対的な価値のことだ。アメリカはドル、日本は円、韓国はウォンといったように、**世界各国にはその国の通貨があり、これらの通貨の交換比率のことを為替レートと呼んでいる。**たとえば、円／ドルの為替レートが

110円ということは、1ドルが110円と交換されることを意味する。簡単な例で、為替レートの動きが私たちにどんな影響を与えるのか見てみよう。

昨日は1ドルが110円で取り引きされていたのが、今日は1ドル130円になったとしよう(=ドル高)。アメリカで1000ドルで売られているiPhoneが、昨日は国内で11万円で買えたのに、今日は13万円に値上がりし、昨日より2万円多く払わなければならなくなる。同じ時期に国内メーカーのスマートフォンが10万円のままなら、そちらを買おうとする人が増えるだろう。

もちろん**消費者の立場からすれば、選択肢が狭まるなどの損失が発生する**とも言える。特に、代替商品のない製品、たとえばガソリンや軽油などの場合、為替レートの上昇がそのまま消費者価格の上昇につながるだろう。

逆に、昨日は1ドル110円だったのが、今日はいきなり1ドル90円に下落したとしよう(=ドル安)。為替レートが上昇したときと逆の現象が起こるだろう。アメリカで1000ドルで売られているiPhoneの国内での価格が、昨日は11万円だったのが今日は9万円と、2万円値下がりし、国内のライバル製品は相対的に高価になる。**消費者としては、輸入品を安く買えて、購買力が上がる効果が得られる**わけだ。

では、為替レートはなぜ変化するのか？　他の商品と同じだ。**買いたい人が売りたい人より多ければ値上がりし、売りたい人が買いたい人より多ければ値下がりする**のだ。

すると、ドルを買う動きが強まるのはどんなときだろう。アメリカが大幅な貿易黒字をあげたり、アメリカの金利が他国よりずっと高くなったりすると、ドルの需要が高まる可能性が高い。１９８０年代初めがこうした状況だった。当時、ドル高になったのはＦＲＢ（連邦準備制度理事会）のボルカー議長が大幅な利上げに踏み切ったのが原因だった。ドルの利率が他国よりずっと高くなった上に、インフレを完全に抑制するまで高金利政策を維持する構えをＦＲＢが示したため、世界の投資家たちはドルに対する信頼を取り戻したのだ（〈29話〉参照）。

しかし、ドル高が長びくにつれて、アメリカの経常赤字が再び問題になった。第二次オイルショックが発生した１９８０年にアメリカの経常赤字は２５５億ドルだったが、原油価格が下落した84年には、かえって１１２５億ドルにまで膨らんでしまったのである。

アメリカの要求を拒めなかった「合意」

一方、**日本はオイルショックのときを除いてずっと黒字を記録しており、特に**

1984年には自動車輸出の好調のおかげで、経常黒字が350億ドルにまで拡大した。

もちろん、アメリカの赤字と日本の黒字の原因を「為替レート」だけで説明することはできない。しかし、レーガン政権は**「為替レート調整」を通じて経常赤字を解消できる**と判断した。そして1985年9月22日、ニューヨークのプラザホテルで開催された先進5カ国（米、仏、独、日、英＝G5）の蔵相・中央銀行総裁会議で、次の二つの合意に至った（プラザ合意）。

① アメリカの貿易収支改善のために円高・マルク高を誘導する。

② これが順調に進まない場合、政府の協調介入を通じて目的を達成する。

プラザ合意の後、日・米・独の中央銀行は、ドル安のために強力な市場介入に出る一方、政策金利（公定歩合）の思い切った調整を通じてでもドル安を誘導する意思を表明することで、市場の流れを完全に変えることに成功した。ヘッジファンド▼は大急ぎでドル売りに走り、次いで商業銀行が加勢して、急速な円高ド

1985年9月、ニューヨークのプラザホテルで開かれたG5蔵相・中央銀行総裁会議。左からドイツ（西ドイツ）、フランス、アメリカ、イギリス、日本の蔵相ら。

ル安が進んでいった。

プラザ合意の直前、1ドル242円だった為替レートは、9月末には216円、10月末には211円、11月末には202円となった。今ではあり得ない話だが、当時はソ連に対抗する自由世界の一員という仲間意識があったことに加えて、**対米輸出の割合が高いドイツ、日本、フランスなどがアメリカの為替レート調整の要求を拒めなかった**がゆえに可能だったことだ。

円高不況に金利引き下げで対応した日本

では、急激な円高は日本経済に何をもたらしたのだろうか。円に対するドルの価値が半分になったため、輸入品の物価が下落した。すると日本製品の価格も下げるしかなく、輸出企業は以前よりもはるかに困難な競争を強いられた。**このまま円高が続くようなら輸出企業は事業をたたむしかなくなるという恐怖が日本列島を覆った。**

いわゆる「円高不況」に対応して、日銀は金利引き下げで応じた（図6-1参照）。プラザ合意の直前には5％だった公定歩合が1987年初めに2・5％まで下がると、日本経済に活気が戻りはじめた。輸出はまだ振るわなかったものの、内需は回復した。▼

商品価格の下落も雰囲気を変えるのに大きな役割を果たした。1985年末、1バレル30ドルで取り引きされていた国際原油価格は86年初頭から急落し、同年末には15ドル

ヘッジファンド
株式、債券、金融派生商品（デリバティブ）、実物商品など、さまざまな商品に投資して目標収益を達成することを目的とするファンド。不特定多数から資金を募集する公募ファンドより、大規模な資金を運用する100人未満の投資者から資金を集めてパートナーシップを結んだあと、タックスヘイブンに拠点をつくって活動する私募ファンドの形態が一般的だ。

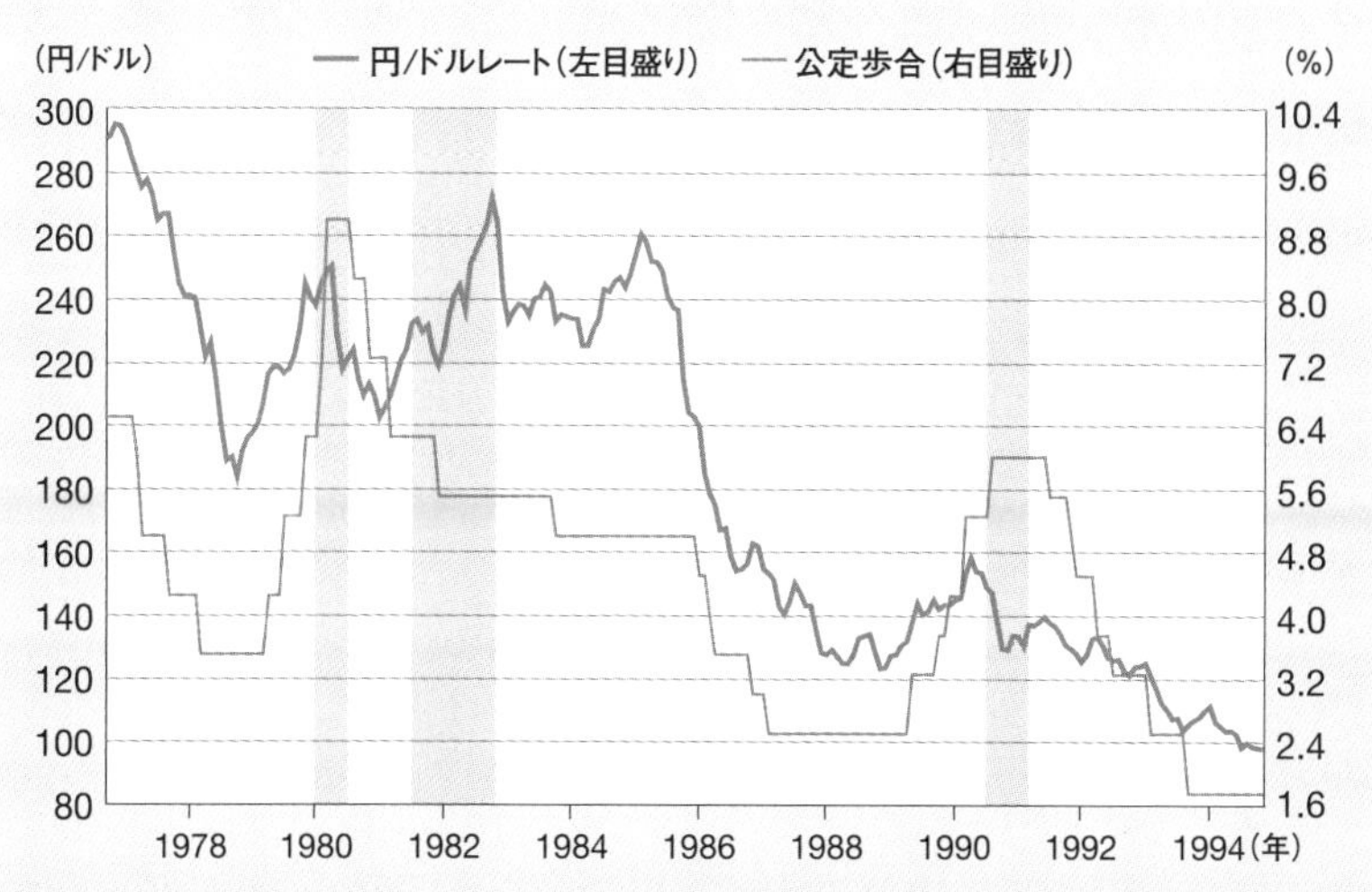

注:網かけ部分は経済分析局が不況と判定した時期。

出典:Federal Reserve Bank of St. Louis.
https://fred.stlouisfed.org/graph/?g=mR2d

1985年9月のプラザ合意後に急速な円高ドル安が進んだことが分かる。そのあおりを受けた「円高不況」のショックを緩和するため、日本の中央銀行は公定歩合を2.5%まで引き下げたものの、資産バブルを引き起こしてしまった。

まで下落した。**原油価格の下落は、日本経済に二つの利点をもたらした。**

なんと言っても原油をすべて輸入に頼っている日本においては、原油の値下がりは**輸入物価の安定**を意味する。もう一つの利点は、**経常収支の改善**だ。円高のために輸出競争力が低下した状況にあって、輸入原材料の価格が下がるということは輸出競争力の改善を意味する。さらに輸入代金の支払い負担が軽くなり、輸入も減って、経常収支が悪化するのを防ぐことができた。

日本経済が「円高不況」のショックから立ち直ろうと苦闘する中、アメリカはパーティーを楽しんでいた。ドル安に伴って輸出企業が競争力を回復し、経常赤字も減りはじめたからだ。特に、日本などのライバル国と厳しい競争を繰り広げていた自動車業界は、これで一息つくことができた。

しかし１９８５年9月のプラザ合意は、ただドル安を誘発しただけでなく、さらに複雑な問題を引き起こした。次に、それを詳しく見ていくことにしよう。

内需回復
住宅や自動車をローンで購入するときは、金利は大きな影響を及ぼすが、そういった大型の消費が増加すれば企業の利益が改善される。円高で輸出競争力が低下したため、日本の企業は輸出よりも国内消費、つまり不動産やリゾートなど娯楽施設の投資に集中した。

33 「ブラックマンデー」後の景気対策で分かれた明暗

1985年9月のプラザ合意以降、アメリカ経済と株式市場は好況を呈した。**企業の競争力が強化された上に、日本など他の先進国が一斉に金利を引き下げたことで、「景気浮揚」効果が現れた**からだ。

しかし、好況は2年もたたずに**「ブラックマンデー」**（Black Monday）という最悪の株価暴落によって暗礁に乗り上げてしまった。1987年10月19日の月曜日、ダウ工業平均が前日比で22・6％も暴落してしまったのだ。それ以来、株価急落のたびにメディアが「ブラック○○デー」と名付けるほど印象的な出来事だった。

なぜブラックマンデーが襲ったのか？

ブラックマンデーの原因についてはさまざまな意見があるが、**ドル安への警戒心**に暴落の原因を求める学者が多い。1985年9月のプラザ合意以降、ドル安が持続し、為替差損を恐れた外国人投資家たちが離脱することを懸念する投資家が増えたのだ。▼

特にFRBのアラン・グリーンスパン議長が87年9月5日に公定歩合を5・5%から6・0%に引き上げたことが、投資心理に冷水を浴びせることになった。グリーンスパン議長が金利を引き上げたのは景気の過熱を防ぐためだったが、多くの投資家がそれをドル安阻止のための信号と受け取った。特に、この年の10月14日に発表されたアメリカの9月の貿易収支が史上最大規模の赤字を記録したことで、ドル安期待がさらに強まり、投資家の離脱が連鎖的に起こった。

ブラックマンデーのショックを拡大させたのは、ブラックマンデーの直前にアメリカの金融市場で流行していた、いわゆる「ポートフォリオ・インシュアランス」という新商品だった。この商品は、簡単に言えば**「市場が暴落しても資産価値が事前に定められた水準以下に下落しないように設計された」リスク回避戦略**の一種である。

この戦略が可能となったのは、1983年からアメリカの証券取引所がS&P500指数などの主要な株価指数を原資産とした先物取引を開始したからだ。先物取引とは、

外国人投資家離脱の懸念

プラザ合意のあった1985年だけをとっても、外国人投資家のアメリカ株買い越しは16億ドル、86年には62億ドルに膨らんだ。特に外国人投資家は1987年1～9月だけでも実に78億ドルの買い越しとなるなど、アメリカの株価上昇をリードした一番の功労者だった。したがって、当時の状況だけを見ると、外国人投資家が株式市場から手を引く兆候は特に見えなかった。しかし、当時の金融市場参加者はいつ外国人が手を引くか分からないという恐れを抱いていたのは事実である。

契約当事者が事前に定めた時点（一般的に3、6、9、12月の2週目の木曜日が多い）に決まった量だけの商品を引き渡すという契約だ。

つまりポートフォリオ・インシュアランスとは、資産全体から一定部分を差し引いて先物を売り渡す契約なのである。株価が暴落する危険に備えて「事前に株式を売る」取り引きをしたわけだ。ブラックマンデーを前後して株式市場の値動きが大きくなると、ポートフォリオ・インシュアランス戦略を使っていなかった投資家たちまでもが、急いで「先物売り」に動き、売りが売りを呼ぶ展開となった。**先物売りがプログラム化された売りを誘い、株価暴落であわてた投資家たちがさらに先物売りに出るという、一種の悪循環を引き起こした**のだ。

なぜ世界大恐慌の再来を回避できたのか？

「ブラックマンデー」は投資家たちが忘れていたトラウマ、1929年の大恐慌の記憶を呼び覚ました。特にブラックマンデーの株の下落率が29年の「暗黒の木曜日」の記録（マイナス21%）を超えたことが恐怖心を刺激することになった。

しかし、29年のFRBと87年のFRBはまったく別物だった。29年当時は、FRBが通貨供給の拡大はおろか、金融危機がピー

アラン・グリーンスパンFRB議長

図 6-2 ブラックマンデー前後のダウ平均株価とドルの価値の推移

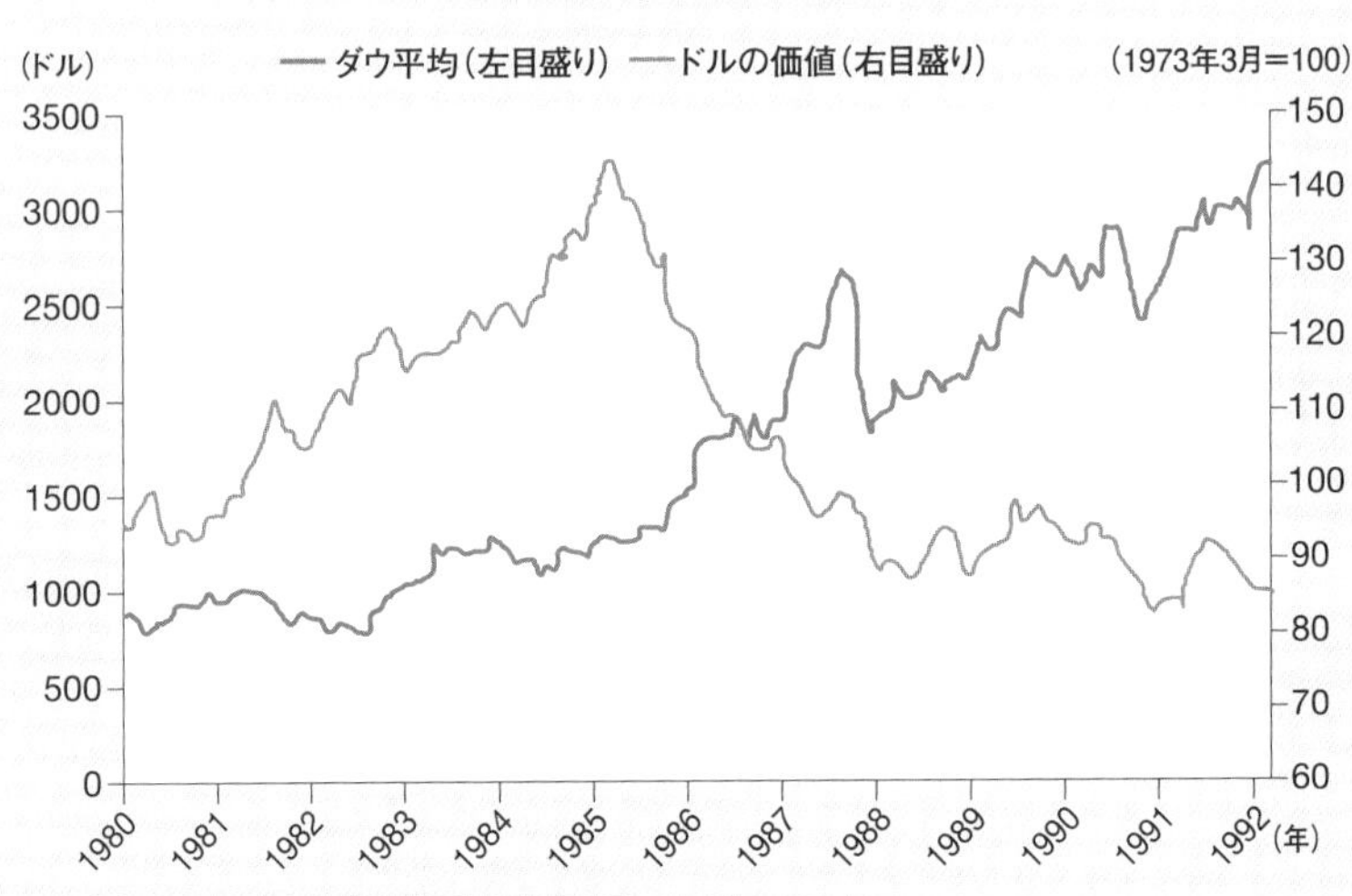

出典: Federal Reserve Bank of St. Louis.
https://fred.stlouisfed.org/graph/?g=trWD

プラザ合意（1985年）後の急激なドル安の影響でアメリカの株式市場は急騰した。しかし、投資家たちはドル安で外国人投資家が売りに回る可能性があるとの憂慮を抱きはじめ、ドイツなど先進国の中央銀行の利上げで一段のドル安が進むとの予想が広がったため、アメリカの株式市場は急激な調整局面（ブラックマンデー）を迎えることになった。

クに達した31年にむしろ金利を引き上げたが、87年のブラックマンデーの当日には、グリーンスパンFRB議長が「通貨を潤沢に供給して金利を下げること」を言明したのに続き、ベイカー財務長官はドイツ（当時の西ドイツ）を訪問して、蔵相や中央銀行総裁と会談して金利引き下げを要請した。

そうした対応が実を結び、87年末のダウ工業平均はブラックマンデー後の最安値に比べて200ポイント以上高い1938ポイントで年末を迎えた。また、ドルの為替レートは87年末をピークに安定した。つまり、**FRBなど世界主要国の中央銀行の協力によって、危機を速やかに解消した**のだった（図6-2参照）。

危機は解消したが日本にとって……

ここまでを見る限りは、素晴らしい成功だ。しかし、ブラックマンデーは日本にとってかなり難しい問題を引き起こした。アメリカの政策当局者がドイツや日本など主要先進国の中央銀行に、「深刻な金融危機を防止するために、世界主要国の中央銀行が共に金融緩和政策を取ろう」と要求したからだ。これがなぜ問題になったのかを、次に詳しく見ることにする。

34 日本の株式市場が前代未聞の「バブル」に突入した背景

ブラックマンデーの直前、日銀は金利の引き上げを真剣に検討していた。内需が力強く回復し、株式市場が急騰するなど、いわゆる「円高不況」の懸念が収まりつつあったからだ。

1985年末、日経平均株価は終値で1万3083円を付けたあと、86年末には1万8821円まで上昇し、87年1月30日には2万円を突破する気配を示していた。特に株価収益率（PER）（167ページ参照）が86年末に49・2倍にまで達したのは、かなりの心理的負担だった。1965年から86年までの平均PERが23・6倍だったことを思えば、**86年末の日本株は2倍以上の割高**だったわけだ。

86年末に就任したグリーンスパンＦＲＢ議長が従来の低金利政策を転換して利上げに踏み切ったことも、日銀が基本政策の変更を検討するきっかけとなった。アメリカが利上げすれば、日本が利上げしても円高に振れるリスクは大きくないかもしれない。もちろん、二国間の金利差だけで為替レートが決まるわけではないが、**双方の経済条件が似ていれば、少しでも金利の高い国の通貨が買われる可能性が高い**のは間違いない。だから、87年上半期に日銀は利上げすべきだったのだ。

金利引き上げの遅れが生じさせたバブル

ところが、日銀はタイミングを逃してしまった。87年上半期に金利を引き上げればよかったのに、ぐずぐずしている間にブラックマンデーが起こり、「国際協調」のために89年まで利上げできなくなってしまったのだ。その結果、史上まれに見る株式バブルが出現することになった。

ここで少し**「バブル」**について説明しよう。資産の価格がどの程度まで上がったらバブルなのか？　それを正確に判断するのは難しいが、利用できるよい基準がある。それは内部者の判断だ。**内部者から見て、株を買うよりも売るべき誘因がずっと強まったとき**は、「バブル」だと言える。

たとえば、仮に１９８０年代末にある起業家が日本の株式市場で上場を計画しているとしよう。しかし、その自社の株のPERが4倍しかなければ、株式市場に上場しないだろう。

上場するのは資本調達のためだが、会社の1株当たりの期待収益率（1株当たりの純利益÷株価×100）は25％となる一方、当時の銀行金利は2・5％だったので、上場するよりも銀行から貸付を受けるほうがよいからだ。このように**株式市場が低迷して上場企業のPERが低いときには企業の増資や上場は減少する。**

反面、**株高のときには逆の現象が起こる。**たとえば1989年の日本のように、ろくに収益をあげていない企業の株もPERが100倍で取り引きされ、債券の金利が6％を超えているとする。この企業の株の期待収益率は1％（＝1株当たりの純利益÷株価×100＝1％）にすぎない一方、債券金利は6％を超えているとすれば、その企業の経営者がどんな選択をするのかは自明だろう。**せっせと増資して調達した資金を債券に投資するほうが、ずっと利益になる**のは誰でも分かることだ。▼

PER67倍という驚くべきバブル

すなわち、市場金利が高止まりしているときにPERが急上昇すると、株式の供給は無限に増加することになる。すると株式市場は次第に上昇の勢いを失ってしまうのだ。

ここで疑問なのは、1980年代後半に日本のPERは何倍だったのかということだ。

企業経営者の選択
たとえば韓国では2000年のコスダック（KOSDAQ：韓国の新興企業向け株式市場）バブルの際、IT企業の多くが増資で手に入れた資金を不動産の買収に回したが、非常に合理的な行動だったと言える。

図6-3は、80年代末の日本の株式市場のPERを示したものだが、実に67倍前後で取り引きされていたことが分かる。ある企業の株価が、その企業の年間収益の67年分に匹敵するという話なので、それがどれほど高水準なのか分かるだろう。

もちろん、当時の日本の株式投資家たちは、「1株当たり純資産（BPS：Book value Per Share）が高いのでバブルではない」と主張したが、89年の上場企業の株価はBPSの4倍を超えていた。企業の保有する資産価値がどれほど高いとしても、株価が資産価値の4倍も高い水準を維持するためには、収益性が高くなければならない。

しかし、これまで見てきたように、1株当たりの期待収益率は1%台前半にすぎなかったので、**どう見ても日本の株式市場はバブルに突入していた**と言わざるを得ない状態だった。

日本は1986年から1991年のいわゆるバブル景気の間、不動産と株価の値上がりで資産が増えた。当時、日本企業は海外不動産の購入にも手を染め、1989年には三菱地所が約2,000億円でロックフェラーセンターを購入した。

図 6-3　1965年以降の日本市場の株価収益率（PER）推移

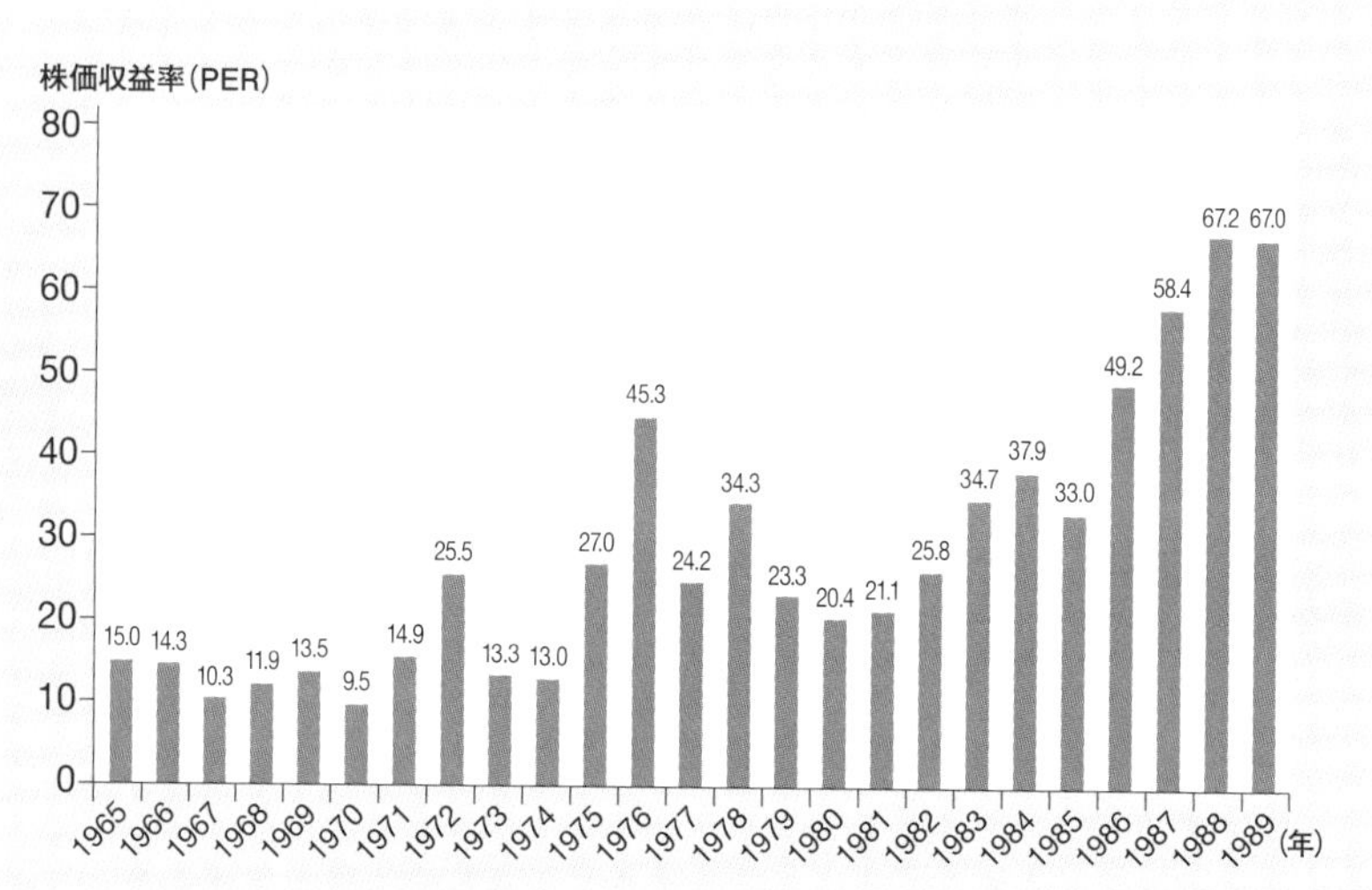

出典: Lauren C. Templeton and Scott Phillips, *Investing the Templeton Way: The Market-Beating Strategies of Value Investing's Legendary Bargain Hunter*, McGraw-Hill, 2008.（邦訳: ローレン・テンプルトンほか『テンプルトン卿の流儀―伝説的バーゲンハンターの市場攻略戦略』パンローリング, 2010）

1989年、バブル当時の日本の株価収益率（PER、株価÷1株当たり利益）は、67倍にも及んだ。株価がその企業の純利益の67倍にもなることが、株式市場にはしばしばあるのは確かだが、こうした企業は成長のスピードが速いという特徴がある。ところが日本経済はすでに1人当たり国民所得が4万ドルに達する成熟段階にあったので、PERが67倍というのはどう見ても「バブル」という他なかった。

35 「不動産価格」の高騰によってさらなる悲劇の幕が上がった

1989年代末の日本で、株価の暴騰以上に問題になったのは不動産だった。株式市場の好況で増資と新規上場が容易になると、銀行の企業貸付が減り、銀行はその分を不動産担保ローンに回して運用するようになった。そのために、**ただでさえ高かった日本の住宅価格は急騰**した。

市中銀行の不動産関連貸付が88年の31兆4486億円から90年の42兆4269億円、住宅ローン残高が88年の25兆164億円から90年の38兆1509億円へと急増した。個人だけでなく企業も不動産投資に熱中した。85年まで年間4兆円だった証券市場の資金調達（有償増資、ワラント債、転換社債発行等）規模は89年に26兆円に増大し、企業はここで得た資金を不動産に投資した。企業による土地の買い越しは85年の3・8兆円から88年には6・5兆円、そして89年には10兆円に増加した。

世界は「日本」と「日本以外」に分かれた

お金がお金を稼いでくれる「財テク」時代の到来で、不動産市場は恐ろしいスピードで拡大していく。 84年の地価指数を100とすると、90年には160へと急上昇し、特に東京や大阪など6大都市の地価指数は実に300にまで跳ね上がった。

当時の日本の不動産価格が驚くべき水準にあったことは、国際的な比較をすれば分かる。カタリナ・ノールらの論文「グローバル住宅価格調査」によれば、世界不動産市場は「日本」と「日本以外」に分けられる(図6-4参照)。1913年を100とすると、アメリカ、イギリス、カナダ、オーストラリアなど世界12カ国の実質住宅価格は100年余りの間に約4倍に上昇した。しかし、日本の勢いは桁はずれで、1913年から90年の間に約31倍に上昇した(そのあと、次の25年間で約50%下落した)。不動産が堅実に値上がりを続けた他国とは違い、日本は不動産の世界の「ガラパゴス」だったと言える。

なぜ日本の不動産市場は他の先進国と違う道をたどったのか。1955~73年の住宅価格上昇は、日本経済の成長速度が他の先進国よりも速く、急に都市化が進んだのが原因だったことは明らかだ。しかし、その後の不動産価格の値上がりは、85年のプラザ合

図 6-4　1913年以降の世界主要国における実質不動産価格の推移

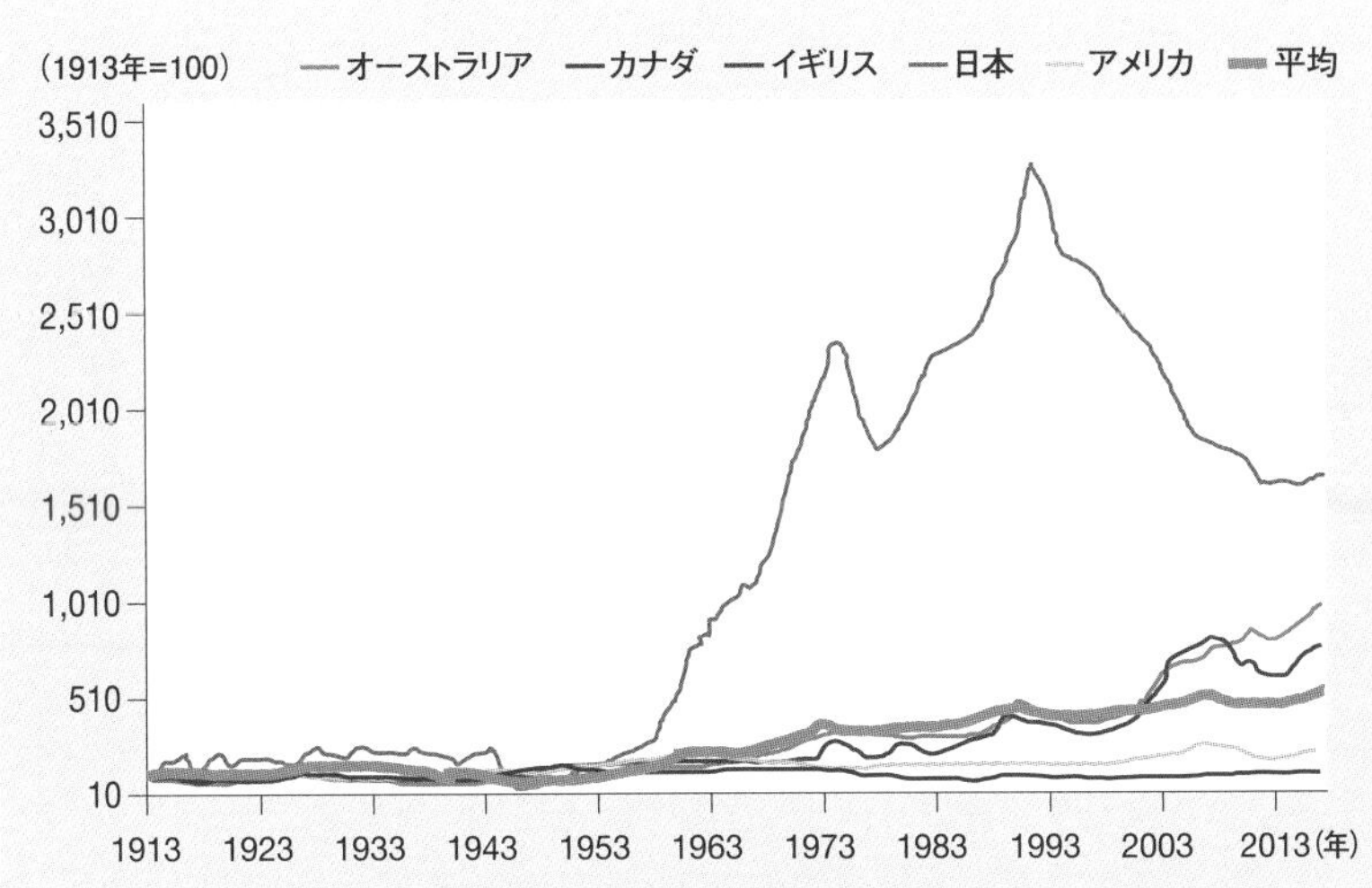

出典: Katharina Knoll, Moritz Schularick and Thomas Steger, "No Price Like Home: Global House Prices, 1870-2012," *American Economic Review*, Vol.107, No.2, Feb. 2017.

1913年以降の世界主要国における実質不動産価格の推移を示すグラフ。日本の住宅市場がずば抜けて値上がりしていることが分かる。もちろん、他の先進国と比べて日本の成長スピードは速かったし、都市化率が比較的低かったことが日本の住宅価格上昇の原因となったのは確かだ。しかし成長が鈍化して都市化現象が一段落した後に、なお地価高騰が続いたのは、過剰流動性によるバブルのせいだったと考えられる。

意後の低金利状態で発生したバブルにその原因を求めるしかないだろう。

このように**不動産価格が史上例を見ないスピードで上昇**すると、日銀も手をこまねいているわけにはいかず、89年5月30日に公定歩合を0・75ポイント引き上げた（2・5%→3・25%）。公定歩合の引き上げは80年8月以降のことだったが、不動産市場はびくともしなかった。全国の地価指数は89年にも前年同期比で9・5%上昇し、6大都市の商業用地価格は25・8%上昇した。また、90年の1年間で全国の地価指数は14・7%上昇し、前年度の上昇率を上回った。

しかし、日銀が公定歩合を6%まで引き上げると、不動産市場はこれ以上耐えられなくなった。加えて不動産景気に酔った建設会社が年170万戸の新規住宅を供給したことが致命傷となった。人口1億2000万人の国に4000万戸の住宅があって、40年ごとに再建築されると仮定すると、1年に必要な住宅供給戸数は100万戸前後だ。しかし1990年代初頭の日本では、年間170万戸の住宅が供給され、深刻な「供給過剰」を引き起こしたのだ。**不動産価格の上昇期待がどれほど高くても、こんなに住宅があふれたら市場の需給バランスは崩れるしかない。**

為替でも石油でも、すべての商品は需給によって価格が左右される。にもかかわらず、当時の日本人と建設業者はこの明白な真実を忘れたように行動した。これが悲劇の始まりだった。

36 なぜ、「資産価格の暴落」を抑えると不況になるのか？

大幅な利上げと住宅供給過多の影響で、１９９０年から日本の資産市場は崩壊しはじめた。特に、**資産価格の値崩れが深刻となった91年からは経済成長率も下がり、不況の兆候が現れた。**では、資産価格が暴落すると、なぜ不況になるのだろうか。

この疑問を解決するのに、野村証券のエコノミストであるリチャード・クーの著書『大沈滞の教訓』に掲載されている図が役に立つだろう。**図6-5**は、１９９０年のバブル崩壊後、日本の企業と家計がどれほど大きな損失を被ったのかを表している。90年当時、日本の名目ＧＤＰ（国内総生産）は４４９兆円だったが、住宅と株価の暴落によって資産価値１５００兆円が吹き飛んだことが分かる。

この莫大な損失は、二つの深刻な問題をもたらした。一つは個人と企業が債務超過の状況を逃れようと努力するために起こる**「バランスシート不況」**であり、もう一つは**「逆資産効果」**である。

借金を返せば返すほど負担が多くなる？

まず、こんなケースを想像してみよう。ある人が自己資金5000万円とローン1億円を組んで1億5000万円の住宅を購入したとする（担保評価率66％）。つまり、彼は1億5000万円の資産と1億円の負債を持つことになる。ところが、1991年から始まった不動産の暴落に伴い、住宅価格が50％下落して7500万円になったとしたら？この人のバランスシートは、純資産マイナス2500万円になってしまうのだ。**家を買うタイミングを間違ったせいで、5000万円の資産を持つ中流層が、大きな負債を抱えてしまった**ことになる。

ここで彼にできることは一つしかない。せっせと節約して貯蓄し、なんとか借金を返していくのが最善の道だ。もし金融機関が住宅価格の担保割れに神経をとがらせて、ローンの返済を迫ってきたら、彼は住む家を失い、2500万円の借金だけが手元に残され、路頭に迷うことになるだろう。

問題は、このようなことが経済全体で起きたことだ。多くの個人と企業が80年代後半

バランスシート不況
デフレによる不況の原因を説明したリチャード・クーによる経済理論モデル。資産バブル崩壊による景気後退局面では、不動産や株式などの資産価格の下落により、企業の貸借対照表（バランスシート）が悪化する。負債を抱えた企業が、負債圧縮のために資産を売却したり設備投資を控えたりすることで、さらなる資産価格の下落や景気の悪化が起こる現象。

逆資産効果
株価や不動産価格の下落で個人の消費マインドと購買余力が委縮する現象。

図6-5 1990年以降の日本における家計と企業の資産損失規模

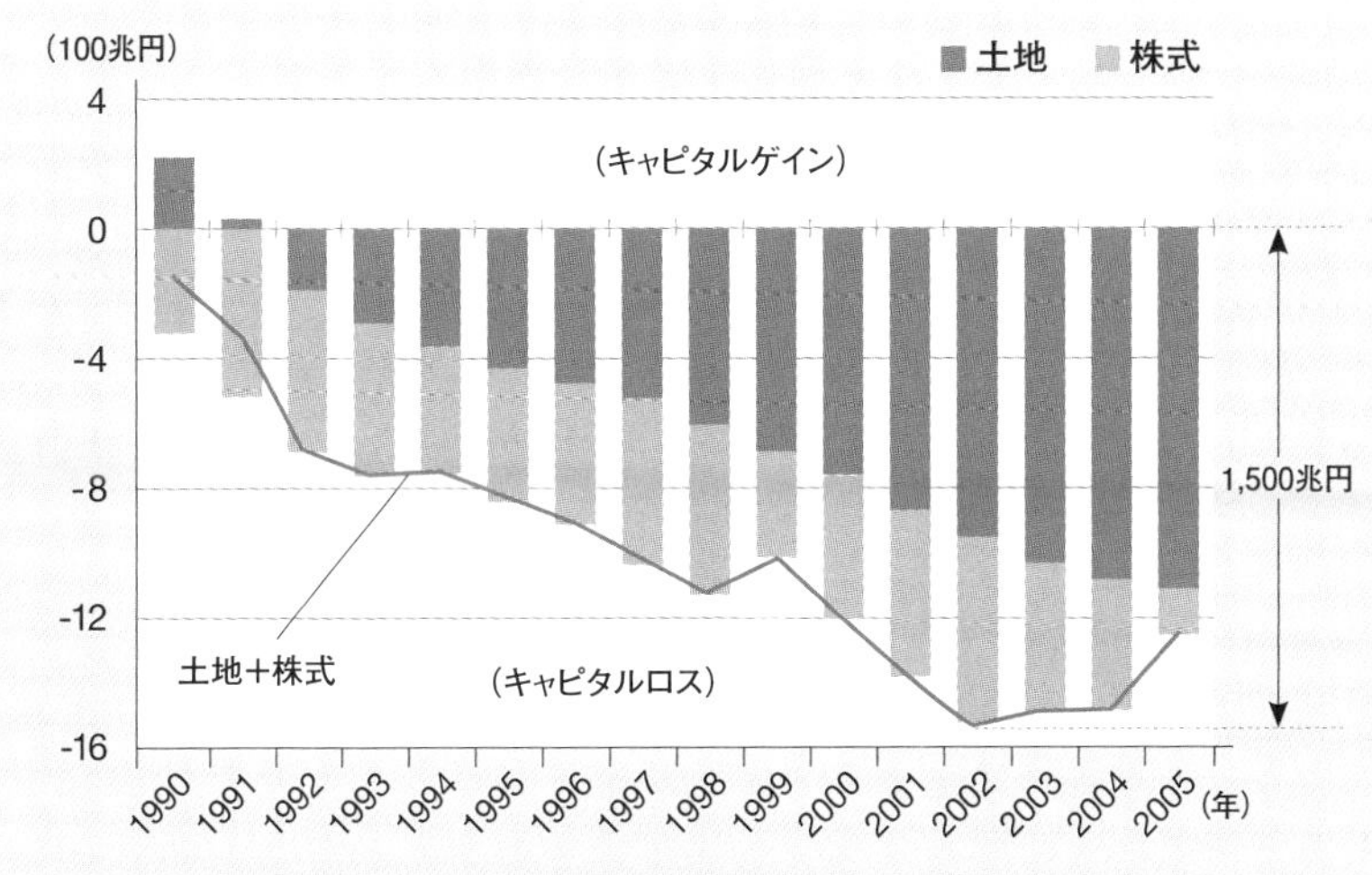

出典: Richard C. Koo, *The Holy Grail of Macroeconomics: Lessons from Japan's Great Recession*, John Wiley, 2008.

株式と住宅市場で発生したバブルが崩壊したことによって、2005年までに発生した損失を推定したグラフ。当時のGDPの3倍を超える1,500兆円のキャピタルロスが生じたとされる。特に2008年の世界金融危機と2011年の東日本大震災の衝撃によって、住宅価格と株価がさらに下落したことを考慮すると、損失の規模はこれをはるかに超えると推定される。

に背負った借金を返済するためにせっせと貯蓄した。ところが、すべての個人と企業が負債を減らすために集団的に努力すると、何が起こるだろうか？

破産の危機に瀕した数百万人の住宅所有者が、借金返済のために一斉に家を売りに出せば、あるいは債権者が担保に取った家を売りに出せば、住宅価格の大暴落が起こることだろう。さらに消費者が借金返済のために消費を減らせば、景気はさらに落ち込んで、仕事の場が減り、これまた負債の負担が消費者の肩にのしかかるだろう。

こうした悪循環が続くと、物価が全般的に下落するデフレの泥沼にはまり込むことになる。デフレになると、個人や企業の負債の「実質的な」負担はいっそう重くなる。結局、**「債務者が返せば返すほど、借金の負担がより多くなる」という悪循環が、経済全体を圧迫することになる**のだ。

半生をかけて積み上げた資産価値が一瞬で……

バランスシート不況に劣らないほどの衝撃を与えたのが、「逆資産効果」だ。半生をかけて積み上げてきた資産の価値が一瞬にして減ってしまえば、消費マインドが冷え込むのも当然だ。

日本が内需主体の経済だったことが、問題をさらに大きくした。**日本はＧＤＰに占める輸出の割合が10％しかないので、国内の景気が落ち込むと、企業は逃げ場がなくなっ**

てしまう。

輸出の割合が高ければ、輸出によって問題を打開することもできただろうが、日本企業はいわゆる「1億総中流」という巨大な内需市場に頼ってきたので、1990年以降の資産バブル崩壊にうまく対処する余力がなかったのである。

37 バブル崩壊が「長期不況」につながった特異な事情

資産バブルの崩壊が深刻な不況につながった過程を見て、多くの読者が疑問を抱いたことだろう。経済全体が深刻な不況に陥りつつあったとき、日本政府はいったい何をしていたのか、と。

アメリカFRBによる日本の長期不況の分析

これについてアメリカのＦＲＢが非常に興味深い報告書を出している。日本のケースについて他国の中央銀行が長文の報告書を作成したということは、それほど日本の経済状況が特異だったということを意味し、また、自分たちも日本のようになるかもしれないという警戒心を抱いたと見ることができる。報告書は次のように指摘している。

1989年にバブルが崩壊した際に、日銀が公定歩合を思い切って（200bp▼以上）下げていれば、デフレによる悪循環は発生しなかっただろう。日本政府の財政政策は景気悪化を抑制するのに多少は役立ったが、通貨政策と同時に実行されればもっと効果があったはずだ。

つまり、**資産バブルが崩壊した90年代初頭、日銀が公定歩合をただちに2％以上引き下げていたら、日本経済がこんなに長い不況に陥ることはなかった**という話だ。なぜこのように主張するのかを理解するために、もう少し報告書を見てみよう。

たとえば、行き過ぎた低金利によってインフレになった場合は、緊縮財政に転換して解決することは可能だが、景気浮揚策を取るのが遅すぎたり、その規模が小さくてデフレに突入することになれば、経済を再び正常なレベルに戻すうまい方法は見つからない。したがって、資産バブルが崩壊したときは、いったん市場参加者の予想を超えるほどの大胆な景気浮揚策が必要となる。

bp
bp（basis point）とは金利や受益率を表すのに使われる基本単位で、100分の1％を意味する。つまり200bpは2％となる。

デフレ解消はインフレ抑制より難しい

つまり、**個人や企業の心理にデフレ・マインドが染みつくと、これを退治するのは非常に困難である一方、インフレは利上げを通じていくらでも抑制できる**というのが、この報告書の核心と言える。

ここで一つの疑問が生じる。なぜ、デフレは退治するのが難しいのだろうか？「通貨政策が無力化」されるからだというのが、FRBのエコノミストたちの指摘だ。**物価上昇率がマイナスになった段階では、金利をどれだけ下げても、実質金利は下がらない。**その端的な例が図6-6の1994～95年である。消費者物価上昇率がマイナスに落ち込むのに伴って、日銀が公定歩合をゼロレベルまで引き下げたが、その効果が現れていないことが分かる。

むろん、財政政策を十分かつ積極的に推進すれば、長期不況の危険を防げたかもしれない。ところで、図6-6の97年を見ると、いきなり消費者物価の上昇率がマイナスから2%まで跳ね上がっていることが分かる。その原因は、当時の橋本内閣が財政赤字の解消のために消費税を3%から5%に引き上げたからだ。このあきれた政策のせいで、日本経済は取り返しのつかない長期不況の悪循環に陥ったと見ることができる。

次の話では、日銀が公定歩合の引き下げを渋った理由について見てみよう。

実質金利
名目金利から物価上昇率を引いた金利。

財政赤字解消のための消費税引き上げ
これは1937年にルーズベルト政権が財政健全化のために財政支出を削減した結果、深刻な不況に見舞われたことを連想させる。

図 6-6　1990年前後の日本の公定歩合と消費者物価上昇率の推移

注: 網かけ部分は経済分析局が不況と判定した時期。

出典: Federal Reserve Bank of St. Louis.
https://fred.stlouisfed.org/graph/?g=mSrv

日本の政策当局者は1990年代前半まで、市場の強力なデフレ圧力に気づいていなかったようだ。1990年の湾岸戦争で原油価格が一時的に上昇したため、依然としてインフレ圧力が高い状態にあると勘違いし、日銀も大蔵省(現財務省)も景気の先行きを楽観視していたことが、「景気浮揚」のタイミングを逃す原因となった。1991年になってようやく利下げしはじめたものの、その下げ幅は小さく、1994年になっても1.75%を維持するなど、積極性が足りなかったという批判は免れられない。

38 利下げの遅れが招いた日本の「失われた20年」

〈36話〉と〈37話〉の分析を通じて、日本が長期不況の泥沼に陥った理由が見えてきた。しかし、まだ残る疑問がある。**日銀はなぜバブル崩壊から1年半もの間、公定歩合を引き下げなかったのだろう？**

経済学者の多くが、**日本にデフレの経験がなかった**ことを理由に挙げている。1930年代のアメリカのデフレはあまりにも昔のことだし、1971年のニクソン・ショック以来、ほぼ20年の間ずっとインフレ圧力が高まっていたため、日本だけでなく全世界の中央銀行がデフレの危険を見過ごしていた。また、日本では資産バブルが生じたため、利上げによってこれを清算すべきだとする声が挙がったことも一つの要因だった。

ここで1929年にFRBに支配的だった「清算主義」（173ページ参照）を思い浮かべる読者が多いことだろう。事実、日銀はそのような考えを持っていたものと思われる。1990年に株価が2分の1まで下がり、91年からは不動産価格までもが暴落した状況にあって、清算主義への傾倒以外に利下げを遅らせる理由はなかったはずだ。

どう考えても失策だった利下げの遅れ

もちろん、日銀には**利下げを渋る大義名分**もあった。それは他でもなく、**湾岸戦争による国際原油価格の上昇**だった。1990年8月、イラクのクウェート侵攻（湾岸戦争）をきっかけに、国際原油価格が暴騰した。湾岸戦争直前の1バレル17ドルが、8月23日には31・78ドルに跳ね上がった。これに伴い、日本の物価にも不安な影が差しはじめた。そういうわけで、株価が暴落していた90年8月30日に、日銀が公定歩合を6・0％にまで引き上げたのには、それなりの名目があったということだ。

しかし図6-7に見るように、需給ギャップ（GDPギャップ）が1992年からマイナスに落ち込んでデフレ圧力が高まっているときに、公定歩合を2・5％に維持したことは、どう見ても失策だった。

日本銀行本店（東京都中央区日本橋）

需給ギャップとは、（現実のＧＤＰ－潜在ＧＤＰ）÷潜在ＧＤＰ×１００で計算した値だ。過度なインフレなしに達成できる最大水準（潜在ＧＤＰ）と比較して、経済がどのくらい過熱または沈滞しているかを示す指標だと言える。**その値がプラスであれば、それだけ景気が過熱してインフレが発生し、マイナスであれば不況でデフレ圧力が強まっていることになる。**

需給ギャップを理解するために、年間１００万台の生産能力を持つ自動車工場があるとしよう。この工場では1万人の労働者が働いているが、５０００人は正社員で、５０００人は契約社員だ。ある日、景気が好転して１１０万台の自動車需要が生まれたとしたら、どうなるだろうか。

この需要がいつまで続くのか予測は困難なので、会社としては雇用を増やすよりも、いまいる労働者を休日出勤させて生産量の不足を埋めようとするだろう。しかし、休日出勤させると時給が上昇するし、５０００人の契約社員の中にはきつい労働に耐えられず欠勤する者も出てくるかもしれない。となると、この会社は契約社員の一部を正社員に組み入れる一方で、原価を引き上げる要因を反映させて製品価格を引き上げる可能性が高い。

反対に、この会社が生産する自動車の需要が年間80万台へと落ち込むとどうなるか。自動車の需要減少に伴い、契約社員を順次解雇する一方、それでも自動車の在庫が増え

図 6-7　日本の需給ギャップと消費者物価上昇率の推移

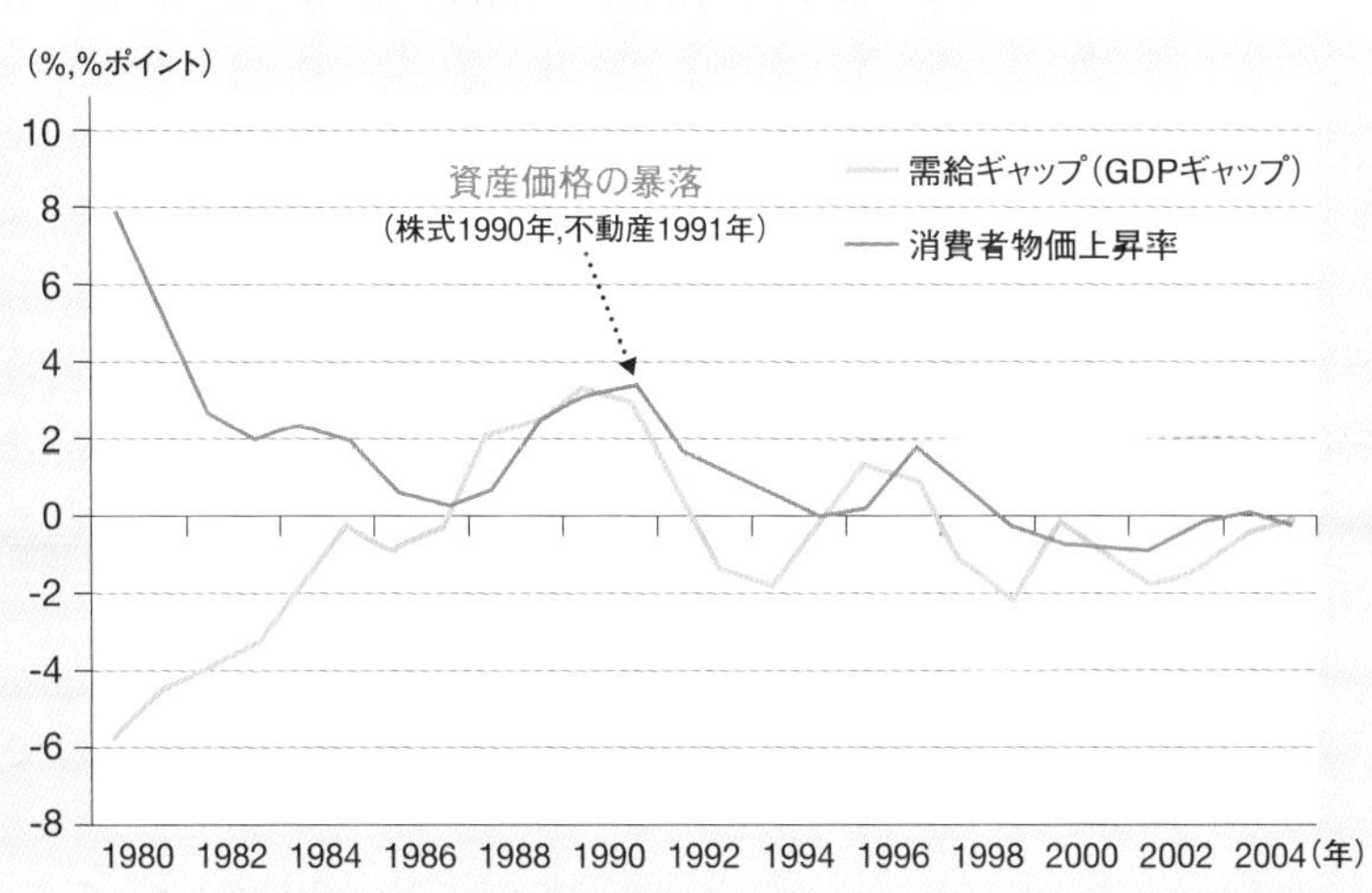

出典: IMF, *World Economic Outlook*, 2018.

需給ギャップが1992年からマイナスに転じるなど、市場にデフレの衝撃が走ったにもかかわらず、日銀の金利政策は1994年においても「緩和」とは遠い状況だった。最終的に市場が強いデフレに襲われ、さらに1997年には消費税の引き上げが加わり、日本経済は1929年の大恐慌以来、先進国で初めて慢性的なデフレと工業生産減少の泥沼にはまることになった。

るようなら、最終的には自動車の販売価格を引き下げることになるだろう。

このたとえから分かるように、**「生産能力」に比べて需要が多いと**（プラスの需給ギャップ）**雇用が増え物価は上昇するし、反対に生産能力が需要を上回るときは**（マイナスの需給ギャップ）**雇用が減少し、物価が下落することになる。**

1991～92年、日本の政策当局は、景気が急激に悪化し、さらに需給ギャップがマイナスに転換する可能性を一蹴した。当時、経済企画庁（現内閣府）は「日本経済は景気拡大局面にある」とし、景気浮揚策が必要な状況ではないと主張した。92年2月に遅まきながら景気が急降下していることを認めたものの、大規模な景気浮揚策を打ち出したのは同年8月になってからのことだ。

総額10兆7000億円という大規模な景気浮揚策の施行によって、日本経済はやっと回復し出したが、住宅供給の増加によって住宅価格は下落を続け、1997年には消費税を引き上げるなどして緊縮財政に転換したため、**日本経済は2012年まで「失われた20年」を送らなければならなかった**のである。

PART6

教訓

バブルが崩壊したら、とにかくお金をばらまけ！

PART6の教訓は明確だ。まず**デフレの泥沼にはまったら、その国は長期にわたって苦しむ可能性が高い**ということだ。

その一番の例がヨーロッパだ。2008年の世界金融危機が起きて以来、ヨーロッパ経済はずっと低迷の泥沼から抜け出せないでいたが、その最大の原因が欧州中央銀行（ECB）の失策だった。

図6-8は2008年の世界金融危機を前後したヨーロッパの経済成長率と公定歩合を示したものだが、2001年に公定歩合が引き上げられているのが分かる。経済成長率が2010年から再びプラスとなり、中東を覆った民主化デモの影響で石油価格が上昇したのは明らかな事実だ。しかし、当時のヨーロッパ経済の内部条件はまだ「正常」とは言いがたかった。何より南ヨーロッパ諸国が**不動産価格の暴落でローンが焦げ付き、その影響で銀行の健全性が悪化するという悪**

循環に陥っていた。銀行の健全性はしばしば国際決済銀行（ＢＩＳ）の自己資本比率によって測定されるが、これは貸付などの危険な資産と自己資産の比率を測定したものだ。ＢＩＳ基準では８％以上が適正とされるが、それに従えば、たとえば８０００億円の自己資本を持つ銀行は最大10兆円まで貸付できることになる。▼

もしＢＩＳ基準の自己資本比率が適正なレベル（ほとんどの銀行は８％）を下回れば、金融当局はその銀行に**「早期是正措置」**を求めることとなる。早期是正措置とは文字通り、**経営破綻の兆しが見える金融機関に対して、健全性を確保するために「早期の是正」を要求する措置**のことだ。早期是正措置が発動された銀行は、職員の解雇や増資などを通じて自己資本を増やし、保有資産を売却するなど、厳しい体質改善を行わなくてはならない。そのため銀行の立場としては、貸付が焦げ付いてＢＩＳ基準の自己資本比率が８％を下回る可能性が高まると、焦げ付く可能性のある貸付を他のライバル銀行に先駆けて回収しようとするのだ。

このような経済条件の下で、中央銀行はどう行動すべきだろうか。

不動産市場が回復し、金融機関が健全性を取り戻すまで、我慢強く低金利政策を維持することが正解だろう。また、アメリカでのように量的緩和政策を実行して、「やりすぎ」と思えるくらいにお金をばらまくのも一つの方法だ。

ところが、当時の欧州中央銀行はまったく逆の動きに出た。インフレ圧力が高

自己資本比率とリスク
もちろん、企業への貸付なのか、住宅ローンか、あるいは国債などの債券なのかによって、そのリスクは変わってくる

図 6-8　2008年前後のヨーロッパにおける経済成長率と政策金利の推移

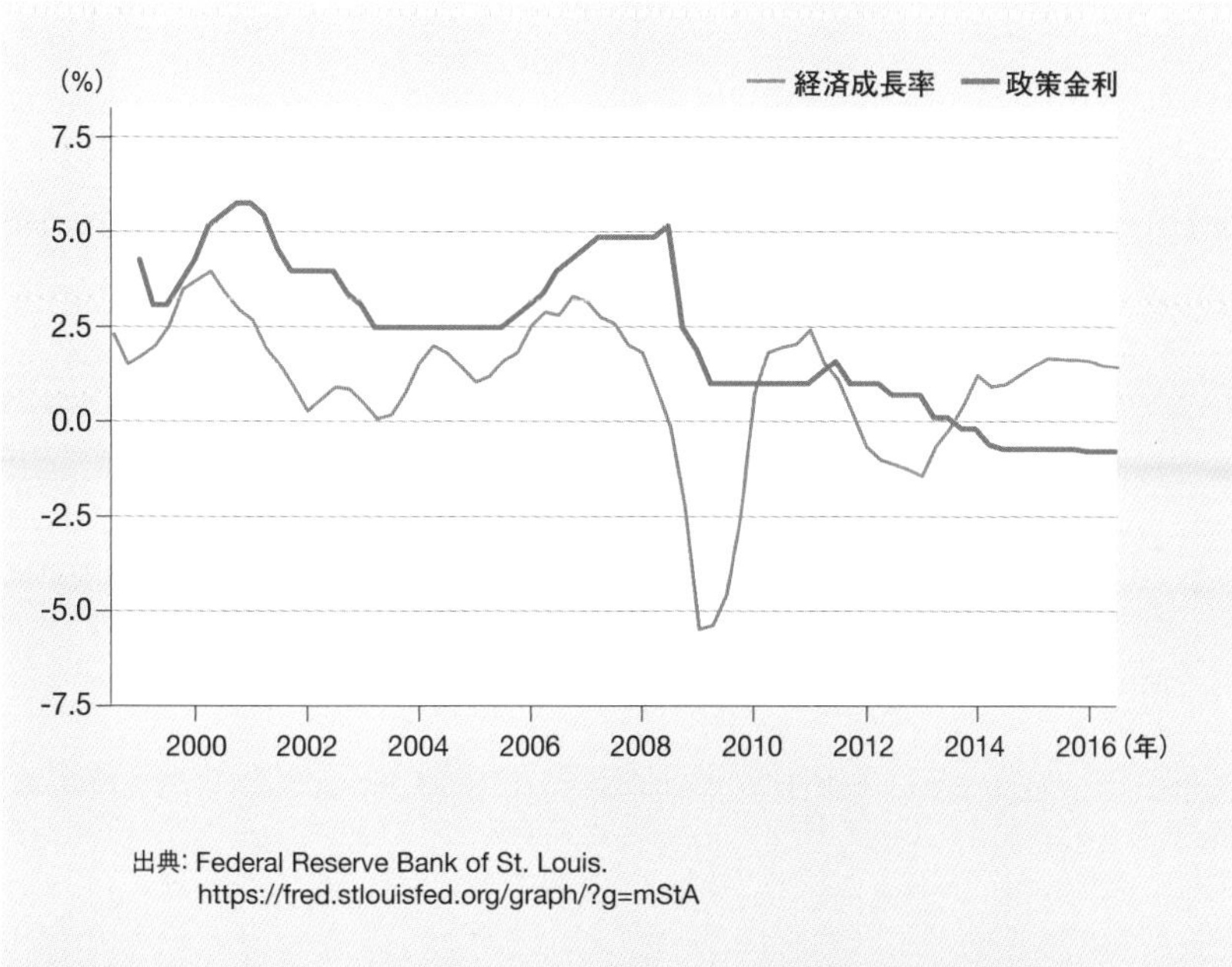

出典: Federal Reserve Bank of St. Louis.
https://fred.stlouisfed.org/graph/?g=mStA

経済が急降下したときに断固とした対処ができないと何が起こるのか。このことをヨーロッパの事例がよく示している。経済の回復を楽観していた日銀が2007年に利上げを断行した後で経済が崩壊したように、ヨーロッパ経済は2011年に2度にわたって利上げしてから低成長の泥沼にはまってしまった。

まっているという口実で、**金利を2度も引き上げた**のだ。それによって何が起こったかは、周知の事実だ。

２０１０年のギリシャに続いて、11年にはユーロ圏（ユーロを導入している19カ国からなる経済圏）で第３位と第４位の経済規模を持つイタリアとスペインまでもが、債務問題で救済措置を受けることになった。特に15年夏には、ギリシャでユーロ圏離脱をめぐって国民投票まで行われる騒ぎとなり、ヨーロッパ経済は長い沈滞に苦しんだ。

幸い２０１１年11月から欧州中央銀行の総裁の座にあるマリオ・ドラギが利下げを宣言し、大規模な量的緩和を断行したため、差し迫った危機を回避できたが、今に至るもヨーロッパ経済は他の先進国と比べて成長への動きが鈍い。

もちろん、２０１１年春に行われた2度の利上げだけが、これらの問題の「唯一」の原因ではないだろう。ユーロというシステム自体が内包する限界や、１９２３年のハイパーインフレのトラウマを持つドイツのインフレ嫌悪などが組み合わさって影響したものだ。それでも欧州中央銀行が南ヨーロッパ諸国の金融システムが健全化するまで利上げを待っていたら、それだけでも欧州経済は今よりずっとよい状態にあったことだろう。

PART7

「東アジア経済」の成長・危機・低迷

39 多くの国が「貧困の悪循環」から抜け出せない理由

世界には非常に大きな**所得格差**がある。近代化に成功した一部の国は所得が非常に高く、どんどん増え続けているが、近代化に失敗したり、チャレンジすらできない国々は、古代や中世よりも貧しい生活を送っている。

図7-1を見ると、韓国の1人当たりの所得は1960年には100ドル程度にすぎなかったが、2018年には3万ドルにまで増えている。この速度で成長すれば、数年以内に隣国の日本よりも豊かになる可能性が高い。ここで一つ付け加えるなら、1945年以降に独立した国々の中で、1人当たりの国民所得が「1万4000ドルの壁」を突破した国は（一部の産油国と都市国家を除けば）韓国と台湾の二つしかない。

図 7-1　1960年以降の韓国、日本、アメリカの1人当たり国民所得

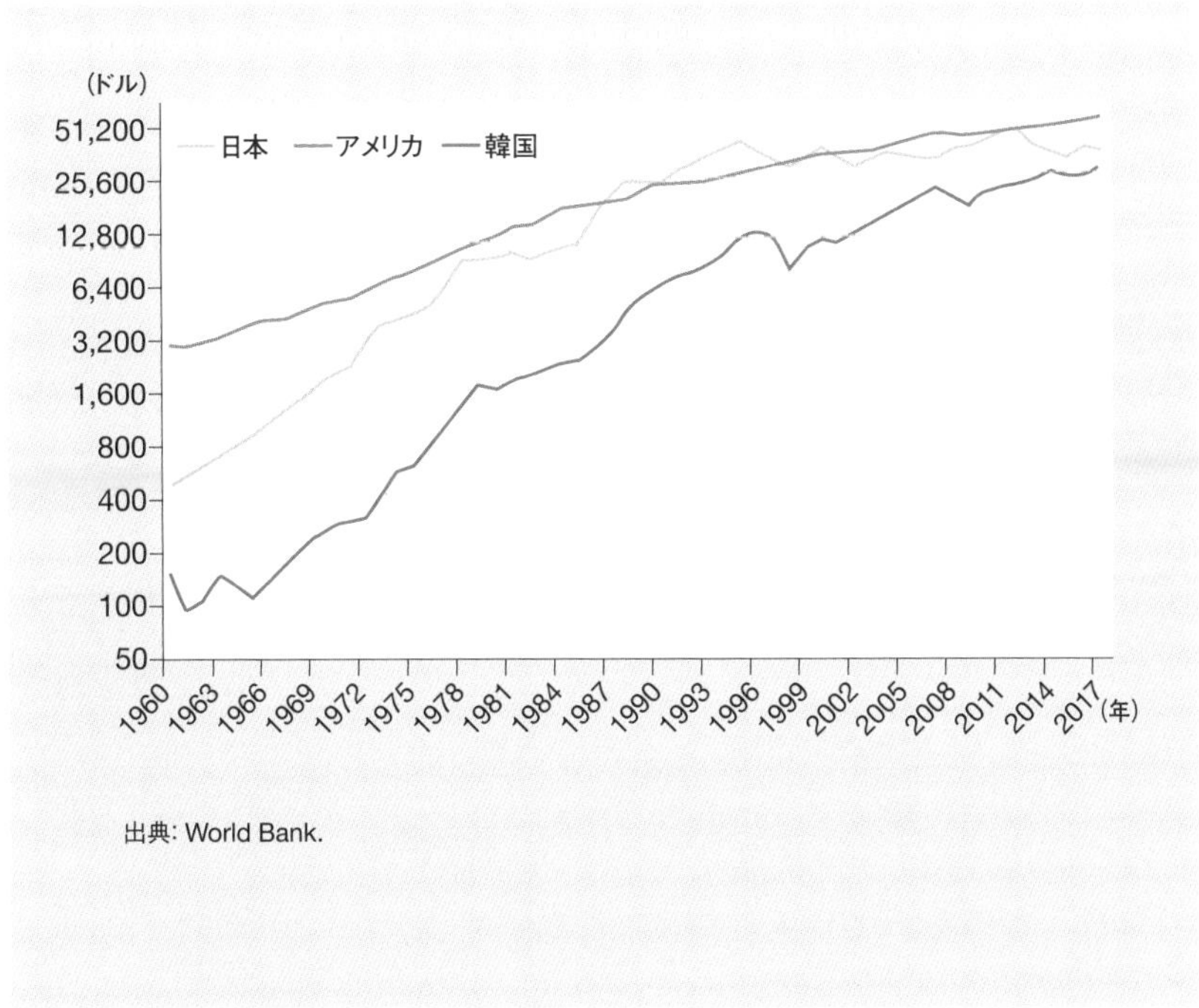

出典: World Bank.

米ドル(当時のレート)で計算したアメリカ、日本、韓国の1人当たり国民所得の推移を示すグラフ。1960年代初頭、韓国の1人当たり国民所得は100ドルにすぎなかったが、2018年には3万ドルに達した。戦後に独立した国家のほとんどが貧困の悪循環から抜け出せない中にあって、韓国と台湾はまれに見る成功例と言える。

ほとんどの新興国が陥る「中進国の罠」とは？

ある国が一定の所得水準（たとえば1万4000ドル）**を超えられず、成長の勢いがなくなったり、さらには経済規模が減少したりする現象を、「中進国の罠」**と表現したりもする。中進国の罠とは、新興国家が最初は急成長をしていても、徐々に勢いが鈍化する現象を指すが、最近の中国が中進国の罠にはまる可能性についてもしばしば議論になっているところだ。

多くの国が中進国の罠にはまるのは、**「成長への道筋」の変化に適応できないことに原因**がある。経済成長の初期段階では、新興国は豊富な労働力と低賃金、そして安い土地価格を利用して、外国人の直接投資を容易に誘致することができる。失業者が多いので、外国人投資が増えればすぐに雇用が増え、経済全体に活気がみなぎる。

しかし10年、20年と急成長を続けているうちに、賃金と土地価格が上昇してしまい、外国人の直接投資による資金流入が途絶える可能性が高まる。その上、その国に投資されていた外国人の資金が海外に流出してしまう事態も起こり得る。

もちろん、経済成長の過程で技術を十分に習得していれば、他国との「品質競争」に参加もできようが、新興国の企業にはブランド力がなく、新しい環境への適応力も足りない場合が多い。それに成功した例は、韓国や台湾などごく一部にすぎないのだ。

貧困の悪循環から抜け出せない三つの理由

なぜこれほど多くの国が、貧困の悪循環から抜け出せないのか。19世紀初頭にイギリスで産業革命が起きてから200年がたち、今日ではその経済成長の秘密も明らかになったにもかかわらず、なぜ他国はこれに倣うことができないのだろうか。

多くの学者がこの問題に頭を悩ませてきたが、**低開発国の近代化を妨げる要因**として、おおよそ次の3点を指摘している。

●「低賃金」のために技術革新を起こす動機がない

一つ目の要因は、開発途上国の「低賃金」にある。PART3で見たように、イギリスで産業革命が起こった最大の理由は、人件費が高かったせいで労働力を減らすための技術が必要だったことだ。反面、インドや中国、朝鮮のように、土地面積に比べて人口が多く、賃金が生き延びるのにぎりぎりの水準にあった国では、産業革命を起こす「動機」と「資本」がなかった。

この問題は、今日でも開発途上国を苦しめている。先進国で労働力を節約する技術を開発したのに、その技術を使うには高価な機械を買う必要があるとしたら？　開発途上国では労働が豊富にある一方、資本が貴重なので、こうした技術を導入する理由がまったくないのだ。

●「極端な不平等」が技術革新の原動力を奪う

このように賃金が低水準にあることは、一つの悪循環を招く。極端な不平等が、技術革新への原動力を奪ってしまうからだ。少数の地主が土地の大半を支配しており、彼らが現状に満足している社会では、技術革新が起こり得ない。土地と比べて労働力があふれているので、地主は新たに土地を手に入れたとしても、その土地をいくらでも小作に出すことができる。

地主は（労働力に比べて相対的に貴重な）土地を握っているので、非常に高い地代を取ることができるのだ。実際、日本の植民地期に朝鮮の小作料は収穫量の50％の水準だった。種子代や農機具代等、農作業に必要な費用を差し引くと、小作人の手に残る所得は生産量の30％未満にすぎなかった。

また、地主は高利貸しを兼ねていることも多かった。高い地代と高い利子に加え、小作期間の延長が保障されていない小作人たちは、収量を増やすために灌漑（かんがい）施設や肥料に投資する余裕はなかった。一方、地主は生産性向上のために投資する能力はあっても、高い地代で土地を貸し出し、賃借人が借金を返せないと担保の土地を奪って自分の保有地を増やす高利貸しで十分に稼げたので、**わざわざ生産量を上げるために資本を投資す**

る必要がなかったのである。

●「教育水準が低い」ために最新技術を活用できない

生存ぎりぎりの低所得と地主の高利貸し業という二つの条件が結びつくと、社会全般の教育水準も低下する。そのため、識字率の低い国も多い。

ちなみに、朝鮮も解放直前の１９４４年に日帝が行った人口センサスを見ると、15歳以上の人口のうち無学歴者の比率が男性の80％、女性の94％に達していた。無学歴者の比重が高かったのは、日帝が朝鮮人の教育に熱心でなかっただけでなく、子どもに教育を与える余力のある者が地主だけだったからだ。

教育水準が低く、文字が読めなければ、先進国から導入された情報通信や遺伝工学などの最新技術を学んで活用することが難しいのは当然だ。地主の子は先進国の技術を習得して事業を起こす能力があったが、ごく一部を除いて、地主の多くは新技術の流入がもたらす変化に抵抗する側に立っていた。

次は、１９４５年以降、韓国がどうやってこの難関を乗り越えたのかを見てみよう。

40 「低賃金・不平等・低学歴」の三重苦を解決した方法

低賃金、土地所有の極端な不平等、低学歴という三重苦にあえいでいた韓国が、どうやって近代化を達成できたのだろうか。

ここで注目すべきは、解放後に米軍政が推進した二つの重要政策、つまり**強力な統治機構の整備と漸進的な土地改革**である。1945年8月末、米軍が朝鮮半島の南側に上陸したとき、土地所有の集中は深刻なレベルにあった。日本の植民地時代に日本から来た地主と土着の大地主が大規模な土地を所有する一方、土地を失った農民たちは農村を離れ、産業労働者に転落した。

問題は、日帝の敗北によって原材料の供給が断たれて製造業の生産が中断されるに伴い、都市の産業労働者たちが再び農村に帰ったことだ。そのため大地主は伝統的な土地集中的な農業、つまり小作制度を施行し、これによって全体的に農業生産量が減少し、経済は沈滞した。

全国民の関心を集めた土地の分配

このような状況下で、全国民の関心は土地分配に集中した。米軍政はこの点で大きな功績を残した。彼らは1946年、小作人が地主に支払う小作料をその年の生産量の3分の1に制限する一方、朝鮮総督府が所有していた大規模な土地を農民に払い下げた。特に米軍政は朝鮮総督府だけでなく日本人地主が所有していた約2780平方キロの土地を接収したが、48年初頭にこの土地を農民に売却したため、59万7974戸、つまり農業人口の24・1%に当たる農民が新たに土地を所有することになった。

当時の米軍政が、不十分ながらも「土地改革」を実施した理由は、共産化の危機を防ぐことにあった。当時、土地改革を主導したウォルフ・ラデジンスキー▼は、当時をこう振り返っている。

私がこれ(=土地改革)を行ったのは、1921年初めにロシアを去る前に得た教訓のおかげです。それは、**農民に土地を与えて土地問題**

ウォルフ・ラデジンスキー(Wolf Isaac Ladejinsky)
1899-1975年。ウクライナで生まれる。ロシア革命後、1921年にウクライナ・ソビエト社会主義共和国からルーマニアに亡命。22年にはアメリカにわたりコロンビア大学で学ぶ。35年よりアメリカ農務省農業経済局で勤務。第二次世界大戦後、マッカーサー元帥の招聘によりGHQの天然資源局(NRS)顧問として日本に赴任。日本における農地改革の立案を行った。邦訳書に『農業改革 貧困への挑戦』(日本経済評論社)がある。

ウォルフ・ラデジンスキー

をきれいに解決すれば、共産主義者が絶対に権力を握れない、というものです。

1952年にアイゼンハワーの大統領当選後、極端な反共主義者が勢力を伸ばしたせいで、ウォルフ・ラデジンスキーをはじめとする土地改革論者は立場を失ってしまったが、韓国は運よく朝鮮戦争直前に土地改革が完了し、共産化の危機を免れた。

ちなみに、1950年3月に李承晩(イスンマン)▼政権下で通過した改正農地改革法▼は、「所有主が自ら耕作しないすべての土地と、3ヘクタールを超えるすべての土地」を再分配の対象と定めた。この法に基づいて政府から土地を購入した農民が支払うべき金額は、その土地で年間に生産された食糧の150%と定められた。そして政府が地主から土地を買収するのに支払った代金の相当部分が、アメリカの援助によって充当された。

ここでしばし、なぜ土地改革の重要性を強調するのかを説明しよう。

なぜ土地改革が重要なのか?

土地改革がもたらした一つ目の変化は、すなわち**「経済成長」**である。地主は高利貸

朝鮮の独立運動家で、大韓民国の初代大統領となった李承晩(在任1948-60年)。

李承晩
1875-1965年。韓国の独立運動家、政治家。日本敗北後の1948年、韓国の初代大統領に選出され60年まで大統領を務めた。朝鮮戦争停戦後は独裁色を強め、いわゆる開発独裁として韓国の経済復興を進めた。親米的な反共独裁政治のため国民からの信望を失い、1960年に学生を中心とする四月革命で倒されてハワイに亡命した。

しだけでも十分な所得を得ていたので、技術投資に熱意がなかった。一方、小作農は灌漑施設に投資する余力がないばかりか、小作契約を延長できるかどうかも分からない不安定な立場にあったため、肥料を購入することもできなかった。したがって、土地改革以前の韓国は、人口の90%が農業に従事する典型的な「農業国」であったにもかかわらず、食糧の自給すらままならなかった。そのため、アメリカの援助がなければ大幅な貿易赤字を出すような状態であった。そのような中で土地改革が行われ、農業生産性が劇的に向上したのだ。

図7-2は、1954年以降の農林漁業の成長率と経済成長率の関係を示したものだが、1954~63年の農林漁業成長率は年平均で5・1%に達し、同時期の経済成長率（6・0%）に近づいたことが分かる。そして1953年の国内総生産に占める農林漁業の割合が48%だったことを考えると、経済成長の相当部分が農業の生産性向上のおかげだったと言える。1963年以降、韓国経済が輸出中心の工業化に力を得て高成長したのは事実だが、**農業中心の経済成長がその礎となった**ことは忘れてはならない。

土地改革後に農業生産性が劇的に改善した理由は、**「動機の誘発」**にある。いくら畑を耕しても収穫の大半を地主に取られてしまう状況にあっては、収穫量を増やそうという動機は生まれない。ところで、当

農地改革法
1948年の大韓民国政府樹立当時、農民の最大の関心事は農地改革だった。これに対して政府は49年に農地改革法を制定、50年3月に改正農地改革法および同法施行令を公布して法的・制度的根拠を準備し、同年5月に農地改革を実施した。

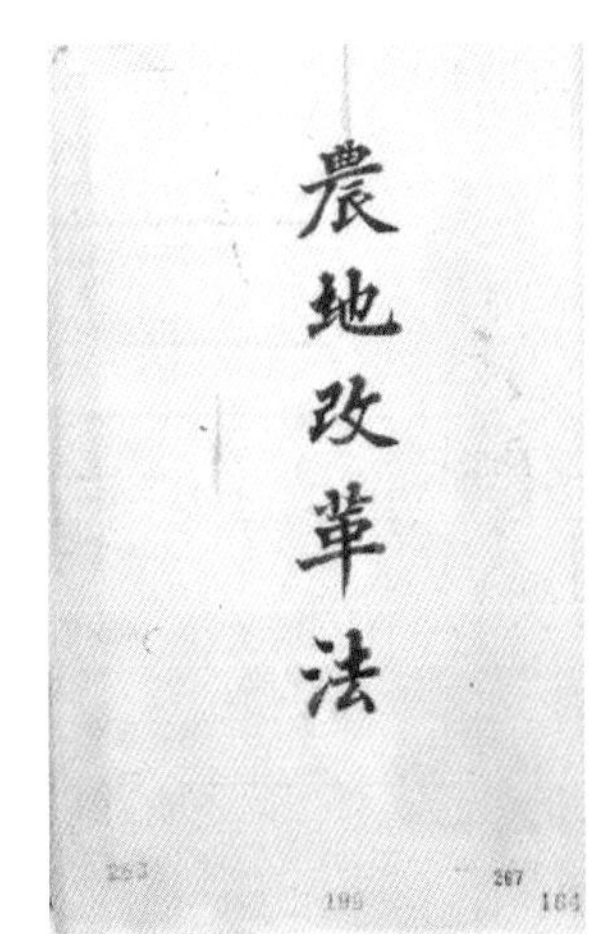

1950年3月に改正・公布された農地改革法。

図 7-2　1954年以降の国内総生産と農林漁業の成長率

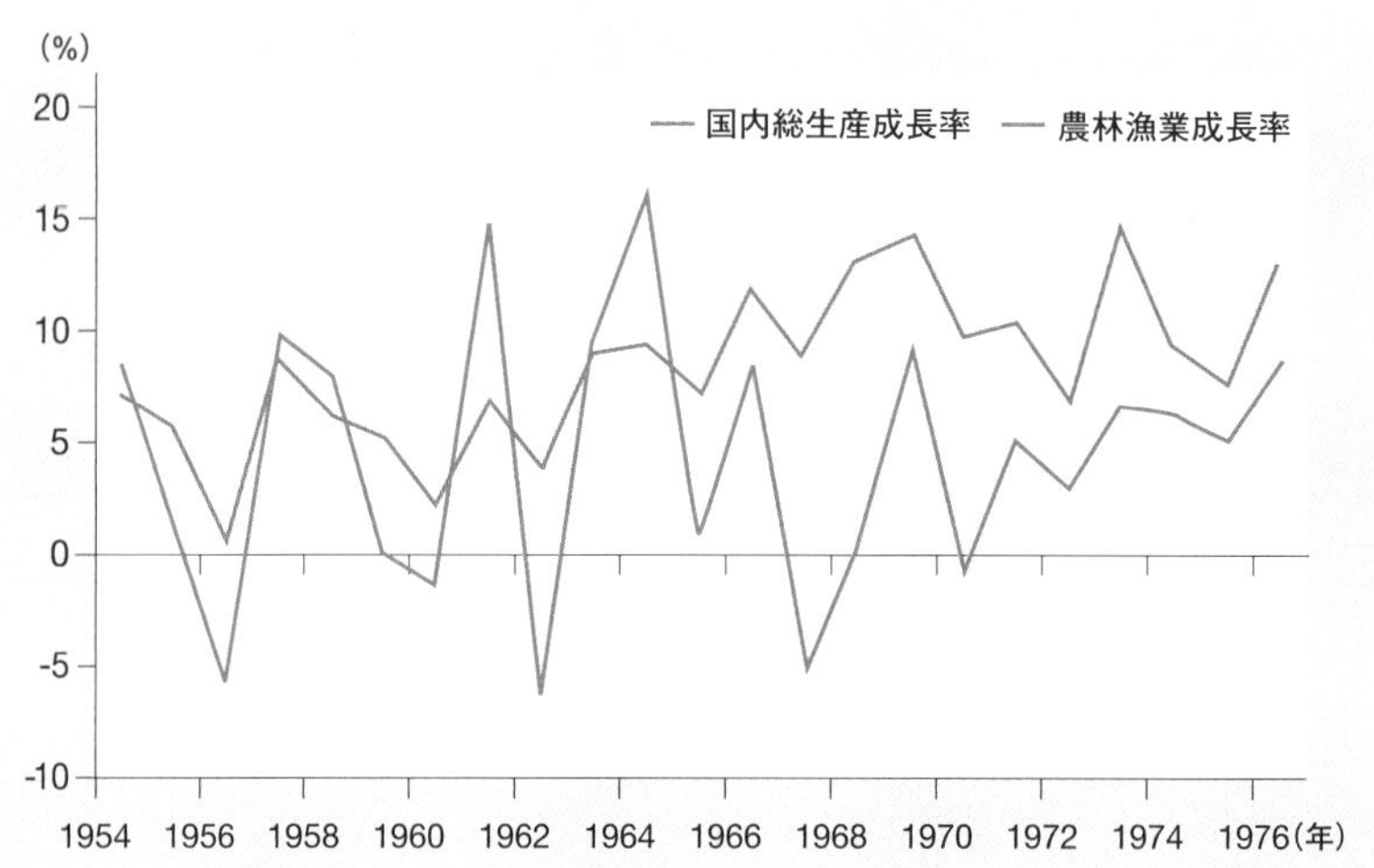

出典: 韓国銀行経済統計システム(ECOS)

1950年代の韓国では農林漁業が経済成長を率いていた。気候条件に敏感に反応する産業の特性のせいで1956年と1962年にマイナス成長を記録したものの、農林漁業の1954～1960年の年平均成長率は5.1%に至り、同時期の経済成長率(6.0%)に迫った。

時5～6人以上からなる家族は、十数マジギ〔農地の広さを表す単位で、1マジギは畑150～300坪、水田で100坪程度〕ほどの土地を耕すのに最適化されていた。**労働力が余っている開発初期の段階にある途上国にとって、重要なのは「効率」ではない。余剰労働力をなんとか活用して、できるだけ生産を絞り出すことだ。**1人当たりの収量がわずかであっても、労働力をできる限り活用するほうがまし、というわけだ。

土地改革を成し遂げたのは韓国だけではない。台湾も1949年に土地改革を行い、10年間で食糧生産量は75%も増加した。そして、こうした生産性向上はそのまま農家の所得増加につながり、経済全体の貿易不均衡の是正に大きく寄与することになった。いずれにせよ、韓国は所得増加のおかげで子どもを教育する余裕ができ、15歳以上の人口のうち無学歴者の比重が、1944年末には男性80%、女性94%だったのが、55年には男性50%、女性80%へと減少した。

その後は好循環が続き、**農業の生産性向上とともに農村の余剰労働力が都市に移動できるようになり、企業は彼らを雇用して内需市場で商品を売る機会を得た。**

しかし、本格的な経済成長のためには、もう一つの条件を満たす必要がある。それは製造業の積極的な育成だ。それについては、次の話でさらに詳しく見ていこう。

41 「アメ」と「ムチ」の使い分けが輸出産業を活性化させた

1950年代半ば、農業を中心に爆発的な経済成長が始まると、韓国政府は製造業の育成という課題に目を向けることになった。農業部門から始まる経済成長は、10年余りで壁にぶつかる傾向があるからだ。こうした現象が現れるのは、「収穫逓減」のためである。これについては〈15話〉の産業革命に関する話題の中で取り上げたので、ここでは説明を省略する。

農業生産の増加が「限界」に突き当たったとき、さらなる成長を誘発する突破口が製造業である。韓国で生産された農産物は、当時の人口3000万人を食べさせる助けにはなったが、これを輸出産業として育成するのは難しかった。ほかの先進国と比べて農産物価格が高価だからだ。

製造業を強化するには時間と経験が必要

結局、製造業を育成する必要に迫られたが、そのためには多くの難関がある。まず、多額の資本を投入しなくてはならず、さらに事業が成果をあげるまでに相当の時間がかかるからだ。

それを示すのが**学習曲線**だ。学習曲線とは、**生産量が増えれば増えるほど製品一個当たりの生産単価が下がる現象**のことだ。生産性とは、時間の積み重ねの結果、チームワークが噛み合って伸びるものだ。そのためには、生産量を伸ばさねばならない。

この学習曲線を理解するために、航空宇宙産業のナンバー2企業であるロッキードの例が役立つだろう。1971年夏、ロッキードは航空需要の増加に伴い注文が大量に増加すると、260～400人乗りの画期的な旅客機トライスターを製造するプロジェクトに着手した。ロッキードはこの新型航空機の生産工場を造る資金を調達するにあたって、アメリカ政府に債務保証を要請した。

しかし、工場が完成する前の1973年、アメリカ空軍のライト准将がロッキードの新型航空機開発計画は採算が取れないという悲観的展望を発表した。ライト准将はそれまでの戦闘機の生産経験をもとに、飛行機をより多く生産するほど、1機を組み立てる時間が減少するという事実に気づいていた。それだけでなく、飛行機1機を組み立てる費用も約20％減少することを明らかにした。飛行機を４機作る場合に１機当たり平均１００万ドルの費用がかかるとすると、８機の場合は１機当たり80万ドル、16機の場合64万ドルに減少するというのだ。

つまり、**労働者は作業の過程を通じてより効率的に仕事ができるようになり、そのため費用も抑えられることになる。**ライト准将の予測をもとにトライスターの平均生産費用を計算すると、ロッキードは約11年後、１０２４機目を生産して、ようやく投資の元が取れるという結論になる。

ライト准将の予測は当たった。ロッキード社は１９７０年代を通じて経営危機に陥り、80年代初めにレーガン大統領が国防費を大幅に増額したおかげで、かろうじて破産の危機を免れた。

ロッキード社の事例に見るように、工場を建ててもいつ利益が出るのか確信が持てなかったのだ。こんな状況なので、軍事クーデターで権力を握った朴正熙（パクチョンヒ）▼政権が製造業の育成を宣言しても、手を挙げる企業家は多くなかった。

効果的なアメとムチの使い分け

このとき、政府は非常に効果的な戦略を使った。つまり、「アメとムチ」である。

朴正熙
１９１７−79年。韓国の政治家、軍人。１９６１年の軍事クーデターで国家再建最高会議議長に就任し、63年から79年まで大統領を務めた。『漢江（ハンガン）の奇跡』と呼ばれる高度経済成長を実現させたと評価される一方、反民主的独裁者との批判もある。79年に側近によって暗殺された。第18代大統領の朴（パク）槿恵（クネ）は次女。

まず、企業家にとって喉から手が出るほど欲しい魅力的なアメとして、「低金利」をぶら下げた。

図7-3は、1960年代の韓国の金利水準だが、私債の金利が高いときは60％、低くても40％もあったことが分かる。農村で余剰生産物ができる状況になったからといって、これがすべて貯蓄に回るわけではなかったので、当時の経済は常に資金不足にあえいでいた。そんな中で、輸出企業に融資する銀行貸付金利を66年から72年まで6％に抑え、後に引き上げたものの、76年まで8％の線を維持したのである。

これは輸出の実績さえあれば、市場金利より50％ポイント以上も低い金利で長期の貸付を行うと約束したのと同じことだ。もちろん、表向きは輸出用の工場を建てると言っておいて、低利の貸付を使って地代を稼ごうとする企業人もいた。

実際、72年の8・3措置（国内経済にはびこる私債に対して元利子の支払いを凍結する緊急財政命令）が下されたとき、私債の貸主の30％以上が企業の株主や重役らであることが分かった。輸出をするといって銀行から貸付を受け、そのお金を私債として他の企業に貸し付け、莫大な差益を手にする事例が少なくなかったわけだ。

しかし、当時の政府はその企業が輸出さえしっかりやってくれたら問題にしなかった。反面、その企業が輸出実績をあげられそうにないときは、強力な

朴正熙大統領（在任1963-79年）

図 7-3　韓国の主な利子率の推移(1963-1976年)

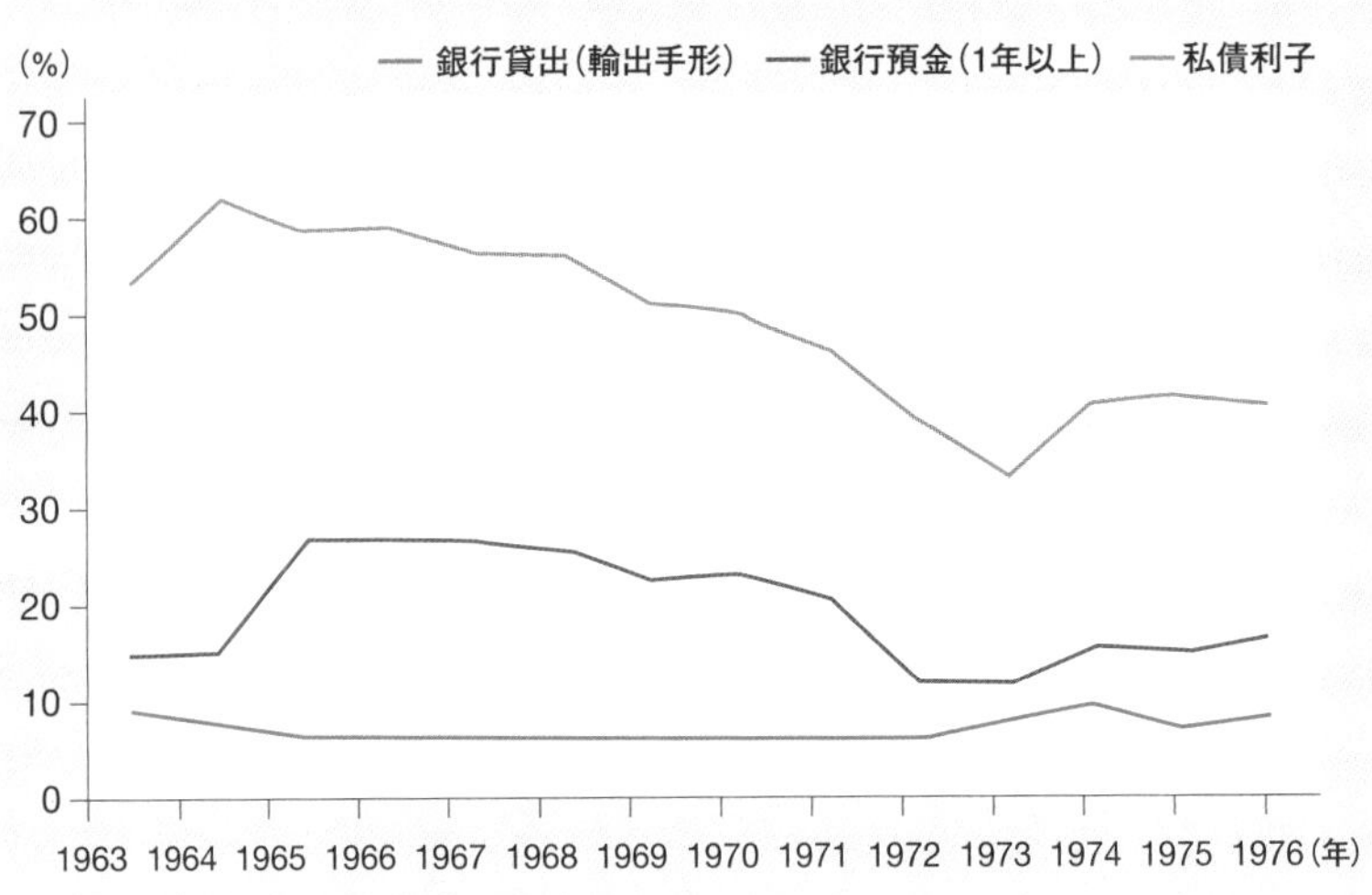

出典: キム・ドゥオルほか『韓国の経済危機と克服』大韓民国歴史博物館, 2017.

> 17世紀のイングランドを例に確認したように、借主への信頼がなく資金不足に苦しむ国では、金利が高くならざるを得ない。1960年代の韓国がそうで、私債の利子が60%にまで達していた。一方、政府が輸出企業に提供する貸出利子はわずか6%前後だったので、輸出企業のオーナーは莫大な利ざやを稼いでいた。

鉄槌を下した。

ここで「鉄槌」という言葉を使ったのは、工場建設後に輸出実績が基準に満たないと判断されたときには、成功している企業に強制的に合併させたり、国営金融システムを通じて資金を回収するのはもちろん、場合によっては破産という究極の制裁を加えたからだ。その代表的な措置は、1970年代後半から始まった「重化学工業の合理化」措置である。確かに、こうした措置は韓国政府の専売特許ではない。日本ははるか以前の1930年にドイツのやり方を研究して、合併を通じて多くの製造業部門を「合理化」し、第二次世界大戦後にはこれをいっそう加速させた。

当時の政権が果敢に推進した「輸出主導の経済成長」戦略が成功したもう一つの要因は運だった。1960年代に始まったベトナム戦争と物流革命が、東アジアの工業国に巨大な市場を提供してくれたからだ。次にこの部分を詳しく説明しよう。

42 海上コンテナ輸送が東アジアに運んできた「奇跡」

興味深い話を紹介しよう。最近、「鉄道輸送と海上輸送の単価比較」というコラムを興味深く読んだ。それによれば、アメリカ西端のロサンゼルスからテネシー州メンフィスまで物を運ぶ場合、**海運を利用すれば鉄道よりコンテナ1個当たり約2000ドルも安くつく**そうだ。

西部のカリフォルニアから東南部のメンフィスまで船で行く場合、パナマ運河を通ってミシシッピ河口のニューオリンズを経由し、さらにミシシッピ川を遡(さかのぼ)らないといけない。その総距離は約4800マイル〔約7700キロ〕にもなる。一方、鉄道を使えば約2000マイルだけ運べばいいので、距離だけ見たら海上運送のほうがほぼ2倍かかる。

にもかかわらず、海運のほうがはるかに安いとは！　どうしてこんな計算になるのだろうか。

軍事物資の輸送がコンテナ産業を躍進させた

答えは、**海上運送の分野で技術革新が続いているから**だ。新パナマックス▼級のコンテナ船を借りて長距離運送をした場合、1マイル約0・80ドルの費用で済むが、鉄道輸送だと1マイル約2・75ドルかかる。もちろん、2008年の世界金融危機を境に海上運賃が大幅に安くなったこともあるが、海上運賃がかなり上がらない限り、海上輸送の競争力の優位はくつがえらないだろう。

このように費用に大きな格差が生じた理由は、1960年代初めに登場した「コンテナ船」運送システムにある。

1960年代初頭、米軍がベトナム戦争の初戦で優位に立てず、「長期戦」の泥沼にはまったのは、補給に問題があったためだった。当時、南ベトナムは「近代的軍隊を支援するのにこれほど適さない場所も珍しい」との嘆きが聞かれるほど、劣悪な条件の下にあった。ベトナムは国土の南北の長さが1100キロメートルを超えるが、十分な水深のある港がたった1カ所しかなく、鉄道も単線が1本しかなかった。

さらに、米軍が利用できる事実上唯一の港であるサイゴン（現在のホーチミン市）も、メ

パナマックス
パナマ運河を通過できる船の最大の大きさ。閘門の寸法、水深によって決まる。貨物船を設計するときの重要な要素であり、多くの船が制限値ぎりぎりの設計で造られている。

コン川下流の三角州に位置しており、戦場から遠い上に、港湾施設は飽和状態にあった。したがって、バージ（艀）を使って沖に停泊した貨物船から弾薬を積んでくる必要があったが、この期間が10日から30日もかかった。

このような事態を前に、アメリカ政府も解決策を考えざるを得なかった。このとき、米軍のある研究チームが輸送システムの根本的な改革を提案する報告書を出した。その報告書の最初の項目にあったのが、あらゆる貨物の「梱包方法の統一」、つまり鉄製コンテナだった。**コンテナは規格が統一されており、船の荷積み・荷降ろし時間を飛躍的に削減できる。**この提案は、まだ生まれて間もなかったコンテナ産業にとって画期的なチャンスとなった。

コンテナ港が建設されると、その後はトントン拍子で進んだ。サイゴン港に代えてカムラン湾に建設されたコンテナ港へ、2週に1度の割合で約600個のコンテナが運送され、これによって在ベトナム米軍の補給問題は解決された。当時の米軍軍事海上輸送司令部の司令官は、「7隻のコンテナ船が、従来のバルクキャリアー（ばら積み貨物船）20隻分の活躍をした」と評価した。

パナマ運河を通過中のパナマックス貨物船。喫水の制限内に収めるために、一部のコンテナは荷下ろしして鉄道で運ぶこともある。

この一件で、東アジア諸国も一大転機を迎えた。ベトナム・カムラン湾への輸送を終えてアメリカに帰る空のコンテナ船が、ちょうど建設された神戸港で日本の電気製品をぎっしり積んでいったことで、アメリカに「メイド・イン・ジャパン」ブームを引き起こしたのだ。つまり、ベトナム戦争による戦争景気に加え、**運送費の劇的な削減のおかげで、日本、韓国、台湾は奇跡のような成長の機会を得られた**わけだ。

アメリカで物を作るよりも、東アジアの安価な労働力で作った製品を輸入するほうがはるかにうまみがあるという、新しい世界が開かれた。もちろん、最大の恩恵を受けたのは、安くて良質な製品が使えるようになったアメリカなど先進国の消費者だったが、東アジア三国も製造業の育成によって産業国家へと成長する足掛かりを得ることができた。

図7-4を見れば、1960年代初頭以降に韓国がどれほど飛躍的な成長をしたのかが確認できる。韓国の輸出は63年から72年にかけて年平均38・2%伸び、同じ時期の製造業の比重は13・4%から20・0%へと急上昇したのである。

図 7-4　韓国の経済成長率と輸出増加率の推移

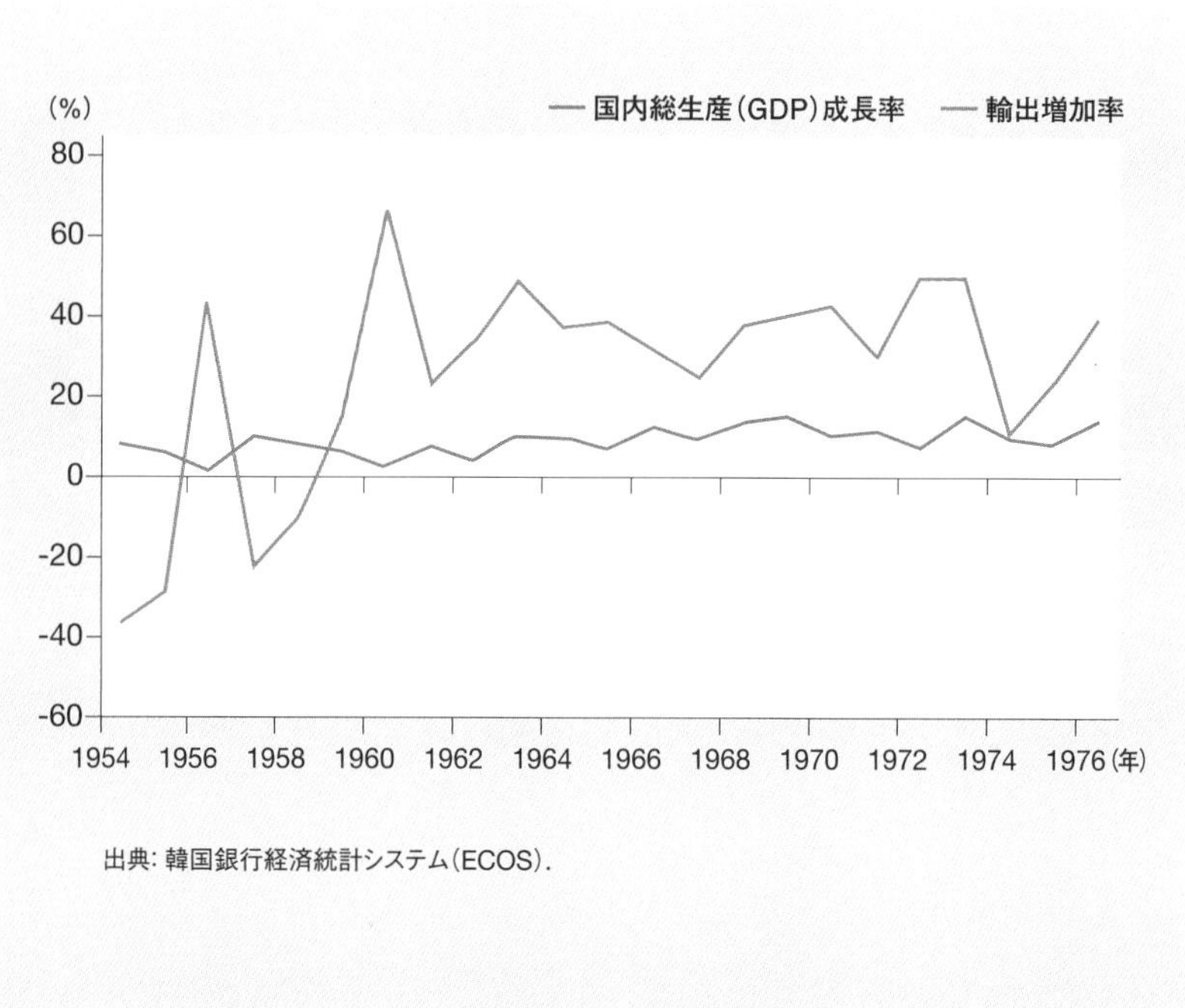

出典: 韓国銀行経済統計システム(ECOS).

1950年代は農林漁業が、1960年代は輸出が韓国の経済成長をリードしていたことが一目で分かる。韓国の輸出は1963年から1972年まで年平均38.2%増加し、同時期の製造業の比重は13.4%から20.0%に急増した。

43 20世紀末の韓国はなぜ「通貨危機」に陥ったのか？

先日、面白い映画を見た。1997年の韓国通貨危機▼の一部始終を描いた『国家が破産する日』▼だ。ところで、エコノミストの目から見ると、内容のほとんどに同意できず、少々もどかしい思いがした。1997年の通貨危機はなぜ発生したのだろうか？　筆者は**固定相場制を維持しながら金融自由化を進めた政府に、危機の最大の責任がある**と見ている。

1990年代の韓国のように、外国と活発に貿易を行い資本が自由に行き来する一方で、労働力の移動には制約を加える小さな国を想像してみよう。

ある日、この国の主力輸出品（たとえば半導体）の価格が暴落し、輸出が急減すると何

韓国通貨危機
1997年に韓国が経験した国家破綻の危機。この年、韓国では財閥系大企業の破綻が相次ぎ、金融機関の不良債権が累積した。韓国経済の信用が低下する中、タイからの通貨危機が波及し、11月17日、都市銀行5行が外貨決済不能に陥り、ウォンが急落した。韓国はIMF（国際通貨基金）に支援を要請し、IMFは史上最大規模の210億ドルの融資を決定。日本やアメリカなどからも含め、融資総額570億ドルにのぼった。

が起こるだろうか。まず雇用と国内総生産が縮小するだろう。そして輸出の減少によって大幅な経常赤字が発生する。さらに、その衝撃に対応して中央銀行が金利を引き下げ、この国に投資されていたお金が一斉に海外に流出するはずだ。

経常収支と資本収支が同時に悪化するので、外貨が大幅に不足し、自国通貨はドルに対して安くなるはずだ。

もし不幸にもこの国が**固定相場制**を取っていれば、この国の通貨当局は保有している外貨を市場に売り出して、自国通貨を集めなければならない。その結果、通貨供給が減少すると総需要がさらに縮小するので、生産量が低下して失業が増大する。

運よく「不況によって」経常赤字が速やかに解決されればよいが、経常収支改善のスピードが遅いと、この国が保有する外貨が底をつく恐れがあり、国際通貨基金（ＩＭＦ）に資金支援を要請するなど、深刻な危機に直面することになる。

一方、この国が為替レートの下落をそのまま放置する**変動相場制**を取っていれば、外貨との交換レートが急騰することで製品の価格競争力が強化されて、輸入が減少して輸出が増加することになる。

また、通貨当局も固定相場制の維持のために通貨供給量を減らさなくてもいいので、輸出需要が減少しても総需要は減少せず、国内景気が委縮することもないだろう。もちろん、ドル建ての国民所得は下がるかもしれないが、ＩＭＦに資金支援を要請するよう

『国家が破産する日』
２０１８年にヒットした韓国映画。１９９７年に韓国を襲った国家破産の危機（通貨危機）を、立場の異なる３人の視点から描いている。「国家破産という、国民の誰もが耳を疑うほどの未曽有の危機が迫ったとき、国民を守るべき政府は何をしたのか？　彼らは何のために事実をひた隠しにし、その裏でどんな画策をしていたのか？　多くの自殺者まで出した危機の裏側を赤裸々に暴いた問題作」（同作公式サイトより）

な事態には至らないはずだ。

つまり、１９９７年に韓国で通貨危機が起こったのは、**金融市場を開放しながら固定相場制を維持**していた当局の失敗のせいだ。

韓国で実際に起こったこと

図7-5は１９９７年前後の韓国の経常収支と金利の動きを示している。経常収支が急激に悪化した95~96年にかけて金利がむしろ下落していることが分かる。当時のグリーンスパンＦＲＢ（連邦準備制度理事会）議長が公定歩合を引き上げたことを考えると、経常赤字が日に日に拡大する中で利下げを行ったことが、果たして妥当だったのかは疑問だ。

もちろん、通貨危機以前の通貨政策は、「金利」の調整よりも「通貨量」の調節に重きが置かれていたので、90年代半ばの金利の下落は必ずしも政府のせいとばかりは言えないかもしれない。

金融市場が開放され、総合金融会社▼が海外から低金利で資金を調達できるようになるにつれ、市場金利が下落したのも事実だからだ。

しかし、95~96年当時の月間総通貨（Ｍ２）供給の増加率を見ると、平均で20・４％を記録しており、当時の政策当局がかなり積極的な通貨拡

総合金融会社
主に海外の資金および中長期ローンを国内に仲介する目的で、１９７０年代後半に設立された韓国独特の金融機関。

「金製品集め運動」の様子（1998年1月6日）。1997年の通貨危機の際、国民たちが国の借金返済にあてるために自発的に手持ちの金製品を差し出しウォンと交換した。当時集まった金は約227トンで、これは約21億3,000ドルに相当する。

大政策を取っていたことが分かる。結局、90年代中ごろの低金利環境は、**金融市場の開放だけでなく豊富な通貨供給が相当な影響を与えた**と見てもいいだろう。

固定相場制は為替レートを安定的に維持できるという長所があるが、金利政策の手を縛ることになる。もちろん、中国のように資本市場を開放せず統制している場合は、アメリカが政策金利を引き上げてもいくらでも金利を引き下げることができる。しかし、韓国は92年から資本市場を徐々に開放していた。

ここで、その当時に韓国株を買った外国人の立場になってみよう。韓国に割安な優良株が多いと聞いて、92年から着々と投資額を増やしてはいたものの、経常収支が悪化しつつある点が気にかかっていたはずだ。加えて政府は為替レートを市場に任せる変動相場制を取っていなかったのに、現金の貸付と預金金利の引き下げを誘導していた。

この場合、投資家の立場としては、信じられるのは企業の実績だけだった。だが、96年下半期にアメリカの半導体アナリストが「DRAM〔パソコンのメインメモリーに使われる半導体の一種〕の需給のアンバランス」に言及し、半導体株の売却を進めたら？　読者ならどう行動するだろうか。

結局、97年9月から外国人投資家までが株式市場から離脱し、1カ月後の10月に韓国はIMFに支援を求めた。さらには、90年から日本経済のバブルが崩壊し、日系金融機

図 7-5 1997年前後の韓国の経常収支と金利の推移

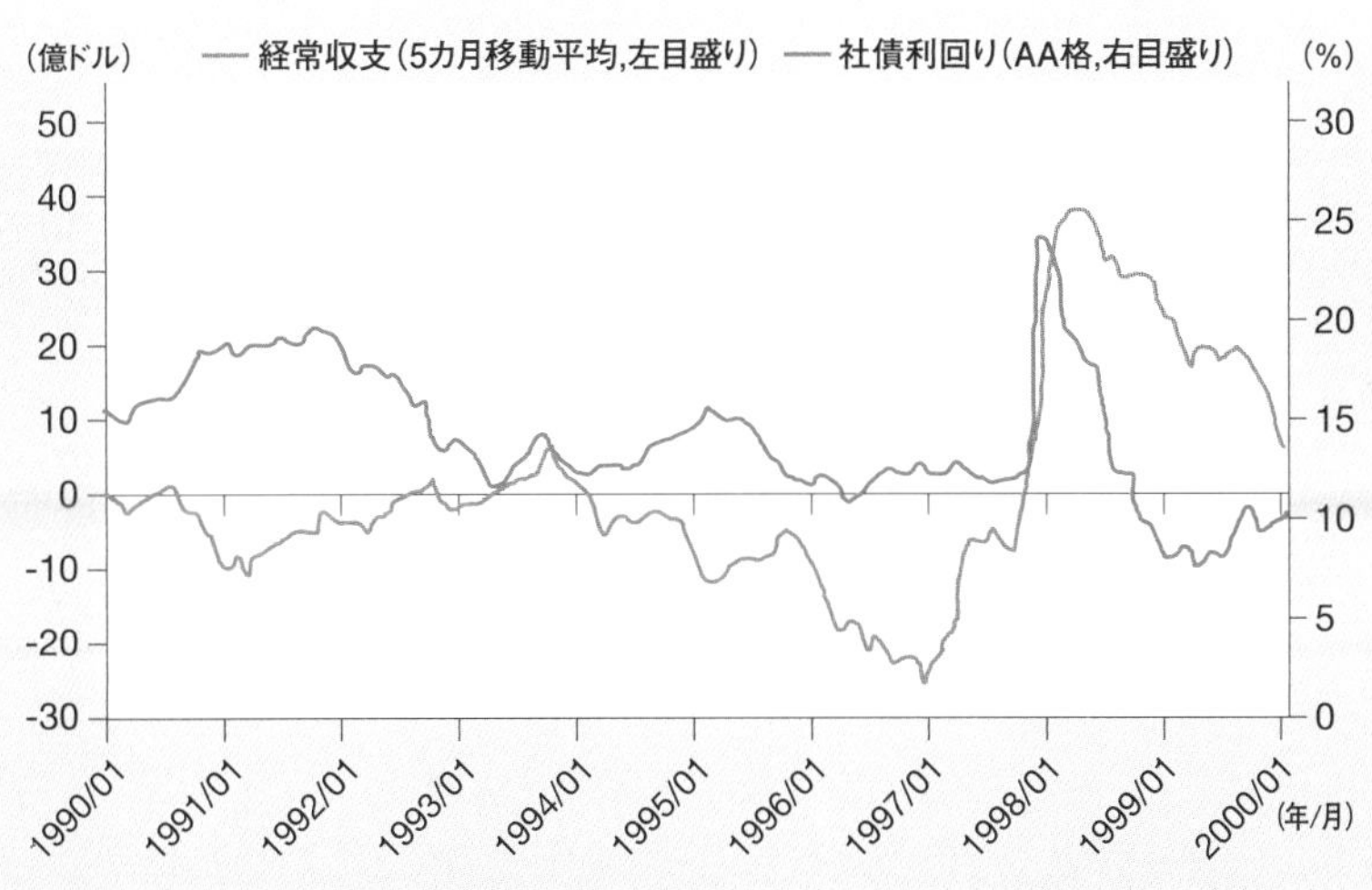

出典: 韓国銀行経済統計システム(ECOS).

1995 年を境に韓国の経常収支は急激に悪化したが、社債の利回りは史上最低水準だった。経常収支の悪化で外為市場の交換レートが上昇しているときに利下げなどの緩和政策を行うと、外貨準備高が急激に低下する可能性が高まる。もちろん、1997年7月にタイから始まったアジア通貨危機がなければ、韓国の通貨危機もなかったかもしれない。だが、体力が落ちたときに風邪を引くと肺炎にかかりやすいのと同様、外貨需給が逼迫した状態で起こった外部の悪材料のために、韓国経済は歯止めの利かない悪循環に陥ることになった。

関がアジア諸国への貸付を減らしはじめたばかりか、97年7月のタイ通貨危機以降、他の国にも危機が広がるかもしれないとの懸念が広がり、悪影響を被った。

これがもし、当時の政府が95年、いや96年下半期にでも**金利引き上げなどの緊縮財政**に踏み切り、せめて97年7月にでも**変動相場制に移行**してさえいれば、IMFに支援を求めるような事態は招かずに済んだだろう。

44 「金融の自由化」によって大きく変わった中央銀行の役割

〈43話〉の内容に同意できない読者も多いかもしれない。通貨危機の直前に鉄鋼、建設、自動車、重工業、住宅建設、土建など、各業界の企業が続々と破産するなど、企業の危機が先立ったのも事実だからだ。

筆者も、輸出実績さえあれば低金利で貸付を受けられる1960年代以来の古いシステムが供給過剰を呼び、企業の連鎖的な不渡りの一因となったことは否定しない。ただ、過去にもこの程度の危機はしばしばあったことを指摘したいだけだ。

1972年の「8・3措置」に始まり、80年の第二次オイルショックなど、多くの困難にぶつかるたびに、政府は為替レートを迅速に調整して危機を脱してきた。図7-6

を見れば、71年と80年に自国通貨の対ドルレートを段階的に調整していることが分かる。
通貨危機の原因についてはここまでにして、通貨危機後の経済がどんな方向に向かったのかを見てみよう。

金融の自由化で拡大した中央銀行の役割

筆者が見るに、1997年の通貨危機後に現れた最大の変化は**金融の自由化**だ。それ以前は政府が決めていた「為替レート」と「金利」が、通貨危機以降は市場の需要と供給によって決まることになった。この二つが経済に大きな変化をもたらした。最も重要な変化は、**中央銀行の役割がこれまでになく大きくなった**点である。

資本市場を開放した国が固定相場制を取っているときは、大半の国の金利が基軸通貨国であるアメリカの金利に従属している現象が見られる。こうした現象が起こるのは、為替市場の変動性が「0」に近く、裁定取引が行われやすいからだ。

たとえば、1個100円で買ったリンゴを、通りの向かい側で200円で売れるなら、誰もがそうするだろう。しかし、みんながこうした機会を利用すれば、それにつれてリンゴの価格は調整されるので、価格差が出る状況は長くは続かないはずだ。このような「リンゴの取り引き」のように、**ある市場で資産を買って他の市場でその資産を売ることで利益を得るやり方を「裁定取引」**という。

図 7-6　1965年以降のドル / ウォン為替レートの推移

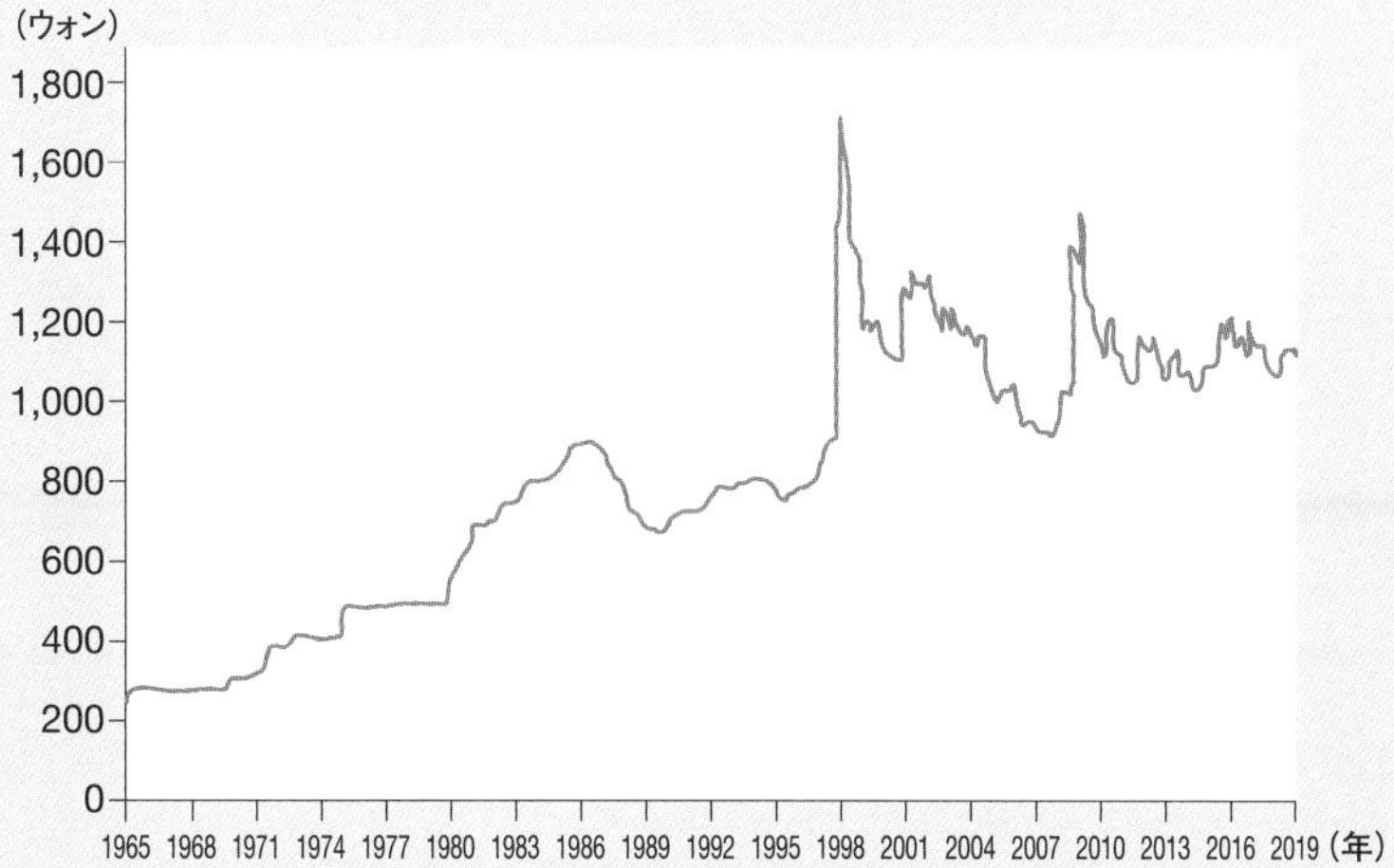

(ウォン)
1,800
1,600
1,400
1,200
1,000
800
600
400
200
0
1965 1968 1971 1974 1977 1980 1983 1986 1989 1992 1995 1998 2001 2004 2007 2010 2013 2016 2019 (年)

出典: 韓国銀行経済統計システム(ECOS).

固定相場制(または管理変動相場制)の下ではドルとウォンの交換率は固定されていると思いがちだが、現実にはそうではなかった。1960年代から1980年代初頭まで、韓国政府は経常収支が悪化して輸出競争力が弱体化したと判断すると、そのたびにドルに対するウォンのレートを切り下げていた。

固定相場制のもとでは、金利の格差を利用した裁定取引が容易にできる。たとえば1ドル1000ウォンというレートが固定されている場合、アメリカの金利が3%で韓国の金利が1%だと、韓国でお金を借りてアメリカで預金すれば2%の差益を得られる。

さらに、この**取引主体の金融機関の信用度が高ければ、裁定取引を継続することができる**ので、韓国のお金は際限なくアメリカに流出することになり、結局は韓国の金利もアメリカと同じ水準まで上がるしかない。

なので、資本市場を開放した国が固定相場制を取っていると、中央銀行には存在感がない。中央銀行の主な任務は、突然の金融危機に銀行や政府に緊急融資をしたり、銀行の健全性を監督したり、中央銀行券を発行することに限られる。

景気変動の幅が緩やかになった

しかし、1997年から変動相場制に移行したことで、中央銀行は非常に重要な「手段」を一つ手に入れた。それは政策金利である。

1年でレートが50～100ウォンも動くので、二国間の金利に1～2%の差があっても対して影響を与えない。だから韓国の中央銀行は、アメリカの中央銀行の金利が何パーセントかにとらわれずに金利を自由に調節できるようになったのだ。そして、中央銀行の金利の動きは即座に経済に影響を与えることになる。**金利を下げれば市場の通貨供**

給が増えて好況になり、反対に金利を上げれば通貨供給が減って不況になる（〈29話〉で扱ったベビーシッター組合の事例を思い出してもらえばいいだろう）。

この結果、景気変動の幅は97年以前と比べて、ずっと緩やかになった。言い換えると、**経済成長率の上下幅が以前よりも小さくなった**のだ。

代表的な事例が２００７年の世界金融危機だ。アメリカなど先進国の経済が危機に瀕して輸出が委縮したにもかかわらず、韓国経済は08年に２・８％、09年にも０・７％の成長を達成した。09年から始まった財政拡大政策が成長率の急落を防ぐのに寄与したことも確かだが、中央銀行が08年秋に速やかに利下げを断行していなければ、経済はもっと大きな衝撃を受けていたことだろう。

真の意味での金利自由化が実現した

変動相場制への移行に加えて、**金利が自由化**されたことも、景気全般に大きな変化をもたらした。

通貨危機以前にも、政府は徐々に銀行金利の自由化を進めつつあったが、当時は輸出企業でない限り銀行の貸付を受けるなど夢のまた夢だったので、「金利の自由化」は絵に描いた餅だった。しかし１９９７年の通貨危機以降、いくつかの銀行が海外投資家に買収され、さらに銀行同士の競争が激化したことで、真の意味での金利自由化が達成された。

金利自由化以前の状況については〈41話〉で述べた通りだ。経済が急成長して年30％以上の名目成長率を実現していたが、輸出企業への貸付金利は6％前後だった。

このような状況で、何が起こるだろうか。「8・3措置」で明らかになったように、能力のあるごく少数の人が、低利で借りたお金を高利で貸付に回したのだ。もちろん、当時は輸出製造業の育成に注力していたので、輸出企業に対して低利の貸付をするのは非常に真っ当で効率的な政策ではあった。

しかし、経済が成長して製造業に十分な競争力がついた後も、本当に低利の貸付が必要なのだろうか。

発展の初期段階においては、低金利などのさまざまなサポートが必要だが、ある程度まで競争力がついたら、競争を促進させる方向に持っていくほうが望ましい。特に、力のない企業に低利の貸付をすれば、まかり間違えば1997年のときのような危機に陥ることもある。したがって、**経済が中進国レベルを超えたら、次は金利自由化が必要となる**のだ。

競争力があって債務不履行の危険が低い企業には低利で貸付

日本の植民地期、ソウルの明洞（ミョンドン）にあった朝鮮貯蓄銀行（右）。1929年に設立され、1958年に第一銀行と名称を変更した。1998年通貨危機のIMF金融支援に際して公的資金が投入された後、2005年にイギリスのスタンダードチャータード銀行に売却された。左のビルは1930年開業の三越京城店（現在は新世界百貨店本店）。

を行い、競争力があまりなくて財務構造が脆弱な企業には高い利子を取れば、1997年のような「過剰投資」の危険は自ずと消えるはずだ。

また、自ら投資プロジェクトの確実性と収益性の高さを吹聴するような企業であれば、金利が高くても進んで資金を借りようとするだろう。その結果、市場の資金は以前よりもずっと効率的に配分されるようになる。

1997年通貨危機の直後を除いて大規模な企業グループの破産が減少し、銀行経営もはるかに健全になったことが、このことを裏付けている。ちなみに、2018年11月現在で韓国の銀行の延滞率はわずか0・60％であり、最もリスキーな企業貸付の延滞率も0・86％にすぎない。1998年には銀行の企業貸付延滞率が8・0％だったことを思えば、隔世の感がある。

このように**銀行経営が健全化し、企業の利子延滞が減ると、市場金利も下がる。**イギリスで1688年の名誉革命後に政府が不渡りを出さなくなると利率が低下したように、社会全体の透明性が高まるにつれて金利が下がるのは至極当然のことだ〈01話〉参照)。

もちろん、通貨危機後の経済がいいことずくめだったわけではない。次の話では、通貨危機後に見えてきた問題点を取り上げる。

45 企業の経常収支は黒字でも「景気がよくならない」のはなぜ？

通貨危機以来、企業の財務体質が健全化し、市場金利が低下するなど、肯定的な側面を強調してきたが、それに異論をとなえる人もいる。韓国の国内景気について言えば、1997年の通貨危機以前と比べて、通貨危機以降には好況を呈したことがないからだ。

では、なぜ経済が成長して企業の利益が改善されたにもかかわらず、景気はよくならなかったのか？　その原因は、**経常収支の大幅な黒字**にある。経常収支の推移を示した**図7-7**を見ると、97年の通貨危機以降、ただの一度も赤字の年はなかった。さらに2010年以降には、GDP（国内総生産）比で4～8％の黒字が続いていることが分かる。問題は、このような**経常黒字が続くときには国内景気が悪化するケースが多い**とい

GDP ＝消費＋投資＋輸出－輸入……①

右辺の「消費」を左辺に移項する。

GDP －消費＝投資＋輸出－輸入……②

左辺「GDP －消費」は経済の立場から見ると貯蓄のことだ。

そして右辺の「輸出－輸入」は経常収支に当たるので、③が導かれる。

貯蓄＝投資＋経常収支……③

③の右辺の「投資」を左辺に移項すると下記になる。

貯蓄－投資＝経常収支……④

うことだ。

このことを理解するには、GDPの構成について知る必要がある。上の計算式を見ていただきたい。

式④が意味するところは単純だ。**経常収支が大幅な黒字にあるということは、貯蓄よりも投資が少ないことを意味する。**こうした現象が現れた理由は、通貨危機以来、個人や企業が未来に不安を抱いたからに他ならない。名だたる大企業までがあえなく破産し、大量の失業者が生まれる様子を目の当たりにしたトラウマのせいで、**消費や投資を控えた結果、大幅な経常黒字が発生した**のである。

しかし問題は、自分の消費は他人の「売り上げ」だという点だ。**つまり、慢性的な経常黒字が生まれるということは、内需の比率が高い企業の経営環境が悪化することを意味し、それは投資と雇用**

図 7-7　韓国の経常収支の対GDP比率の推移

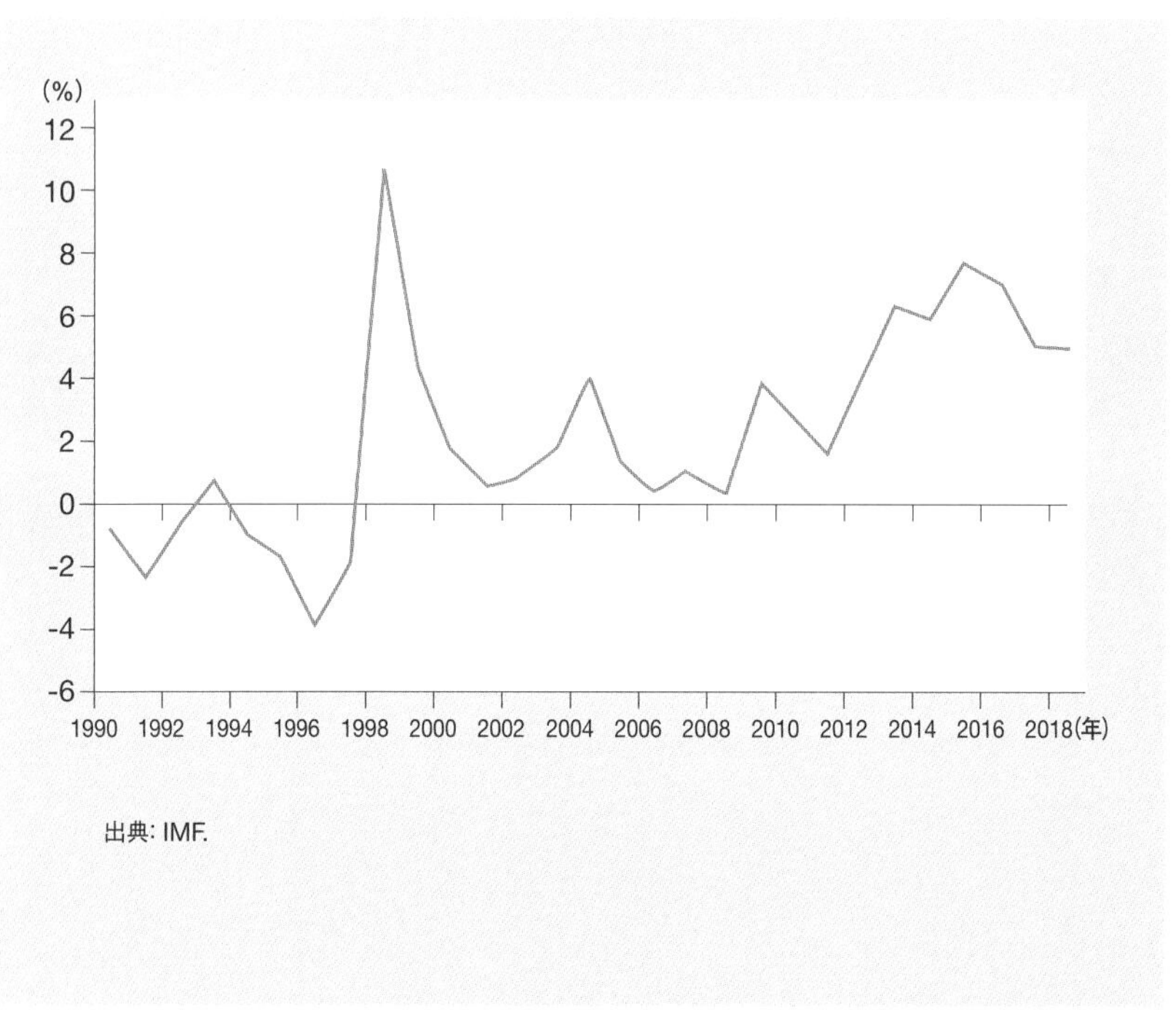

出典: IMF.

経常収支の対GDP(国内総生産)比率を見ると、黒字幅がどんどん拡大している。こうした現象が現れるのは、ウォンの価値が相対的に低評価されていることもあるが、通貨危機以来、未来への展望が不透明になったことで家計の貯蓄が増加する一方、企業の投資が委縮したことが大きく影響している。

の委縮へとつながる。したがって近年の雇用不安の原因は、１９９７年の通貨危機以降、個人と企業の経済活動が消極的になっているせいだと見ることができる。

財政支出を拡大して経済活性化と雇用拡大をめざせ

では、どうしたらこの問題を解決できるのか？　人間の心理を変えることは難しいし、時間もかかる。なので、確実な処方箋は簡単には見つからない。ただ、財政支出拡大という方策は考えられるだろう。

２０１８年現在、韓国政府の財政収支は対ＧＤＰ比で１％台中盤の黒字と推定されており、政府債務も対ＧＤＰ比で12・２％にすぎない。政府はこの健全な財政を活用して企業の投資を促すようなインセンティブを提供し、公共部門での雇用をつくる一方、生産性の向上が期待される社会間接資本に積極投資する必要がある。

確かに１９９７年通貨危機のトラウマのせいで、健全財政へのこだわりがあるのも事実だろう。しかし、ＧＤＰ比の経常黒字の規模は次第に増えつつあり、国内景気の冷え込みが長引くのを放置していると、長期的に見て税収基盤がさらに縮小する恐れもあるだろう。

経済の舵取りに苦心する文在寅（ムンジェイン）大統領。

PART7

教訓

景気回復のためにこそ「健全な財政」を手放す勇気をもて

1997年の通貨危機は韓国経済に多大な影響を与えた。変動相場制が導入されて、金利政策に対する中央銀行の影響力が増大し、企業と金融機関はかつてないほど健全化した。しかし、企業の投資が振るわない中で緊縮政策が取られ、大幅な経常黒字と財政黒字が生まれ、国内景気は沈滞の泥沼から抜け出せないでいる。

このように内需が不振なときは、二つの対策が考えられる。一つは、**積極的な利下げを通じて市場に流動性を与える**ことだ。しかし、2015年から1%台へと金利が下がり、不動産価格だけが上昇するなど、市場に深刻なアンバランスが発生してしまった。結局、国内景気の沈滞を防ぐ二つ目の対策は**政府の財政政策**に任されたわけだが、図7-8に見る通り、16年から3年連続で財政黒字を出しており、しかもその規模は日に日に拡大する勢いだ。

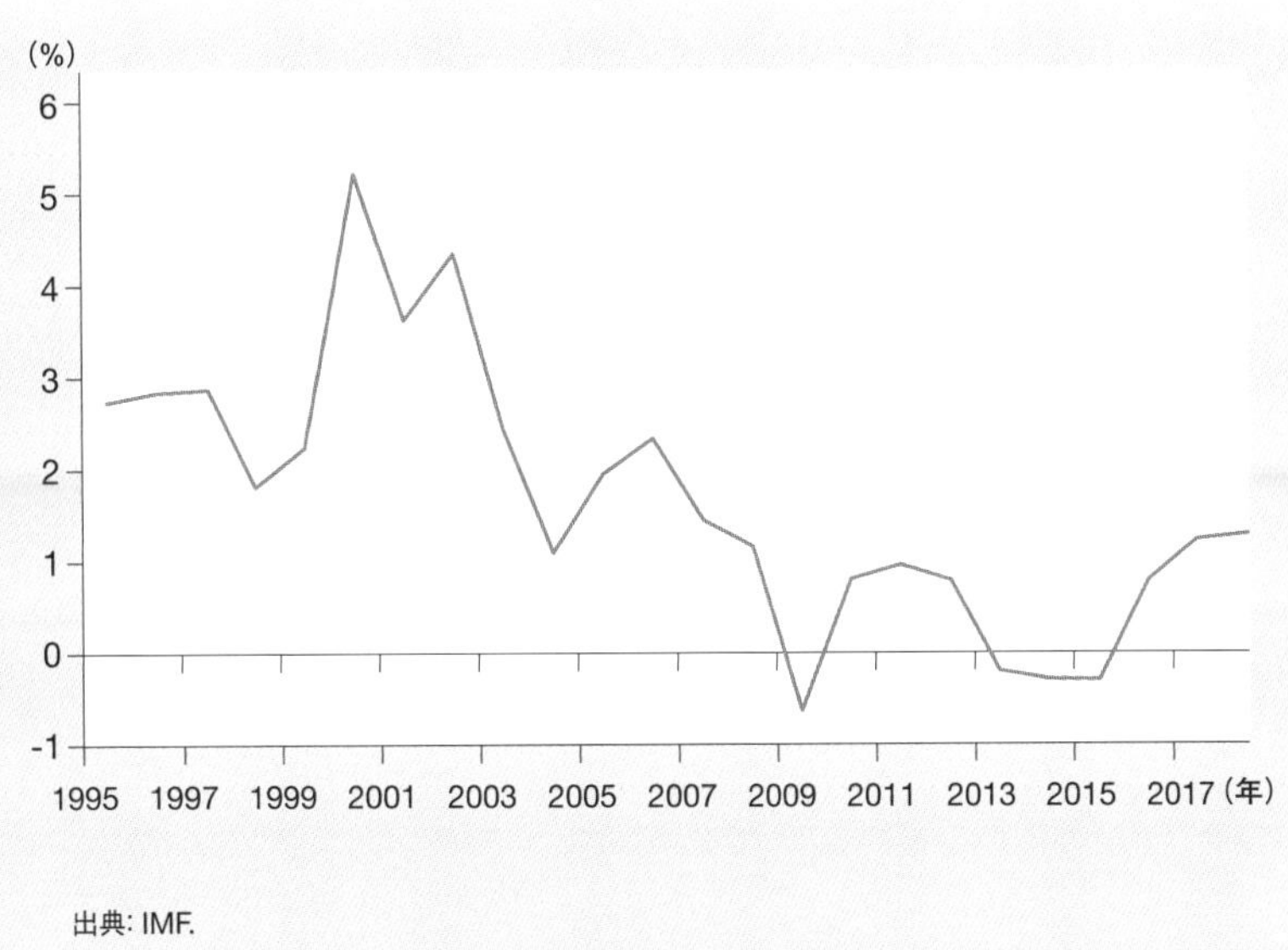

出典: IMF.

韓国の財政収支（対GDP比）の推移を示したグラフ。財政収支がほとんどの年で黒字になっている。財政収支が黒字ということは、政府が税収を使い切っていないことを意味するので、一種の緊縮財政政策を取っているわけだ。だが、経常収支が慢性的な黒字に見るように家計の貯蓄率が高く企業の投資が振るわない中にあって、政府までもが財政を引き締めることが妥当なことなのかについては、検討が必要だろう。

もちろん、高齢化に伴い福祉関連支出が増大していく可能性はあるし、いったん実行した福祉政策を取りやめれば政権の責任問題にもなるので、できるだけ財政支出を増やしたくないという気持ちは分かる。

しかし、**内需が次第に干からびて、若年層の失業問題が慢性化すれば、税収の基盤までが失われる恐れがある**ことにも目を向けるべきだろう。

PART8

「アフター・コロナ」の世界経済

46 どうすれば世界は「コロナ不況」を乗り越えられるか？

2001年9月11日、史上類を見ない同時多発テロが発生したとき、筆者は新米のエコノミストだった。株価、為替レート、金利などの主要指標の予測を仕事にしていたが、生まれて初めての経験にパニックになったのはある意味当然だったと思う。当時一生懸命書いた報告書は、見通しが的外れで役に立たなかった。

そのときの報告書やインタビューの内容を簡単にまとめると、次のようなものだ。

――9・11テロで経済活動はかなりのダメージを受けるだろう。したがって消費マインドが大きく冷え込む恐れが強く、消費の委縮は企業の連鎖倒産や大量失業につな

——がり、不況が長期化する可能性が高い。

最近も、**コロナ禍が経済に及ぼす影響**について、これと似た話をよく耳にするのではないだろうか。だが、同時多発テロのとき、経済は新米エコノミストの見通しのようには展開しなかった。

同時多発テロ後、経済成長率と株式市場は急反発した

図8-1は「9・11テロ」前後の株価指数と経済成長率の関係を表している。図の青線は株価を示しており、2001年末にパニックを起こし急落していることが分かる。しかし、その後に起きたことは、予想とまったく違っていた。**経済成長率が急反発し、株式市場もその後半年にわたって30％近く上昇した**のだ。

2001年10月にエンロン事件が起こり株価は再度下落したものの、経済は引き続き堅調だった。ちなみにエンロン事件とは、世界的エネルギー企業であるエンロン社が長期にわたって粉飾決算を続けてきたことが明るみに出て破産した事件のことだ。最近「中国のスターバックス」と言われたラッキン・コーヒー▼の粉飾決算スキャンダルを見て、エンロンを思い出した人も多いだろう。

これがラッキン・コーヒーだけのスキャンダルに終わらず、他の企業も続々と「粉飾

ラッキンコーヒー
瑞幸珈琲。2018年1月に北京に1号店をオープンし、中国全土で4500店舗を持つまでに成長したが、20年4月2日、売上高を日本円で約336億円（19年4〜12月）過大報告する不正を行ったことを認めた。981店舗の来店客数を監視カメラで1万時間記録、2万5000枚のレシート、SNSの会話記録などを分析した匿名の報告書が改ざん発覚の発端となった。

図8-1　9.11テロ前後のアメリカの株価と経済成長率

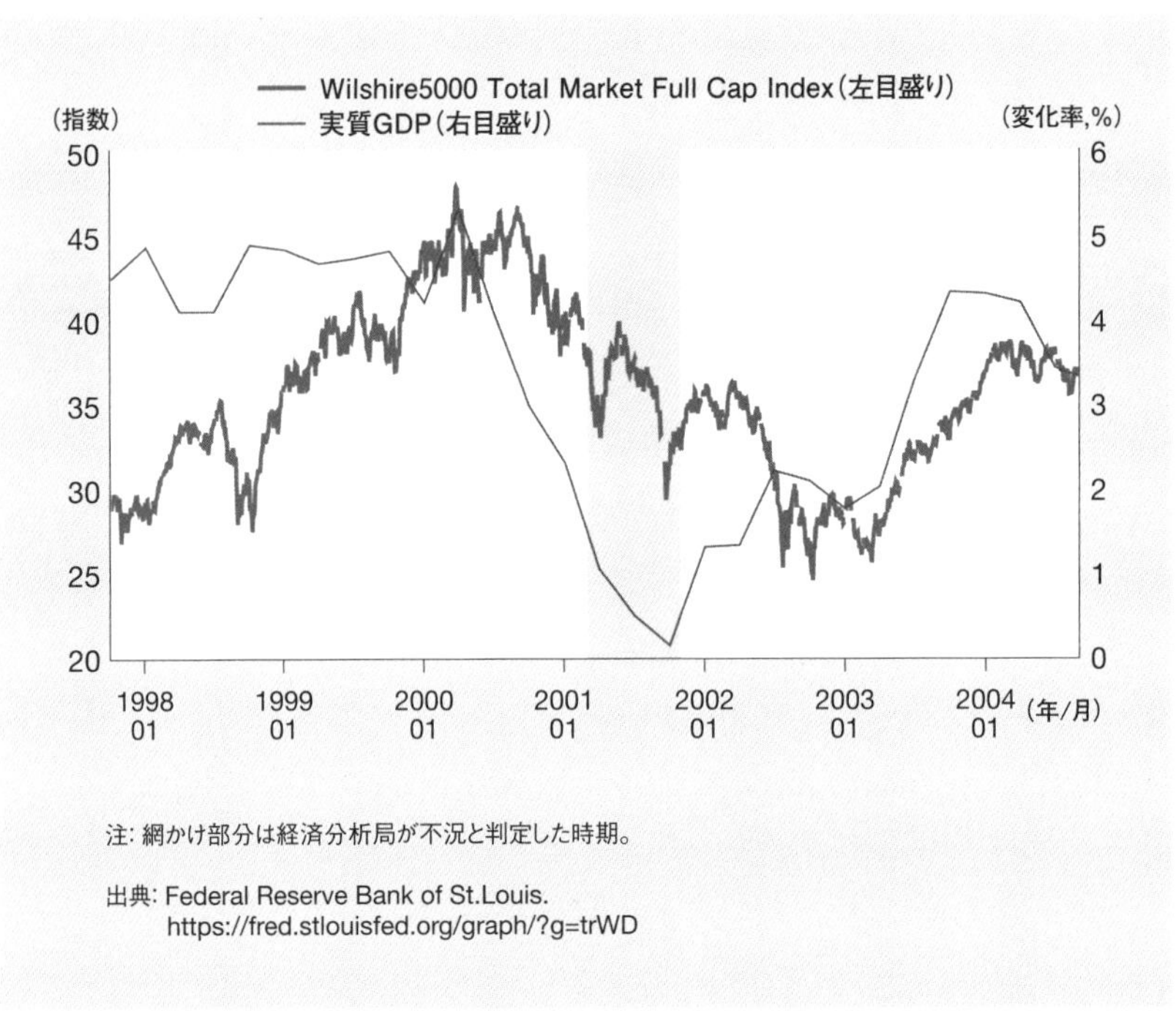

注：網かけ部分は経済分析局が不況と判定した時期。

出典：Federal Reserve Bank of St.Louis.
https://fred.stlouisfed.org/graph/?g=trWD

「9・11テロ」前後の株価指数と経済成長率の関係を表している。図の青線は株価を示しており、2001年末にパニックを起こし急落していることが分かる。しかし、その後に起きたことは、予想とまったく違っていた。経済成長率が急反発し、株式市場もその後半年にわたって30%近く上昇したのだ。

決算」を告白していたら、株式市場は２００２年のようなW字型を示したかもしれない。株価が回復しかけて再度下落することは、思ったより多い。

株価チャートにダブルボトムが出現する要因は大きく分けて二つある。一つ目は、**大型の景気浮揚策の効果が薄れて再び景気悪化への懸念が生じる**こと、二つ目は、**株価の下落局面で長い好況の間に隠れていたさまざまな問題が噴き出す場合が多い**ことだ。

２００１年のエンロン事件、２００８年のバーナード・マドフ▼による巨額詐欺事件などが後者の代表的なケースだ。もちろん、ラッキン事件はエンロン事件と比べればかなり小規模なものだ。それでも過去10年にわたる持続的な株価上昇の中で、どれだけ多くの企業が問題点の隠蔽（いんぺい）や放漫経営を行っていたのかは、時間がたってみないとなんとも言えないだろう。

投資の鬼才ウォーレン・バフェットは、まるで昨今のマーケットの状況を言い当てたかのような格言を残している。

「プールの水が抜けて初めて、誰が裸で泳いでいたのかが分かるものだ」

同時多発テロ後、なぜ経済は回復できたのか

ここで多くの読者が疑問を抱くだろう。ニューヨークの世界貿易センタービルやワシントンの米国防総省などの重要施設に対する同時多発テロによって、日常的な経済活動

バーナード・マドフ
(Bernard Lawrence Madoff)
１９３８年生まれ。史上最大級の巨額詐欺事件の犯人。バーナード・マドフ証券投資会社の会長兼CEOとして30年にもわたって多くの富豪・資産家をだまし続け、巨額の金融詐欺事件を引き起こした。サブプライムローン危機による株価の下落により不正が発覚し、２００８年12月に逮捕された。

が全面的に停止したにもかかわらず、なぜ経済は回復したのだろうか。

その理由は、すなわち**「政策」と「戦争」**だ。連邦準備制度理事会、すなわちアメリカの中央銀行が金利を1%まで引き下げ、ブッシュ政権が「テロとの戦争」を宣言してイラクとアフガニスタンに大規模な派兵を行ったことが経済回復の起爆剤となったのである。つまり、**中央銀行が金融緩和によってインフレ期待をあおり、「テロとの戦争」で敵を明確に定めたことが、経済成長を誘発した**のだ。

もちろん、今回のコロナショックが2001年と異なる経過をたどる可能性は否定できない。最大の懸念は1918年のスペイン風邪の経験が繰り返されることだが、次にそのことについて詳しく見ていこう。

47 100年前の「スペイン風邪」で得た教訓を思い出そう

新型コロナは経済にどんな影響を与えるのだろうか。それを知るには、過去の伝染病の経験を振り返ってみる必要がある。特に1918年のスペイン風邪▼のケースは、多くの示唆を与えてくれる。もちろん、今回は新型コロナウイルスであり、スペイン風邪は鳥インフルエンザであったという違いを考慮する必要がある。

図8-2は1918年のスペイン風邪流行当時、米コロラド州デンバー市で起こった出来事を表している。縦軸は毎週の超過死亡数（10万人当たり）、つまり平年の同期間と比べてどれだけ多くの死者が出たかを測定したものだ。横軸の一番上の黒い棒は学校閉鎖の時期を表しているが、18年11月に死者が減少したタイミングで学校が再開されている

スペイン風邪
1918-20年に世界各国で多数の死者を出したインフルエンザによるパンデミックの俗称。スペインでの流行が大きく報じられたことに由来する名称で、スペインが発生源ということではない。世界中で5億人（当時の世界人口の約4分の1）が感染したとされる。死者数の推計は2000万～5000万人と幅がある。

ことが分かる。

だが残念なことに、このときを境に再びインフルエンザによる死者（超過死亡数）が爆発的に増加した。甘い判断のせいで多くの命が奪われたのだ。一時は週当たりの超過死亡数が70人を超えるまでに達したのを見れば、第2波がいかに大きな被害を与えたかが分かる。

１９５７年のアジア風邪も、１９１８年のスペイン風邪と似たような経過をたどった。57年初頭に中国雲南省で始まったアジア風邪は、２月から８月にかけて世界中に広がった。57年末に収束したかと思いきや、58年初めに欧米で再流行し、４月までに計１１０万人の死者を出した。

もちろん、１９１８年と57年に起こったことが今回も再現されるという主張には無理がある。それは他でもなく、医療技術や衛生条件が当時と比べてはるかに改善されているからだ。新型コロナの発生直後から世界中の多くの製薬会社が特効薬の開発に乗り出したので、２００９年の新型インフルエンザ（Ｈ１Ｎ１）のときのように再感染・死者の爆発的増大にはつながらない可能性も十分にある。

パンデミックとの戦いは時間との戦い

だが問題は「時間」だ。特効薬の開発と大量生産が短期間で実現できなければ、世界

図 8-2　スペイン風邪流行時のデンバーにおける週当たり超過死亡数の推移（1918年9月以降）

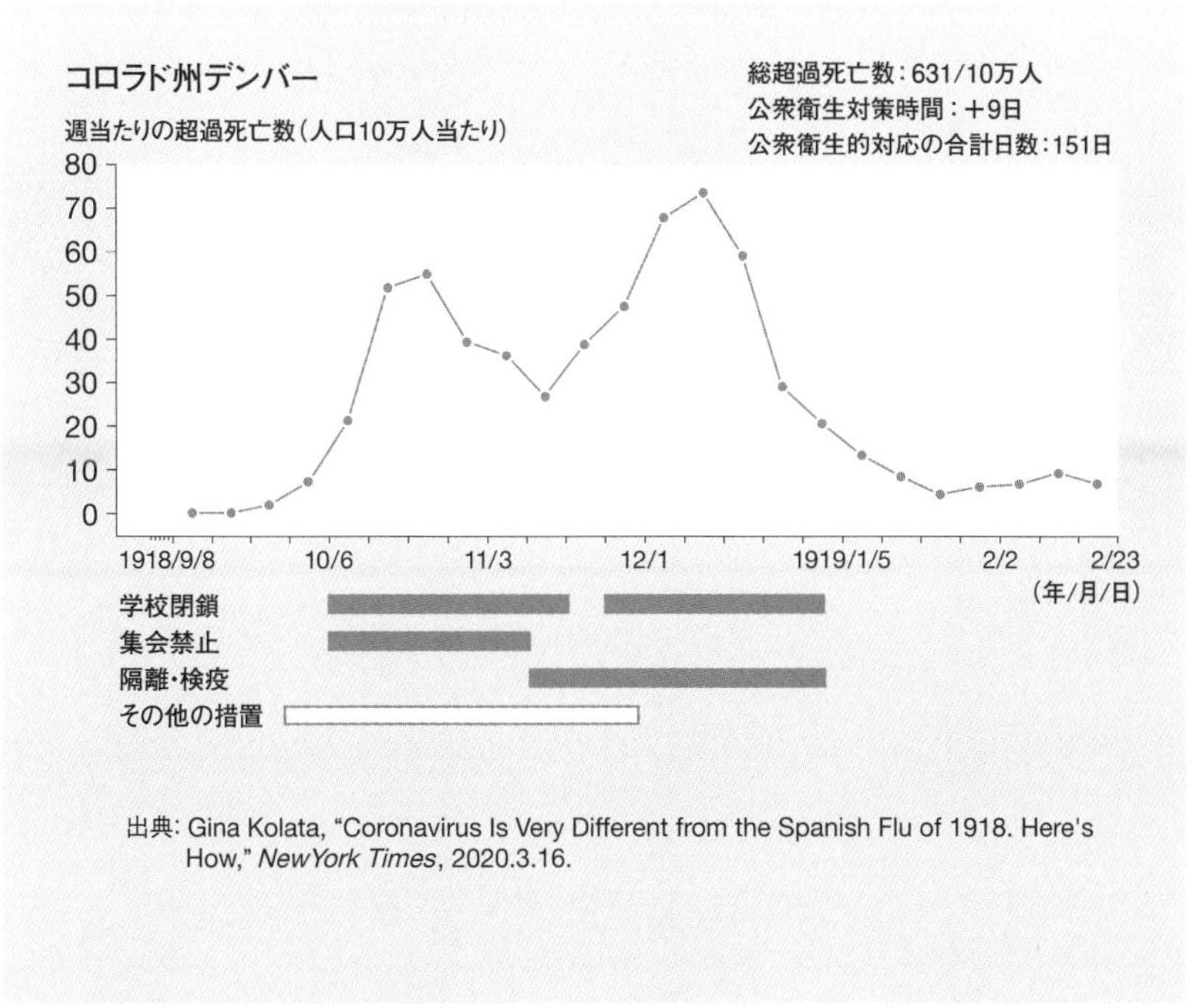

出典：Gina Kolata, "Coronavirus Is Very Different from the Spanish Flu of 1918. Here's How," *NewYork Times*, 2020.3.16.

1918年のスペイン風邪流行当時、米コロラド州デンバー市で起こった出来事を表している。縦軸は毎週の超過死亡数（10万人当たり）、つまり平年の同期間と比べてどれだけ多くの死者が出たかを測定したものだ。グラフ下の青い棒は各種の施策の実施状況を表しているが、学校閉鎖を見ると、11月に死者が減少したタイミングで学校が再開されていることが分かる。

だが残念なことに、このときを境に再びインフルエンザによる死者（超過死亡数）が爆発的に増加した。甘い判断のせいで多くの命が奪われたのだ。

経済が大きな打撃を被る可能性もなきにしもあらずだ。なぜなら、伝染病の第2派を防ぐために強力なロックダウン（都市封鎖）が行われれば、経済に大きな悪影響を及ぼすからだ。

最近発表されたＩＭＦの世界経済見通し（２０２０年４月）によれば、「２０２０年の世界全体の経済成長率はマイナス３％」と予想されている。ちなみに２００９年世界金融危機のときの経済成長率はマイナス０・１％だったので、新型コロナが世界経済に与えた影響の大きさが分かるだろう。

このように成長率が鈍化する理由は、中国やアメリカなど**ロックダウンを強化した国ほど経済成長率が大きく下落することが予想される**からだ。特に多くの伝染病専門家は、１９１８年のスペイン風邪当時にデンバーで起きたことが再現される可能性を警告している。すなわち、ロックダウンの長期化と、経済成長率のさらなる下落だ。

ここで一つ気になることが出てくる。コロナショックの大きさは分かるにしても、それは世界経済が一瞬でマイナス成長に転落するほどのものなのだろうか。また、世界主要国が受ける影響の大きさに差はないのだろうか。

次はこの疑問について考えてみよう。

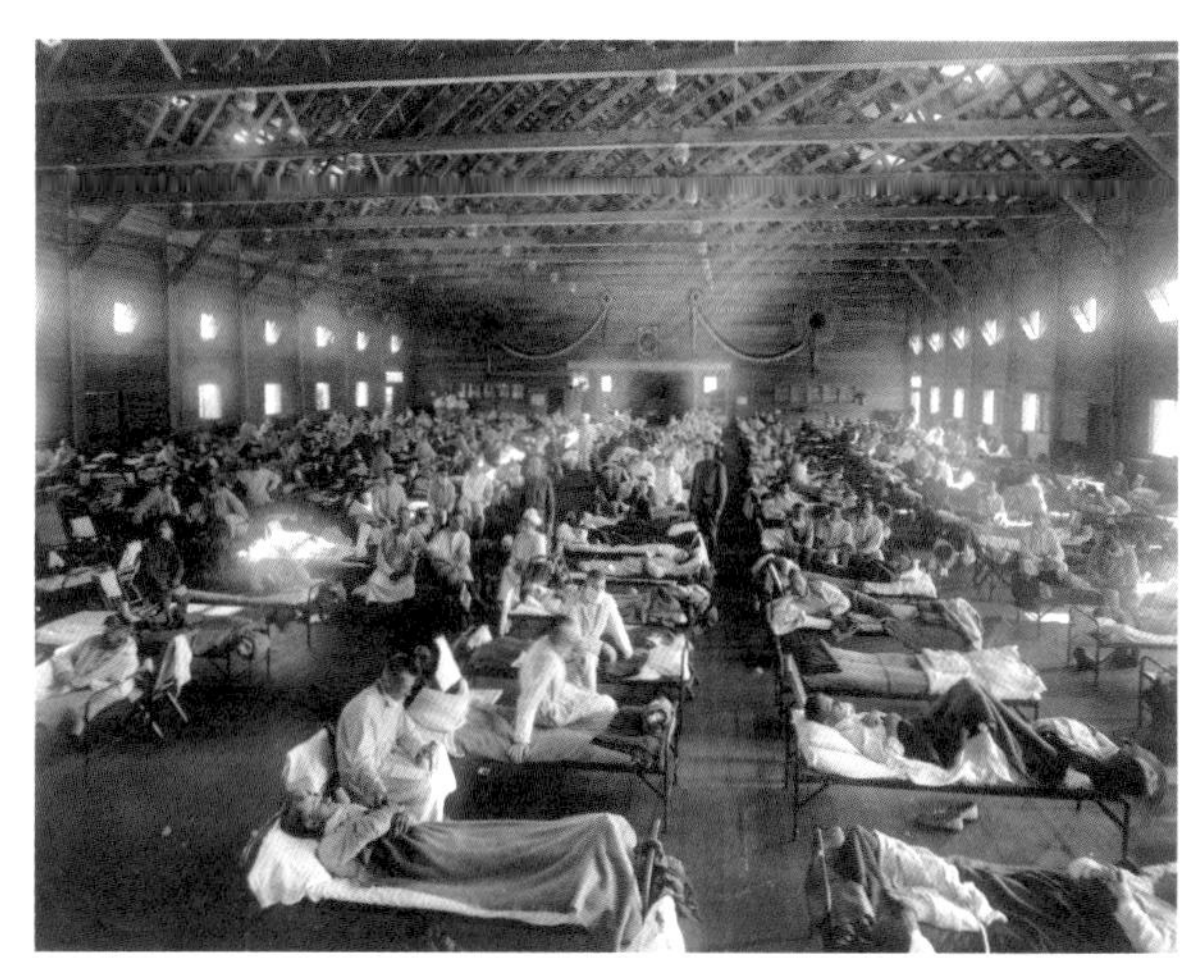

スペイン風邪が猛威をふるった1918年、カンザス州フォートライリーの米軍基地。

48 「ロックダウン」と「経済活動」、どちらを優先すべきか？

国によって新型コロナの影響に差があるのはなぜだろうか。最も直接的な原因は国によって「政策」が違うからだろう。**図8-3**は、元IMFチーフエコノミストのオリビエ・ブランシャールやノーベル経済学賞受賞者のポール・クルーグマンら、世界的経済学者が協力して作成した『コロナウイルスによる経済危機の緩和――取りうる手段はすべて、迅速にすべし』というパンフレットから引用したものだ。

図の縦軸はコロナの新規感染者数と不況の強度を示す。つまり「0」から上の2本の線を見れば、**各国でコロナ感染者をどうコントロールしているのか**が分かる。

赤線はイタリア（および中国・武漢など）の状況を表していると見ることができる。初期対応の失敗や不運が重なって短期間に感染者が激増し、医療機関の能力が追いつかず、致死率もかなり高くなった。

一方、青線は韓国や台湾、武漢以外の中国のように初期対応に成功した国の例だ。感染者の急増を抑え、医療システムが稼働している状態を示している。

ただ残念なことに、これら二つのケースは経済的には正反対のショックをもたらす。

縦軸の「0」以下の赤線と青線は、経済的衝撃の大きさを示している。**徹底したロックダウンが行われず感染が素早く拡大した国では、経済的影響は比較的小さい**だろう。なぜなら住民の大半が正常な経済活動を行っていただろうからだ。反対に**ウイルスを素早く封じ込めるのに成功した国では、その代償として深刻な不況を迎える**ことになる。学校や商店が閉鎖された環境では、経済成長率が急激に低下するからだ。

その代表例がスウェーデンだ。スウェーデンはいわゆる「集団免疫」理論に基づき、「ソーシャル・ディスタンス」をまったく実施しなかった。ちなみに集団免疫とは、集団の構成員の多くが免疫を持てば伝染病が広がりにくくなるという理論だ。たとえば、1人の感染者が2人に伝染させる病気があるとして、ウイルスに接触した2人のうち1人以上が免疫力を持てば、新規感染者数は徐々に減少するというわけだ。

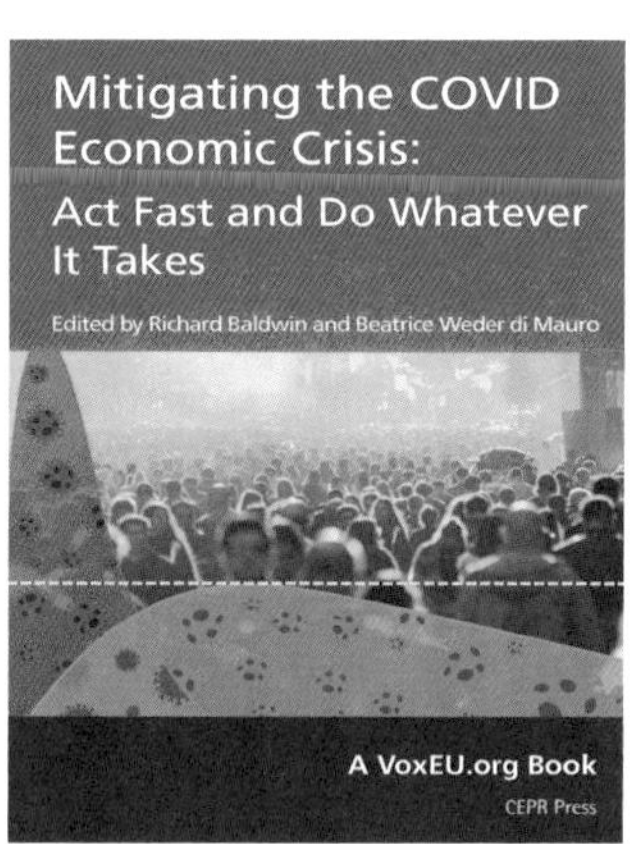

『コロナウイルスによる経済危機の緩和』
(*Mitigating the COVID Economic Crisis: Act Fast and Do Whatever It Takes*)

図 8-3　感染封じ込め対策と景気後退の関係

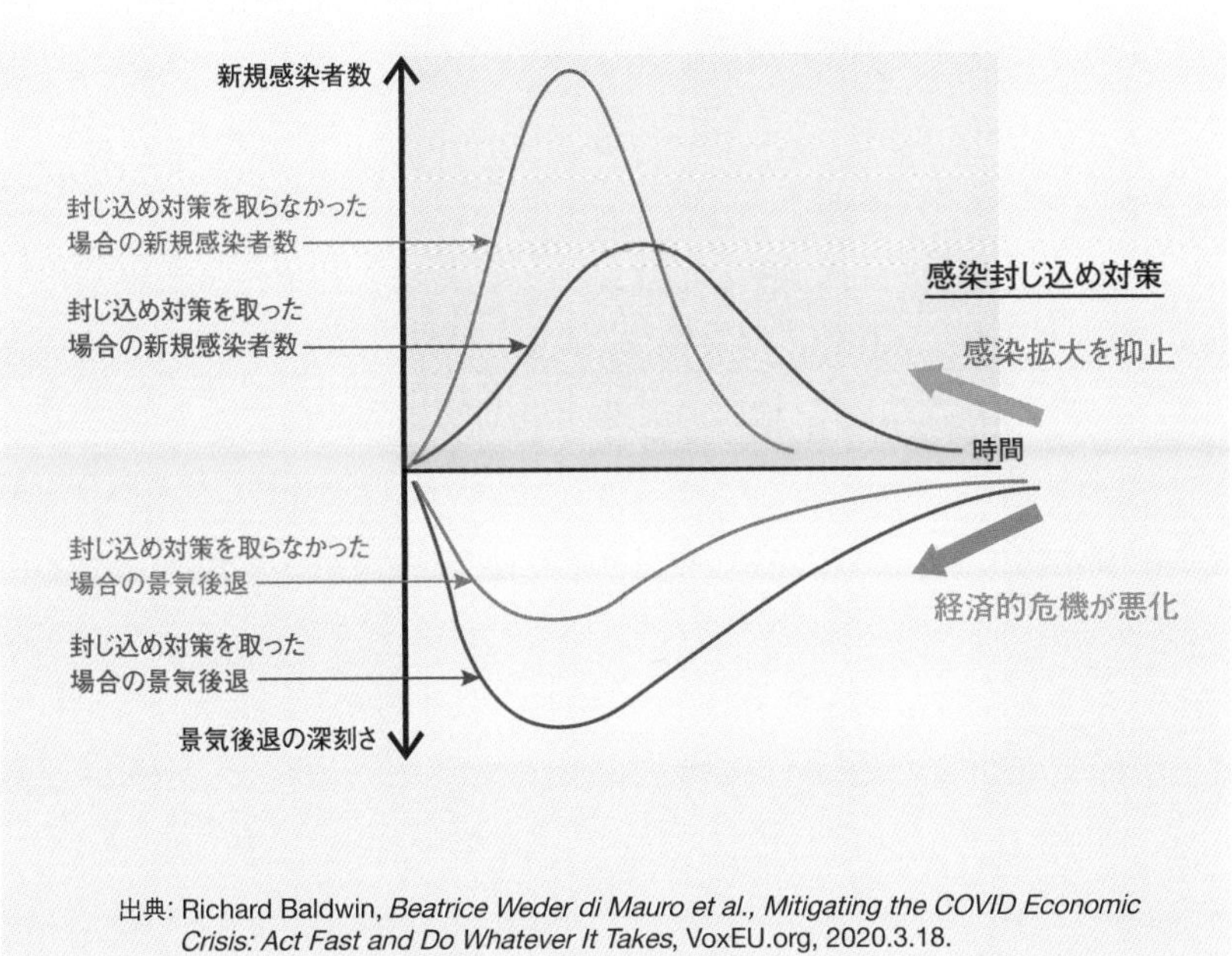

出典: Richard Baldwin, *Beatrice Weder di Mauro et al., Mitigating the COVID Economic Crisis: Act Fast and Do Whatever It Takes*, VoxEU.org, 2020.3.18.

上図は、元IMFチーフエコノミストのオリビエ・ブランシャールやノーベル経済学賞受賞者のポール・クルーグマンら、世界的経済学者が協力して作成したものだ。強い封じ込め対策を取った場合と緩やかな対策しか取らなかった場合について、新規感染者数と経済的影響（不況）の相関を示している。この想定曲線からは、強い感染封じ込め対策は感染拡大のカーブをなだらかにするが、景気の急速な悪化をもたらすことが読み取れる。

この政策を実行した結果、スウェーデン経済はいまのところ（2020年4月）順調に回っている。一方、ロックダウンを徹底したノルウェーなどは深刻な不況に陥っている。失業率の変化を見ればそのことがよく分かる。ノルウェーでは全労働人口の実に14％が失業手当を申請している一方、制度面で大きな違いのないスウェーデンの失業手当申請率は5％にすぎない。

つまり、世界各国の政府は大きく分けて**二つの選択**に直面していることになる。一つ目の選択肢は、**「生命」を重視する代わりに厳しい景気縮小に耐えること**だ。ほとんどの先進国がこれに該当すると言えるだろう。もう一つの選択肢は、**徹底したロックダウンを行わず、「集団免疫」の獲得を待つ**というものだが、前者と比べて経済的打撃が小さい代わりに多くの死者が出ることを覚悟せねばならない。

本書ではひとまず、後者を選択した国について分析するつもりはない。新型コロナの「集団免疫」獲得までどれくらい時間がかかるか分からないし、それ以前にワクチン開発に成功するかもしれず、そこまで含めて分析する能力はないからだ。

そういうわけで、一つ目の選択をした政府がどんな政策を取るべきかについて、次に詳しく見ていこう。

49 コロナショックに対する「財政政策効果」を高めるには

ロックダウンを徹底すればするほど深刻な景気後退を覚悟しなければならないという矛盾した状況で、各国政府はどんな手を打てるだろうか。もちろん、何より重要なのは特効薬やワクチンの開発のために保健医療支出を拡大することだ。しかし、国費を迅速に支出するのは思ったほど簡単ではない。

図8-4は第二次世界大戦以降に起こったアメリカの不況と、それに対応して政府が財政支出を拡大した時点を比較したものだが、**財政政策が適切なタイミングで行われたケースがほとんどない**ことが分かる。景気悪化が深刻化した時点で財政支出を増やすよりも、むしろ景気が底打ちして本格的に回復するタイミングで財政支出を増やしたこと

で、かえって経済に悪影響を及ぼしたケースのほうが多かった。

とはいえ、コロナショックに対する各国政府の対策は過去と比べてかなり迅速だ。たとえば、アメリカのケアーズ法▼は2020年3月27日に議会を通過しており、これはかなり迅速な対応だといえる。だが、FRB（連邦準備制度理事会）の利下げはこれよりずっと早い3月3日だった（1・75～1・50％→1・25～1・00％）。

つまり、**財政政策は政治的な利害調整や財政支出の方向をめぐる対立などで意思決定に時間を要する一方、通貨政策には速やかに施行できる長所がある。**このため、市場参加者の目は中央銀行の一挙一動に集まることになる。

ここで気になるのは、政策金利がすでにゼロ水準まで落ちている状況で、中央銀行がどう行動すべきかだ。

ゼロ金利下で中央銀行はどう行動すべきか

これについては、**日本銀行の先駆的な量的緩和政策**が良い代案となるだろう。こういうと2013年以降の金融政策を思い浮かべる人が多いかもしれないが、日銀はすでに01～06年にかけて40兆円規模の量的緩和を実施したことがある。当時の報告書を見ると、日銀の量的緩和は相当の効果をもたらしたと評価されているが、特に金融機関や企業が将来の「利上げ」リスクを恐れなくなったことで、不良債権が減って投資も増加した。

ケアーズ法（CARES Act）
Coronavirus Aid, Relief, and Economic Security Actの略。コロナ禍で経営危機に陥った中小企業が金融機関から融資を受けやすくするために政府が債務保証をするというもの。総額2兆ドル（214兆円）。

図 8-4　第二次世界大戦後のアメリカの不況対策

不況の開始	不況の終了	財政支出拡大法案の通過年月
1948年 11月	1949年 10月	1949年 10月
1957年　8月	1958年　4月	1958年　4月 1958年　7月
1960年　4月	1961年　2月	1961年　5月 1962年　9月
1969年 12月	1970年 11月	1971年　8月
1973年 11月	1975年　3月	1975年　3月 1976年　7月 1977年　5月
1981年　7月	1982年 11月	1983年　1月 1983年　3月
1990年　7月	1991年　3月	1991年 12月 1993年　4月
2001年　3月	2001年 11月	2001年　6月
2007年 12月	2009年　6月	2008年　2月 2009年　2月

景気回復のための財政政策は手遅れの場合が多く、経済にむしろ否定的な影響を及ぼした。

出典: Bruce Bartlett, *The New American Economy: The Failure of Reaganomics and a New Way Forward*, Palgrave Macmillan, 2009.

第二次世界大戦以降に起こったアメリカの不況と、それに対応して政府が財政支出を拡大した時点を比較している。財政政策が適切なタイミングで行われたケースがほとんどないことが分かる。景気悪化が深刻化した時点で財政支出を増やすよりも、むしろ景気が底打ちして本格的に回復するタイミングで財政支出を増やしたことで、かえって経済に悪影響を及ぼしたケースのほうが多かった。

量的緩和の実施で経済が回復した理由は、大きく三つに整理できる。

第1は、**長期金利の安定**だ。量的緩和政策の対象となる債券の大半は国債（または信用力の高いモーゲージ債）で、そのほとんどは長期債だ。不動産担保融資を証券化したモーゲージ債の満期は通常30年だが、量的緩和でこの債券に買いが集まると債券価格が上昇し、債券の利率は下落する。次のような例を挙げて説明してみよう。

年2回の利払いがあって30年後に元金が償還される債券（たとえば30年満期の国債）があるとしよう。この債券の元金の実質価値は、少しずつでもインフレになると30年の間に大きく下落する。つまり、この債券の事実上の価値は利払いによって決まるのであり、元金の償還は大きな影響を与えない。

次に満期を100年としてみよう。すると物価上昇率を計算に入れた元金償還額の現在価値は100分の1にも満たないだろう。このような長期債券を例に出すのは、元金の価値を考慮する必要がないため、債券価格を簡単に計算できるからだ。

つまり、毎年の利子を現在の市場金利で割れば債券価格が計算できる。たとえば、毎年100ドルの利払いがある長期債券があって、現在の市場金利が5％とすると、この債券の価値は2000ドルとなる（債権の価値＝年利÷市場金利＝100ドル÷0・05＝2000ドル）。

では、もしも市場金利が10％に上昇した場合、この債券の価値はどうなるだろう。先

モーゲージ債
住宅ローン（モーゲージ）を担保として発行される債権（証券化商品）のこと。不動産担保証券（MBS：Mortgage Backed Securities）。

ほどの式に代入すると、この債券の価値は1000ドルに下落する（債権の価値＝年利÷市場金利＝100ドル÷0・1＝1000ドル）。

したがって、債券の価値は市場金利と反比例の関係にあることが分かる。

量的緩和の第2の効果は、**量的緩和の過程で長期国債やモーゲージ債を買い取れば、家計や企業、政府の金利負担を軽減できるだけでなく、既存の債券を保有する投資者に「差益」をもたらす**ということだ。特に国債保有者の大半が金融機関である点を考慮すると、量的緩和によって債券価格が上昇することで金融機関の経営を健全化する結果を生むこともできる。

量的緩和の機能はこれだけではない。第3に、**政府の立場としては、財政支出を増やして財政赤字が発生しても、国債の消化について心配する必要がなくなる。**政府が発行した国債が量的緩和の主な買い入れ対象なのだから、国債をどれだけ大量に発行しても、市場金利を急騰させる恐れは低い。つまり、政府の財政政策は量的緩和と共に実施されるときに大きな効果を発揮できるのだ。

50 「紙幣をたくさん刷る」と、いったい経済に何が起こるか？

ここでこんな疑問を抱く読者もいるだろう。中央銀行が量的緩和とゼロ金利政策を動員して紙幣を増発すると、激しいインフレになる懸念はないのか？

ノーベル経済学賞受賞者のミルトン・フリードマンは、「インフレとは貨幣的現象である」と述べた。まず、彼の主張のベースとなる「貨幣数量説」（Quantity Theory of Money）について簡単に解説しよう。

まず、**名目GDP（名目国内総生産）**とは、**一定期間（主に1年）に国内で生産されたサービスや商品の市場価値の総和**のことだ。名目GDPは計算が容易だが、ある問題点を抱えている。市場価値には物価の変動が含まれているからだ。

量的緩和政策
中央銀行が、景気や物価を下支えするために、金利引き下げではなく、マネタリーベースなどの「量」を操作目標として、市場に大量に資金を供給する金融緩和政策のこと。銀行に融資の積極化や債券などの資産購入を促し、経済の活性化を図る目的で行われる。（198ページの注再掲）

たとえば、名目GDPが翌年に20%成長したとしても、同期間に物価が20%上昇すれば、この国の実質的な成長率は0%と見なくてはならない。したがって、次のような関係が成立する。

名目GDP成長率=物価上昇率+実質GDP成長率 ……①

ところで、歴史的に見て**名目GDPと通貨量は同じくらいのスピードで上昇する**傾向がある。直観的に見て、これはかなり説得力がある。なぜなら、名目GDPは一国が生産した付加価値の総和であり、通貨量は経済の「血液」に当たるものだからだ。

ただし、この関係が過去に成立していたからといって将来的にもそうなるかどうかは分からない。なぜなら貨幣は年に1回以上使用されうるので、通貨量が必ずしも名目GDPと一致するとは限らないからだ。

この問題はいったん置いておくとして、通貨量と名目GDPが同じスピードで上昇すると仮定すると、次の式が成立する。

通貨量増加率=名目GDP成長率 ……②

式①を式②に代入すると、次の式が導かれる。

通貨量増加率=物価上昇率+実質GDP成長率 ……③

式③の物価上昇率を移項すると、次のようになる。

物価上昇率=通貨量増加率 −(マイナス) 実質GDP成長率 ……④

名目 GDP 成長率＝物価上昇率＋実質 GDP 成長率……①

名目 GDP が通貨量と同じスピードで上昇すると仮定すれば、次式が成立。

通貨量増加率＝名目 GDP 成長率……②

式①を式②に代入すると下記が導かれる。

通貨量増加率＝物価上昇率＋実質 GDP 成長率……③

③の「物価上昇率」を移項すると下記になる。

物価上昇率＝通貨量増加率－実質 GDP 成長率……④

式④を「インフレーション方程式」、その右辺を「過剰流動性」という。

式④を「インフレーション方程式」という。その意味するところは明らかだ。通貨量の増加率が実質経済成長率よりも高い状況、つまり通貨の供給スピードが経済成長のスピードより早いと、物価上昇圧力が高まるということだ。ちなみに式④の右辺（通貨量増加率－実質ＧＤＰ成長率）を「過剰流動性」という。

これは簡明な数式であり、自明の真理のように見える。

しかし現実はどうだろうか。図8-5を見ればよく分かるように、１９９０年以降、過剰流動性と消費者物価の間に特段の関係性を見いだすことはできない。

なぜこのようなことが起こったのだろう？

次にその理由を詳しく取り上げよう。

図 8-5　過剰流動性と消費者物価上昇率の関係（1990年以降）

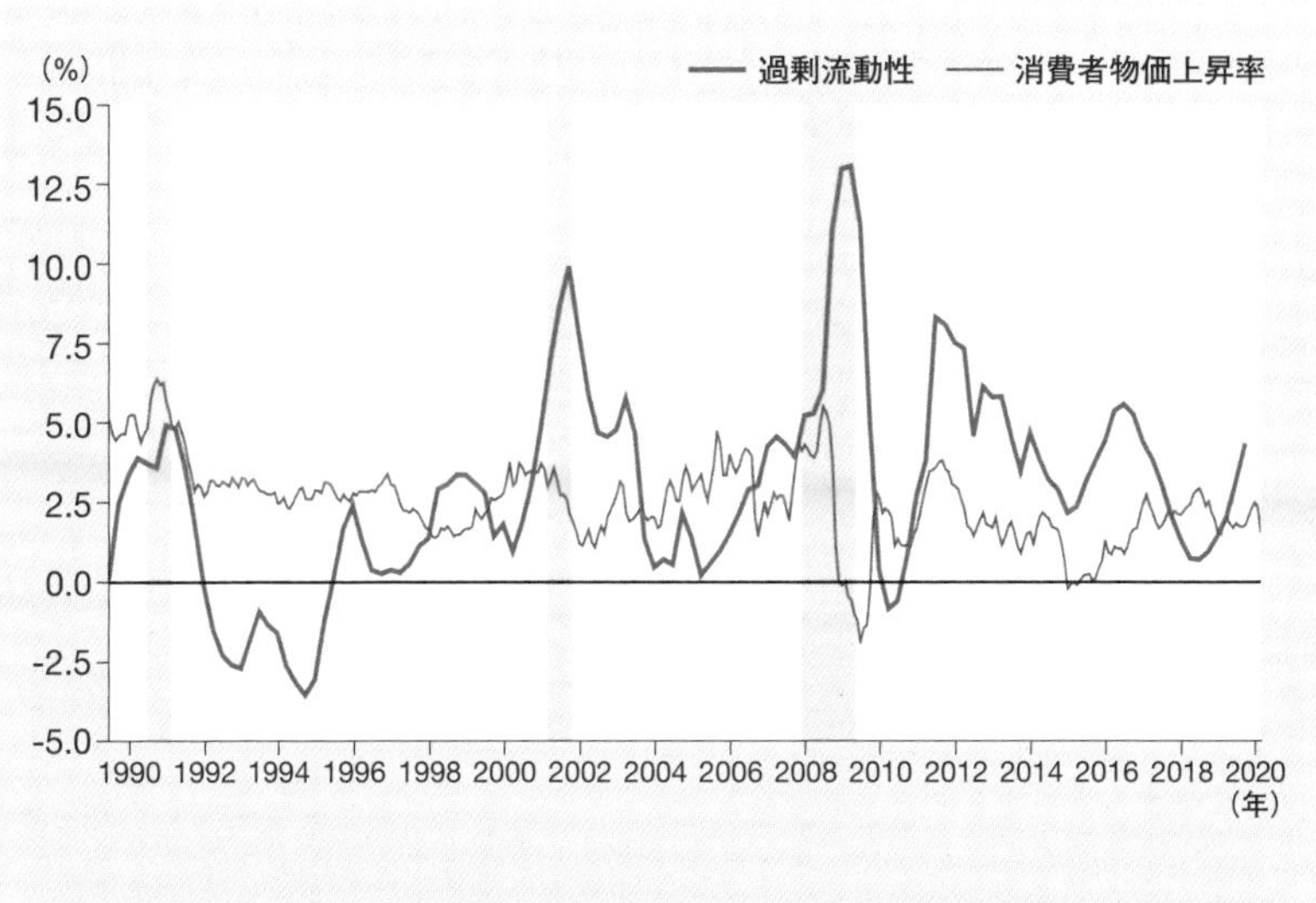

注: 網かけ部分は経済分析局が不況と判定した時期。

出典: Federal Reserve Bank of St. Louis.
https://fred.stlouisfed.org/graph/?g=pMw0

「インフレーション方程式」（本文の式④）によれば、通貨量の増加率が実質経済成長率よりも高い状況、つまり通貨の供給スピードが経済成長のスピードより早いと、物価上昇圧力が高まる。しかし現実には、上のグラフに表れているように、1990年以降、過剰流動性と消費者物価の間に特段の関係性を見いだすことはできない。

51 通貨供給量が増えても「物価が上がらない」のはどうして？

もう一歩進んで、過剰流動性が発生してもインフレが発生しないのはなぜか、その原因について見ていこう。

数々の要因が考えられるが、最も直接的な原因は**「信用収縮」**だ。簡単に言うと、**銀行破産や金融危機などで信用経済が大きく傷ついた後に起こる、金融機関による貸し渋り**だ。つまり、中央銀行が利下げして量的緩和を行っても、銀行が貸付をしようとせずに中央銀行にお金を預けようとするので、実体経済に資金が流れなくなるのである。

図8-6は米ＦＲＢに預けられた超過準備預金を示しているが、２０１５年に２・４兆ドルまで達したことが分かる（２０２０年のコロナショックで超過準備が２・８兆ドルまで増大し

た）。

銀行が預金者の急な引き出しに備えて預金のうち一定額を中央銀行に預けることを「準備預金」といい、法定基準を超えて預けられた準備預金のことを超過準備という。たとえば規定上は預金の10％で済むのを、15％とか20％の金を中央銀行に預けている状態のことだ。超過準備の金利が０・００～０・２５％であったことを考慮すると、利子がほとんど入らない状況だったにもかかわらず、銀行はこのような行動を示したのだ。

銀行が金儲けをあきらめたといっても過言ではない。では、２００８年の世界金融危機以降、アメリカの銀行はなぜこのような行動を取ったのだろうか。

その理由は、「貸付が焦げ付いたらただでは済まない」という懸念にあった。不動産市場の崩壊に端を発する２００８年の世界金融危機の影響で、約８００万以上の世帯がローンを延滞したことが、一種のトラウマとして作用したのだ。

ローンの延滞率が急増または高水準を維持すると、銀行の収益性が悪化して自己資本比率が下がり、さらには破産の危険に直面する可能性もある。銀行が破産すると市中で信用収縮が起こり、深刻な不況に陥りかねない。

だから政府は、銀行のローン延滞率が上がって自己資本比率が下がると強力な規制をかけることになるのだ。自己資本比率が適正水準を下回ると、銀行はまず職員を解雇するなどして経費削減を進めるだろう。それでも経営の立て直しが難しいと判断された場合、米国連邦預金保険公社（ＦＤＩＣ）などの公的機関が介入し、銀行を閉鎖・売却するなどのリストラを断行することになる。したがって**金融機関は、延滞率の急増などローンの焦げ付きが予想される場合、貸し出しに慎重にならざるを得ない。**

ここで少し自己資本比率について説明しよう。銀行の業務は、預金者（および債券保有者）や株主から調達した資金を必要な人に貸し出すことにある。このとき、株主から調達した資金を「資本」という。

もしも銀行の保有資産価値（≒貸付）が負債（預金など）を下回れば、株主持分の価値はマイナスになる。最終的にこの銀行は経営破綻状態となり、預金保険機構はこの銀行に代わって預金の払い出しをするために、大きな損失を被ることになる。

銀行の破産によって損害を被るのは預金保険機構だけではない。金融システム全体も大打撃を受けるので、政策当局は銀行が健全な経営を維持できるよう、必要最小限の自己資本を確保することを求めている（一般的にＢＩＳ規制で自己資本比率は8％以上）。この資本は銀行の資産価値と負債の間で一種の緩衝材の役割をするわけだ。

以上の内容を整理すると、１９９０年代以降に過剰流動性とインフレの関係が消滅した第一の理由は、信用収縮のためだったことが分かる。

ただし、これで完全に疑問が解決したわけではない。超過準備が急増したのは２００８年の世界金融危機以降だが、１９９０年代以降、金融緩和をしても物価が上が

図 8-6　アメリカにおける超過準備の推移（1985年以降）

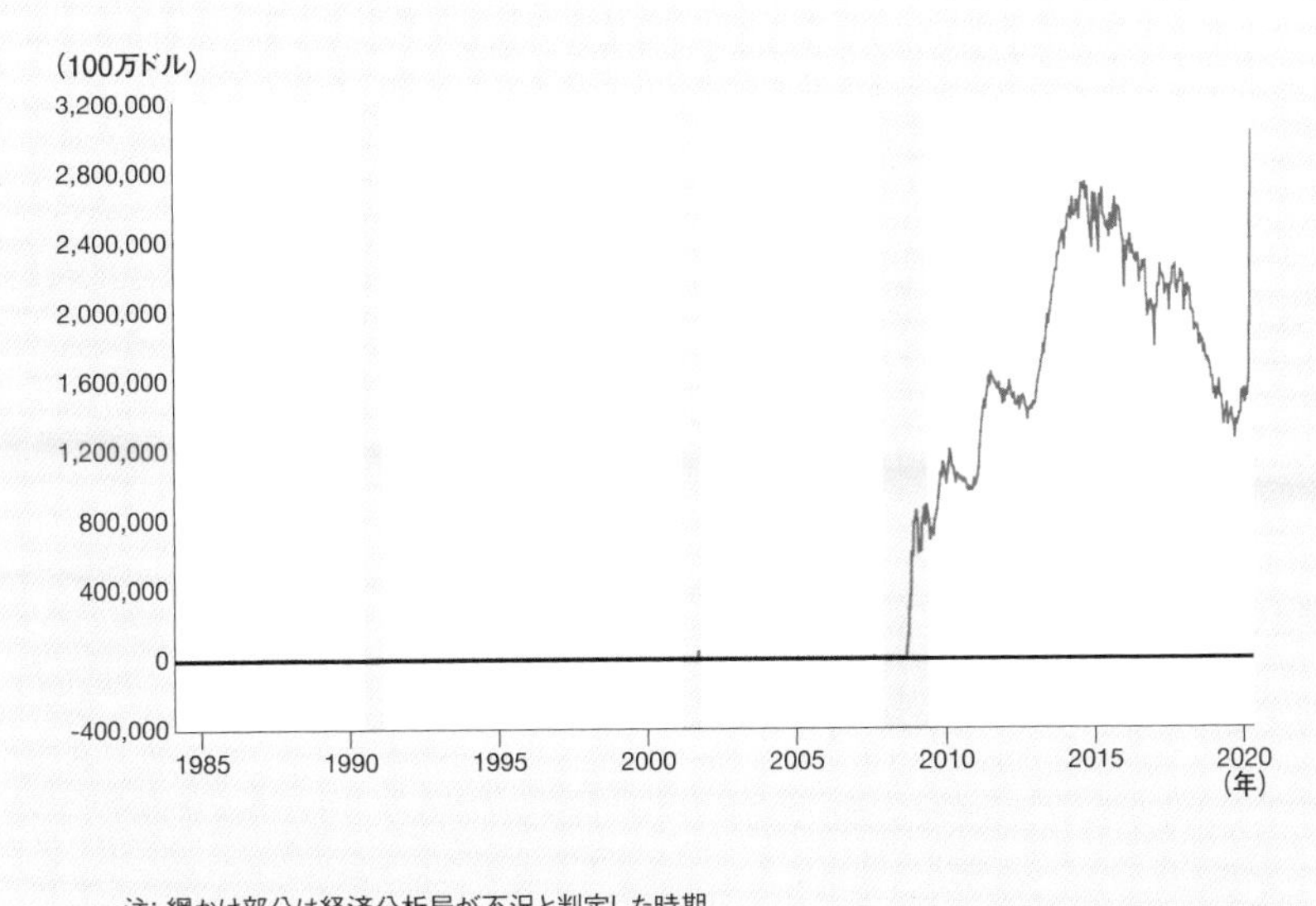

注: 網かけ部分は経済分析局が不況と判定した時期。

出典: Federal Reserve Bank of St. Louis.
https://fred.stlouisfed.org/graph/?g=trXc

図は米FRBに預けられた超過準備預金を示している。2015年に2.4兆ドルまで達した（2020年のコロナショックで2.8兆ドルまで増大した）。

銀行が法定基準を超えて中央銀行に預けた準備預金のことを超過準備というが、超過準備の金利は0.00～0.25％であった。利子がほとんど入らない状況だったにもかかわらず、銀行はこのような行動を示したのだ。銀行が金儲けをあきらめたといっても過言ではない。

2008年の世界金融危機以降、アメリカの銀行はなぜこのような行動を取ったのだろうか。その理由は、「貸付が焦げ付いたらただでは済まない」という懸念にあった。

らない現象が生まれているからだ。
この疑問を解決するためには、情報革命に注目する必要がある。

52 「情報革命」による生産性向上が世界経済に与えた影響とは？

1990年を境に、世界経済に一つの大きな変化が訪れた。半導体と通信分野で大革命が起こったのだ。いわゆる**「情報革命」**と呼ばれる現象だ。

その結果、世界経済には次の二つの波及効果が生まれた。**生産性の急激な向上と労働市場の両極化**である。ここではまず、生産性の向上が世界経済に与えた影響について見てみよう（労働市場の両極化については次の〈53話〉で論じる）。

図8-7は有名な「ムーアの法則」が進行した様子を表している。世界的半導体メーカー・インテルの共同創立者であるゴードン・ムーアは、「半導体の集積率は毎年2倍になる」という事実を半世紀も前に発見したが（後に「18カ月から2年ごとに2倍」と調整）、事実

この流れは１９６０年代から２０１０年代まで続いた。１９７１年にインテルが作った半導体には３５００個のトランジスタが使われていたが、インテルのコアｉ７に使われているトランジスタの数は実に10億個を超える。

ＩＴ産業は生産性を持続的に向上させており、ムーアの法則はこれを証明する最も重要な事例といえる。とはいえ、「ムーアの法則」がこれからも有効なのかどうかは、不確実な要素も多い。

世界的な経済学者のロバート・ゴードン教授は、労作『アメリカ経済　成長の終焉』の中で２０００年代半ばを境にムーアの法則は崩れたと指摘しているが、その理由を需要面に求めている。つまり、ムーアの法則が崩れたのは、「デスクトップ・パソコンにそれほど超高速なチップを必要とする人がいないから」だというのだ。

しかし、これに対する反論も少なからず提起されており、今後も半導体を中心とする先端技術産業は、過去と比べて多少スピードが鈍ることはあっても、着実に革新を続ける可能性が高いだろう。

こうした**技術革新は、半導体を使った製品への需要を大きく喚起するだけでなく、経済全般に強いデフレ圧力を加えることになる。**つまり、低価格を武器にして消費全体に対する情報通信機器の占める割合を増やすだけでなく、物価下落の可能性も高めることになるわけだ。

図 8-7　ムーアの法則の進行過程

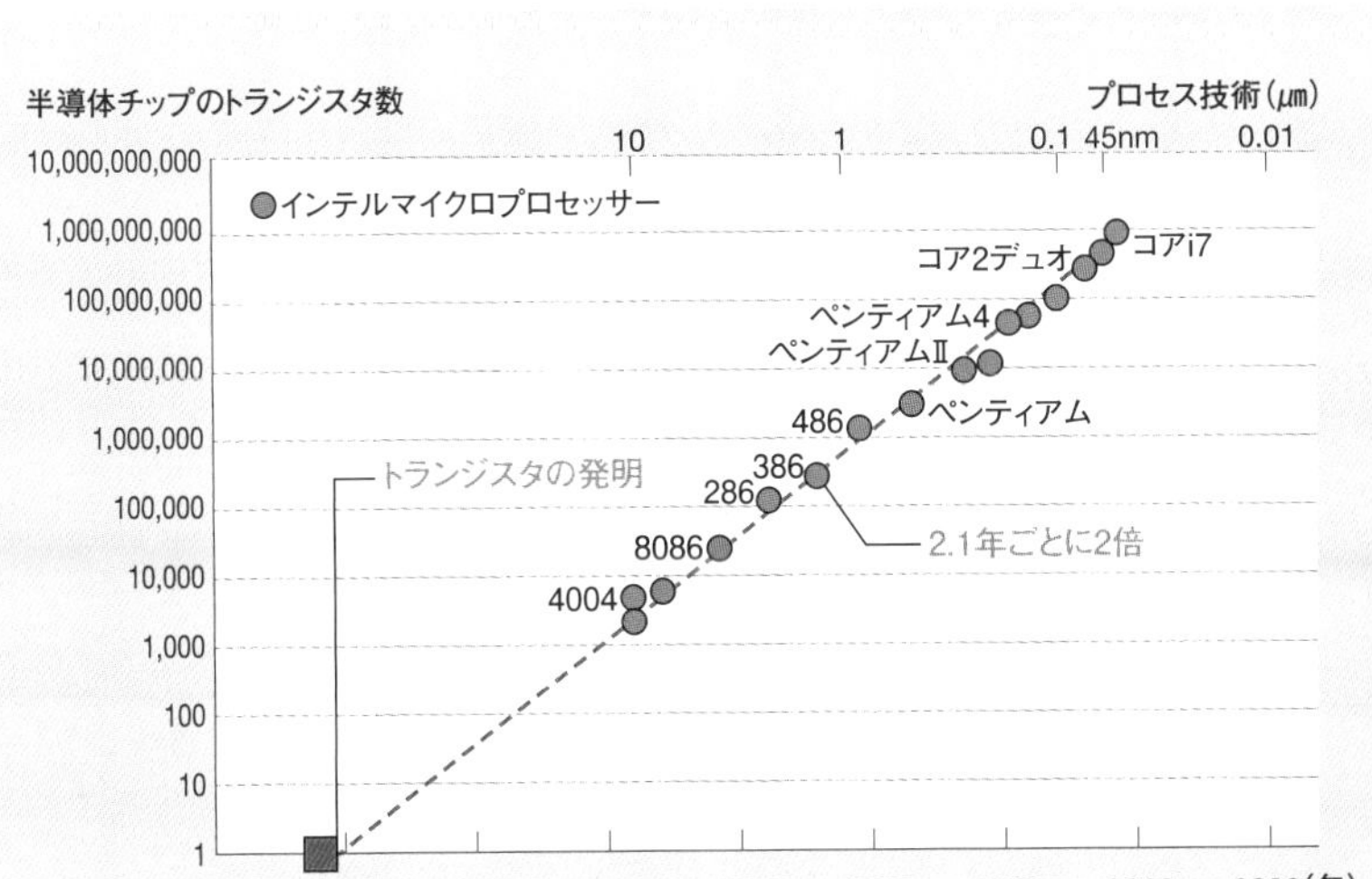

出典: Adarsh Verma, "Moore's Law Is Finally Dead- How Did This Happen?" Fossbytes, 2016.2.11.

有名な「ムーアの法則」が進行した様子を表している。世界的半導体メーカー・インテルの共同創立者であるゴードン・ムーアは、「半導体の集積率は毎年2倍になる」という事実を半世紀も前に発見した（後に「18カ月〜2年ごと」とした）。事実この流れは1960年代から2010年代まで続いた。1971年にインテルが作った半導体には3500個のトランジスタが使われていたが、コアi7に使われているトランジスタの数は実に10億個を超える。

アメリカの生産者物価は1990年を基準に取ると、2018年までに約67％上昇したが、その一方で半導体の価格は50％下落した。ここから分かることは、半導体など情報通信機器の価格引き下げがなければ、体感物価はもっと上昇していただろうということだ。**生産性の向上によって情報通信機器の需要が誘発され、さらに競争を通じて製品価格が下がるという好循環**が長期にわたって続いたわけだ。

情報革命の影響は生産者物価の安定にとどまらない。ひょっとすると、これより影響が大きいのは「労働市場の両極化」の問題だろう。次にこの点について考えてみよう。

53 労働者1人当たりの生産性が上がっても賃金は上がらない!?

図8-8はアメリカの消費者物価と単位労働コストの推移を示している。コロナショック以前の2019年末までアメリカ経済は活況を呈していたが、物価は上昇しなかった。この図を見れば、その理由が**単位労働コストの安定**にあることが分かる。

単位労働コストという用語はやや難しく聞こえるが、その内容はさほど難しくない。たとえば、Bという自動車会社の労働者たちが団体交渉を通じて10%の賃金アップを勝ち取ったとしても、労働者1人当たりの自動車生産量が20%増加したならば、会社の体感人件費は10%下がったことになる。

もちろん、それとは逆のケースもある。代表的なのが1980年代で、当時は単位労働コストが年10％ずつ上昇し続けていた。つまり単位労働コストとは、**賃金上昇率から生産性改善率を引いた値、**すなわち**企業の「体感人件費」**と言い換えることができる。

では、単位労働コストが大きく上昇したり下降したりすると、経済にどんな影響を与えるだろうか。

これは競争の構図によって変わってくる。競争が激しい状況では、企業は単位労働コストが下がると積極的に価格を引き下げる可能性が高い。商店街を歩いていて「超激安セール」と書かれた張り紙を見れば、自然とそちらに目が向くことになる。

逆に単位労働コストが上昇するときは、競争力のある企業が真っ先に価格を引き上げ、競争力のない企業は最後に値上げすることになる。そういうわけで、**単位労働コストが下がるときは経済全体の物価上昇圧力も下がり、単位労働コストが急騰するときは物価上昇圧力が高まってインフレが始まる。**

ところで、ここで一つ疑問が湧く。

アメリカではコロナショックの前まで、失業率が史上最低水準だったにもかかわらず、なぜ単位労働コストは上昇しなかったのか？

2019年末まで好況だったアメリカで単位労働コストが上昇しなかったのは、賃金が上がらなかったからだ。もちろんアメリカの名目賃金は着実に上昇していたが、実質賃金はほとんど上がらなかった。実質賃金とは、物価を考慮に入れた賃金のことで、た

図 8-8 アメリカの単位労働コストと消費者物価指数(コアコア指数)の上昇率

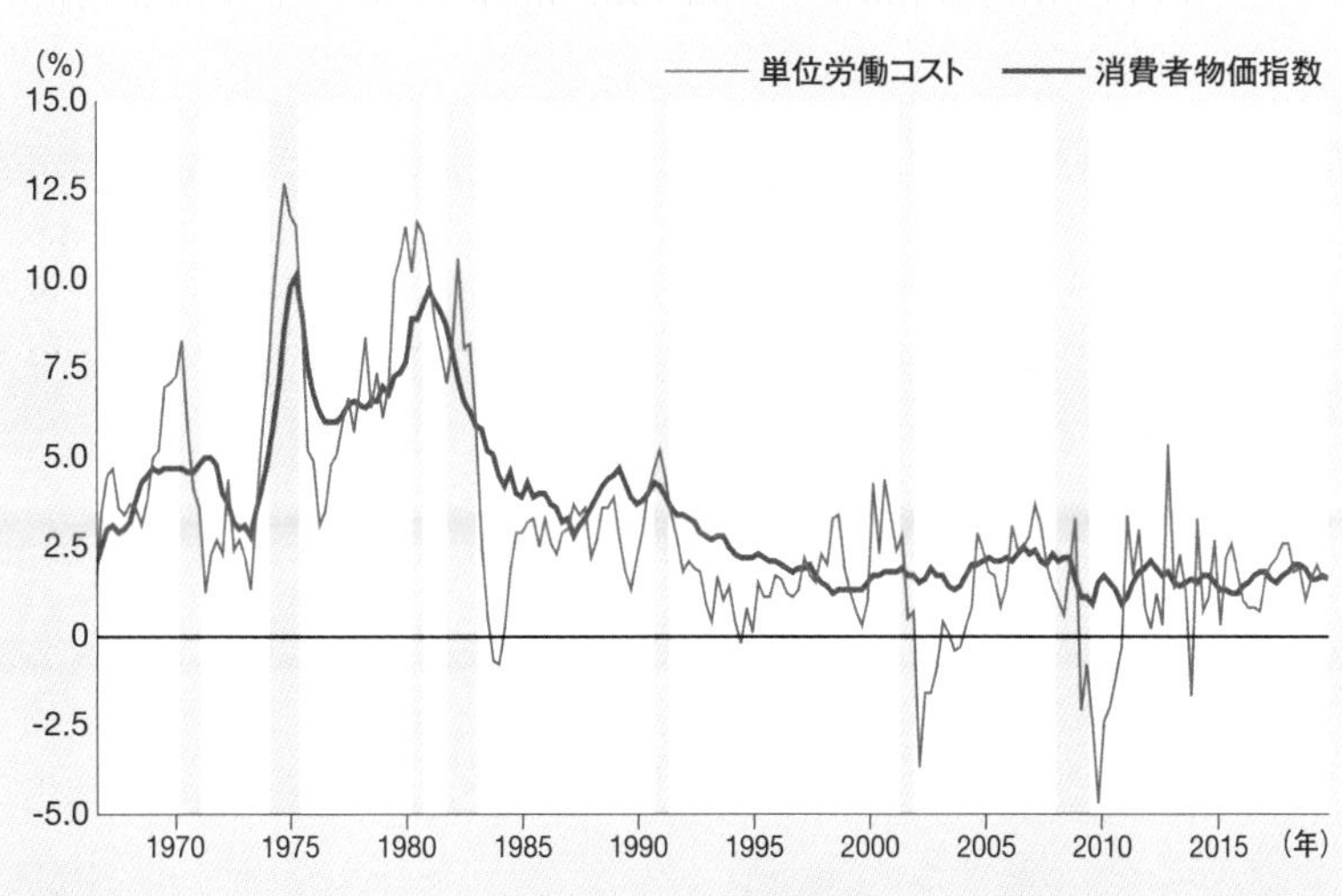

注: 網かけ部分は経済分析局が不況と判定した時期。

出典: Federal Reserve Bank of St. Louis.
https://fred.stlouisfed.org/graph/?g=oRG5

グラフはアメリカの単位労働コスト(青)と消費者物価(赤)の推移を示している。コロナショック以前の2019年末までアメリカ経済は活況を呈していたが、物価は上昇しなかった。この図を見れば、その理由が単位労働コストの安定にあることが分かる。

とえば賃金が10％上がっても消費者物価も10％上昇すれば、実質賃金の上昇率は０％となる。

　アメリカの労働生産性と実質賃金の長期的な動向を見ると、１９７０年代までは労働生産性と実質賃金が共に上昇していた。つまり、**労働者１人当たりの生産量が増加すれば、企業もそれに合わせて賃上げをしていた**のだ。

　しかし、良い時代は長く続かなかった。80年代に入ると、実質賃金の上昇率は生産性向上のスピードに比べて鈍りはじめた。特に90年代以降、情報革命のおかげで生産性がぐんと向上したにもかかわらず、実質賃金は停滞状態を抜け出すことができなかった。

　結果的にアメリカの労働生産性は１９５３年から３・８倍に上昇したが、同期間の労働者の実質賃金は２・５倍の上昇にとどまった。80年以降に限れば、状況はさらに悲惨だ。**労働生産性は１０７％上昇したのに、実質賃金はたったの40％しか上がらなかった。**

　ここで話題を変えて、アメリカの**実質賃金停滞の問題**にフォーカスしてみよう。実質賃金停滞の要因はさまざまだが、大きく見てスキル偏向的技術進歩が決定的な影響を及ぼしたといえる。「スキル偏向的技術進歩」（ＳＢＴＣ：Skill-biased Technological Charge）とは、１９９０年代を境に起こった技術革新によって昔ながらの仕事が消えていく一方、情報通信分野において新たな産業が興ることで出現した「労働市場の両極化」現象のことだ。

スキル偏向的技術進歩による労働市場の変化の代表的事例が印刷所の植字工だ。1990年代以前、植字工は熟練レベルの高い高所得者だったが、電子組版が本格導入されてからはほとんどの人が仕事を失った。もちろん、情報通信産業において必要とされるSTEM分野を専攻した者たちは高所得を保障されただろう。ちなみにSTEMとは、科学（Science）、技術（Technology）、工学（Engineering）、数学（Mathematics）の頭文字を取った造語である。

ここで次のような疑問を抱く読者は少なくないだろう。

情報革命の時代に比較的安定していて将来性のある分野は何だろうか？

次はこの点を掘り下げてみよう。

54 人間の仕事は「機械」や「人工知能」に取って代わられるのか？

機械や人工知能との競争に弱いのはどんな仕事だろうか？

これについて、セントルイス連邦準備銀行のエコノミストたちが興味深い主張をしている。彼らによれば、**技術の進歩で存続が危ぶまれるのは毎日同じことを繰り返す「定型的」(routine) な仕事**だという。認知業務 (cognitive) か身体業務 (manual) かはそれほど重要ではないということだ。

人間と機械が雇用をめぐって争う四つの領域

その理由は、**機械（および人工知能）が定型業務に長けているから**だ。**図8-9**は、労働の種類を定型的なものか非定型的なものか、身体業務か認知業務かによって四つのグループに分類し、１９８３年以降のアメリカ国内における雇用者数の変化を追跡したものだ。

最初のグループ（青点線）は**非定型認知業務**で、エンジニアや専門職、管理職が含まれる。このグループは83年以降に雇用者数がほぼ１００％の増加を示し、賃金レベルも上昇し続けている。

二つ目のグループは**定型認知業務**で、販売や事務職がここに該当する。

筆者は２０１９年秋に会社を辞めて2週間ほどロンドンを旅行したのだが、このときに忘れられない経験をした。

ロンドンは外食費がかなり高かったので、朝食と夕食はテスコなどの大型スーパーで食材を買って自炊することにしていた。スーパーで食料品をカゴに入れてレジに向かうと、長蛇の列が見えた。どういうことかと思って見ると、レジには店員が1人しかおらず、列に並んでいるのはほとんどが観光客のようだ。どういうことか気になって店員に聞いてみると、「セルフレジを利用する人が多いので、レジ打ちは1人だけで十分」ということだった。その店員に教えてもらってセルフレジを使ってみた。確かに便利だったのだが、この職業の将来についてあらためて考えさせられた。

この事例からも分かるように、レジ打ちなどの定型認知業務の雇用者数は１９８３年以降、停滞した。同じ期間にアメリカの人口が2億2000万人から3億2000万人へと40%以上増加したことを考えると、定型認知業務の雇用者数は実質的に減少していることになる。

三つ目のグループは**定型身体業務**で、建設・運輸・生産および各種メンテナンス業務に従事する労働者が含まれるが、将来性が最も期待できないのがこの分野だ。なぜなら、賃金水準が比較的高い上、機械で代替しやすい仕事だからだ。

代表的な例が自動車産業だ。世界的に見て韓国、シンガポール、ドイツでは、労働者数と比べてロボットの導入台数が非常に多いが（2017年基準）、この3カ国のうちシンガポールを除いた韓国とドイツが世界的な自動車産業大国であることはご承知の通りだ。

ちなみに世界でロボットの導入台数が4番目に多いのは日本で、やはり自動車産業の比重が高い。この分野にロボットの導入が集中するのは、「定型身体業務」が機械で代替しやすいだけでなく、この分野の労働者の賃金が相対的に高いからだ。

最後のグループは**非定型身体業務**で、ここには飲食の調理・サービス、清掃、介護などが含まれる。ちなみにこのグループは1983年に比べて70%近く雇用者数が増加している。

特に最近の日本の事例を見れば、このグループで何が起こっているのかがよく分かる。移民政策について言うと日本は保守的で閉鎖的だったが、最近の日本は移民拡大政策を

図 8-9 職業タイプ別雇用レベル（1983 年以降のアメリカ）

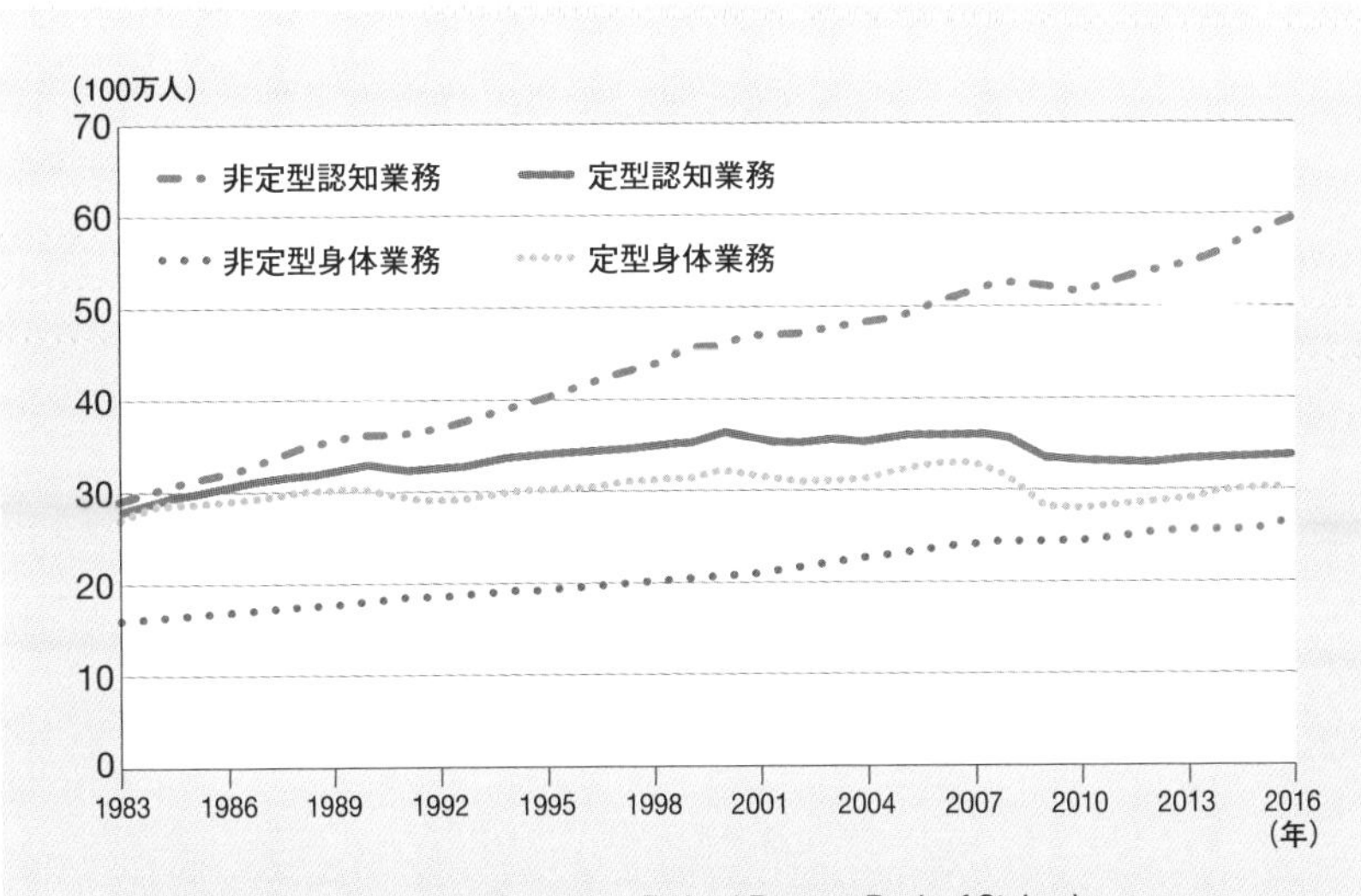

出典：U.S. Bureau of Labor Statistics. Federal Reserve Bank of St. Louis. https://www.stlouisfed.org/on-the-economy/2019/november/rise-robots-workplace

- 非定型認知業務（青）にはエンジニアや専門職、管理職が含まれる。1983年以降に雇用者数がほぼ100％の増加を示し、賃金レベルも上昇し続けている。
- 定型認知業務（グレー）には販売や事務職が該当する。
- 定型身体業務（黄色）には、建設・運輸・生産および各種メンテナンス業務に従事する労働者が含まれる。将来性が最も期待できないのがこの分野だ。
- 非定型身体業務（オレンジ）には、飲食の調理・サービス、清掃、介護などが含まれる。1983年に比べて70％近く雇用者数が増加している。

積極的に展開している。▼ その理由として、**福祉・看護分野の労働力不足**が挙げられている。

日本は2025年に福祉・看護分野で38万人以上の人手不足が発生すると推定されており、そのために最近になって法改正し、ベトナムなどから老人介護サービス専門の労働者を1万人も受け入れた。

このようなことが起こる理由は、非定型業務は機械での代替が難しい上、機械のコストと比べて人件費が安いからだといえる。

さらに高まる「学力」の価値

こうなると**「学力」の価値**はこれからいっそう高まっていくだろう。**可能な限り長く勉強して情報革命をリードする専攻に進んだ人は、大きな見返りを得られる可能性が高い反面、そうでなければ、「非定型身体業務」しか職業の選択肢がなくなってしまう**からだ。

もちろん、この世の中は作用と反作用から成り立っている。最後に、これからどんな「反作用」が現れる可能性があるのかについて見ていこう。

日本の移民拡大政策（訳注）
具体的には「特定技能制度」を指しているものと思われる。日本政府は移民政策の転換とは認めていないが、著しい人手不足を解消する目的で、海外からの労働者を受け入れる制度として2019年4月にスタートした。
対象は次の14業種のブルーカラー労働。①介護、②ビルクリーニング、③素形材産業、④産業機械製造業、⑤電気・電子情報関連産業、⑥建設、⑦造船・舶用工業、⑧自動車整備、⑨航空、⑩宿泊、⑪農業、⑫漁業、⑬飲食料品製造業、⑭外食業。
「特定技能1号」と「特定技能2号」の2種類がある。1号は日本滞在期間が最長5年、家族帯同は許されない。2号は日本滞在期間が無期限、家族帯同が許される。

55 コロナ後の世界に訪れるかもしれない「新たな不平等」

以上の内容を要約すると、**コロナは情報革命の影響で始まった「低物価・低金利」の流れをさらに強化する**要因と見ることができる。

ロックダウンを厳格に実行した国ほど経済成長率が鈍化する状況においては、相当の期間にわたってデフレ圧力が高まるだろうからだ。

その一方で、コロナ禍がもたらす社会的変化についても考える必要がある。コロナ禍によっていわゆる「非接触文化（アンコンタクト）」が一般化すれば、情報革命の流れが加速化され、それが不平等をさらに強化するかもしれない。

多くの社会学者は、伝染病が蔓延すると感染の脅威を防ぐために潔癖志向が強まり、他人と距離を置くだけでなく差別や排斥さえもいとわなくなる可能性があると警告している。これを、伝染病と闘って体を守る免疫システムになぞらえて、「行動免疫システム」と呼ぶ。

こうした行動には、見知らぬもの、危なそうなものを排除するという点で、実際に感染を避ける効果があるかもしれないが、その副作用が小さくないことが問題だ。

国内はもちろん、世界的な人口移動を抑制する可能性も高く、長期的に見ると経済に新たな均衡、すなわち資本と労働の相対的な価値変化をもたらすものと思われる。

人の国際移動が減少するとき何が起こるか？

もう少し分かりやすく説明すると、昨今の深刻な所得の不平等は「国際人口移動」と密接に関係している。なぜなら、**国際人口移動は一部の例外（アメリカの技術移民など）を除けば、低所得国家から高所得国家へと流れるのが一般的**だからだ。

低所得国家は人的資本（教育および熟練技術）に対する投資が低い場合が多く、低所得国家から高所得国家への人口移動は経済に二つの複合的な影響を及ぼすことになる。一つ目は、**労働力増加に伴う経済成長率の向上**、二つ目は、**未熟練労働者間の競争激化**だ。その結果は、しばしば所得の強い両極化現象につながる。

それとは逆に、人口移動が減少すると何が起こるだろう？

その代表的なケースが1920年代のアメリカだ。当時のアメリカ経済には二つの大きな衝撃が発生していた。

一つ目は1921年の移民割当法▼の制定だ。この法は、第一次世界大戦後に大挙流入したヨーロッパからの難民を抑制するためのものだった。当時の移民の数を正確に把握することはできないが、学者らによれば、19世紀末から20世紀初めまでに約6000万人が新大陸に移住したと推計されている。毎年数十万、数百万の単位で移住してきていた若者が一気に途絶えることは、労働市場にとって大きな衝撃だったはずだ。

二つ目はインフルエンザの大流行である。1918～19年にかけて猛威をふるったスペイン風邪によって67・5万人のアメリカ人が死亡した。これは当時の世界全体の死者数が2000万人から5000万人と推定されていることからすれば、比較的少ない数値とは言える。しかし、問題は第一次世界大戦への参戦で多くの若者が命を落とした状況だったため、経済全般に深刻な人手不足を引き起こすことになった。

この二つの衝撃に伴う労働人口の深刻な減少が経済にもたらした変化は、過去に例を見ない実質賃金の上昇だった。

図8-10は1870～1940年、1940～2010年の実質賃金と生産性（＝1時間当たりの実質GDP）の増加率を比較したものだが、1940年以前に実質賃金が大きく上昇していることが分かる。この時期をさらに細かく分けて見ると、1910年から

移民割当法
1910年の国勢調査の時点でアメリカに住む移民を出生国別に分類し、その国別人口の3%を、当該国からの新規移民の受け入れ上限とすることを定めた移民制限法。24年の法改正で、基準年が1890年、割当率が2%に変更された。
1965年に、国別人口の機械的割当ではなくスキルや家族関係などを勘案した新たな移民法が制定されて効力を失った。

40年までの年平均実質賃金増加率は3・08％、1870～1910年までは2・08％で、前者が1ポイントも高かったことが分かる。

もちろん、1933年にルーズベルト政権下で始まった「ニューディール政策」で労働組合の加入率が急増し、労働者の「団結」が強化されたことも、実質賃金を押し上げる一因にはなっただろう。しかし、1929～37年の間にアメリカ史上最も過酷な大不況が発生したことを考慮すると、労組加入率が高まったことを実質賃金の急上昇の直接の原因と見ることは難しい。したがって、1910年代以降の実質賃金の急上昇は、「労働力が相対的に希少な資源」になったことと密接な関係があるといえる。

コロナ・ショックが深刻化させる所得の不平等

以上の内容を整理すると、**コロナショックによる金融市場の混乱、そして経済成長率の急激な鈍化は、短期的に所得の不平等を深刻化させる可能性が高い。**

高所得で比較的安定した職種の人は、コロナショック以降も暮らしに大きな変化はないだろうが、その日暮らしの人にとってみれば、「生存」が脅かされるような事態が起こるだろうからだ。

これから10年ほど先の未来についてあえて予想するならば、1920年代のアメリカで起きたことが再び起こらないとは限らない。伝染病の世界的大流行をきっかけに国際

図 8-10 生産労働者の1時間当たりの実質賃金および実質GDPの年平均増加率

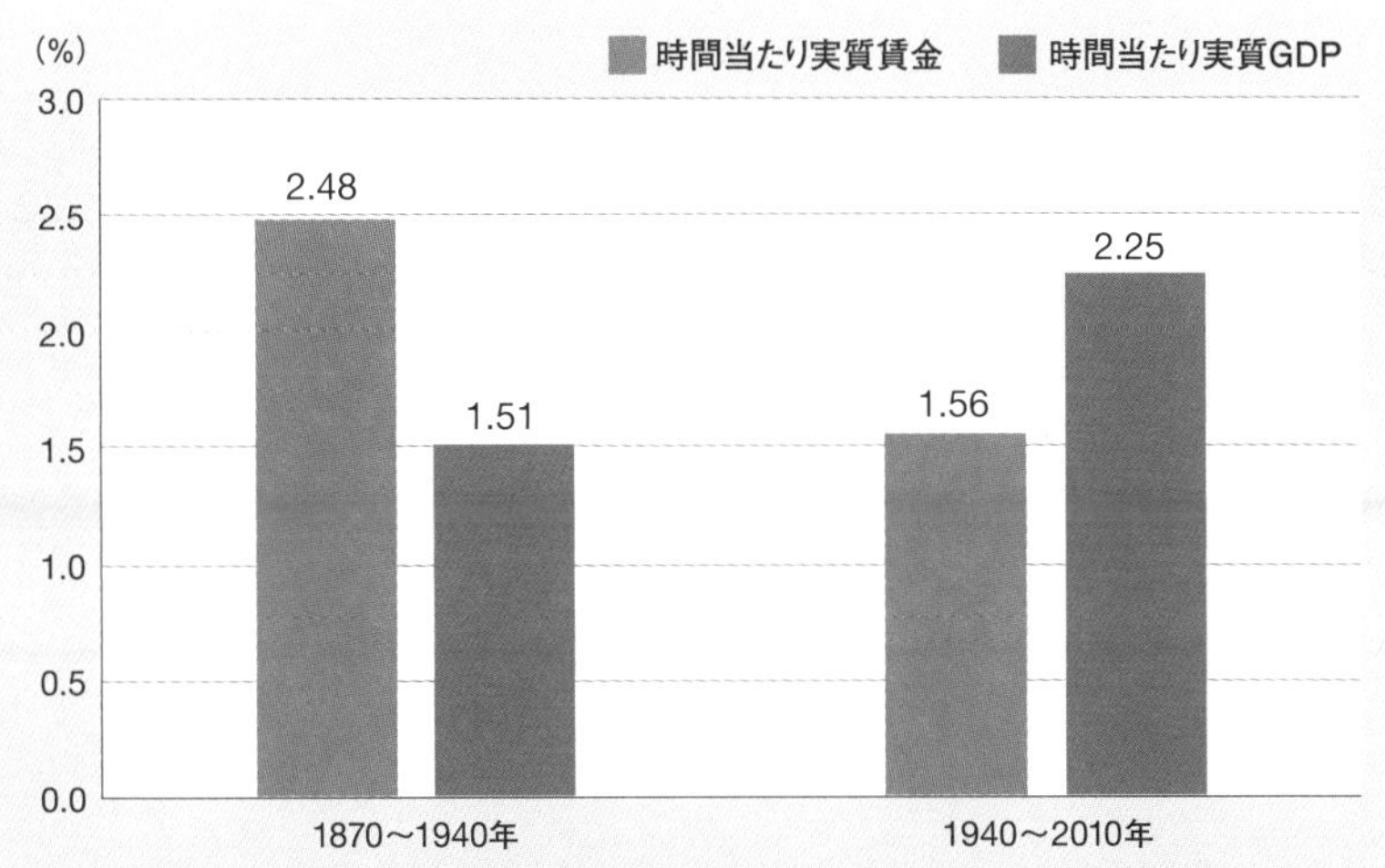

出典: Robert J. Gordon, *The Rise and Fall of American Growth: The U.S. Standard of Living Since the Civil War*, Princeton University Press, 2017.

図は1870〜1940年、1940〜2010年の実質賃金と生産性（＝1時間当たりの実質GDP）の増加率を比較したもの。実質賃金が1940年以前に大きく上昇していることが分かる。この時期をさらに細かく分けて見ると、1870〜1910年までの年平均実質賃金増加率は2.08%、1910年から40年までは3.08%で、後者が1ポイントも高かったことが分かる。これは第一次世界大戦（1914〜18年）での戦死、スペイン風邪（1918〜19年。アメリカの死者67.5万人）、移民割当法（1921年制定）による人手不足が原因と考えられる。

的な人口移動が費用や手続きの面で難しくなる可能性が高く、各国が人口移動を抑制する可能性も高まったからだ。

もちろんこれは一介のエコノミストの予想にすぎない。「所得の不平等」には多くの要素が影響するだろうから、この主張は一つの仮説くらいに受け止めていただければと思う。

PART8

教訓

歴史に学びつつ「歴史を塗り替える」姿勢が重要

コロナショック以降の世界経済はどんな姿になるだろうか。

これはとても難しい質問だが、2008年の世界金融危機以降に起こった状況と比較すれば、ある程度の輪郭は描けそうだ。

まず、世界経済に起こり得ることを説明するために**「GDPギャップ」**（需給ギャップ）という用語について説明する必要がある。

GDP（国内総生産）とは、ある国が特定の期間に生み出した付加価値の総和のことだ。また、GDPギャップとは、**実際のGDPと潜在GDPの差**を測定したものだ。潜在GDPとは、ある国が労働力や資本などを十分活用して達成できるGDPを意味する。つまりGDPギャップは、**その国の景気が過熱しているか沈滞しているかを示す尺度**だと言える。

GDPギャップと物価の関係を理解するため、自動車会社を例に取ってみよう。

年間100万台の自動車生産能力を持つB社があるとする。年間生産能力が100万台というと、かなり大きな会社だ。さて、新型モデルの人気が好調で年間120万台の注文があったとすると、いったい何が起こるだろうか。

筆者は89年、発売されたばかりの新型モデルの車を買うためにディーラーに行った。そのとき、「購入まで半年以上かかります」と言われたことを、今でもよく覚えている。ところでその店員は、「フルオプションモデルなら一カ月以内に納車できます」という提案をしてきた。事実上の値上げだ。このように、露骨に値上げすることができない場合に割引率を縮小したり、マージンの高いオプション付き商品を購入するよう勧めたりすることは、よくあることだ。

反対に、B自動車会社のモデルがあまり売れないとき、何が起こるだろうか。まずはカーナビやドライブレコーダーなどのオプションを無料サービスするなどのインセンティブを拡大するだろう。それでも車が売れなければ、最終的にはコストカットに乗り出すしかない。まずはパートタイム労働者を解雇し、それでも需要が回復しなければ正社員のリストラに踏み切るかもしれない。最近、一部の自動車会社で実際に起こりつつあるか、すでに起こったような現象だ。

この例から、**需要が生産能力を上回れば経済が活性化してインフレになり、逆**

に需要が生産能力を下回れば雇用が減少しインフレ圧力も弱まることが分かる。

ここでいう生産能力が、すなわち潜在ＧＤＰに当たる。

つまり潜在ＧＤＰとは、ある国の経済が抱える労働力と生産手段を使って達成可能な最大の成果と見ることができる。そして、実際のＧＤＰから潜在ＧＤＰを引いたものがＧＤＰギャップとなる。したがって、**ＧＤＰギャップがプラスになれば物価が上がり、逆にＧＤＰギャップがマイナスになれば物価が上がりにくい、いわゆる「デフレ」の時代となる**わけだ。

コロナ後の世界経済はV字回復できるか？

ここで２００８年に起きたことを振り返ってみよう。下記の**図8-11**はアメリカの潜在ＧＤＰと実際のＧＤＰ、そしてＧＤＰギャップの変化を示したものだ。２００８年の金融危機によるショックが、６年後の15年になってようやく落ち着いたことが分かる。

では、２０２０年のコロナショックは、いったいどんな影響を及ぼすだろうか。

国際通貨基金（ＩＭＦ）は年次報告書の中で、世界経済の成長率は２０２０年にマイナス３・０％と落ち込んだ後、２０２１年にはプラス５・８％となる、いわゆる景気のＶ字回復を予想している。だが、このように経済が急速に回復したと

図 8-11　2008年世界金融危機前後のアメリカにおける実質GDPと潜在GDP、およびGDPギャップ

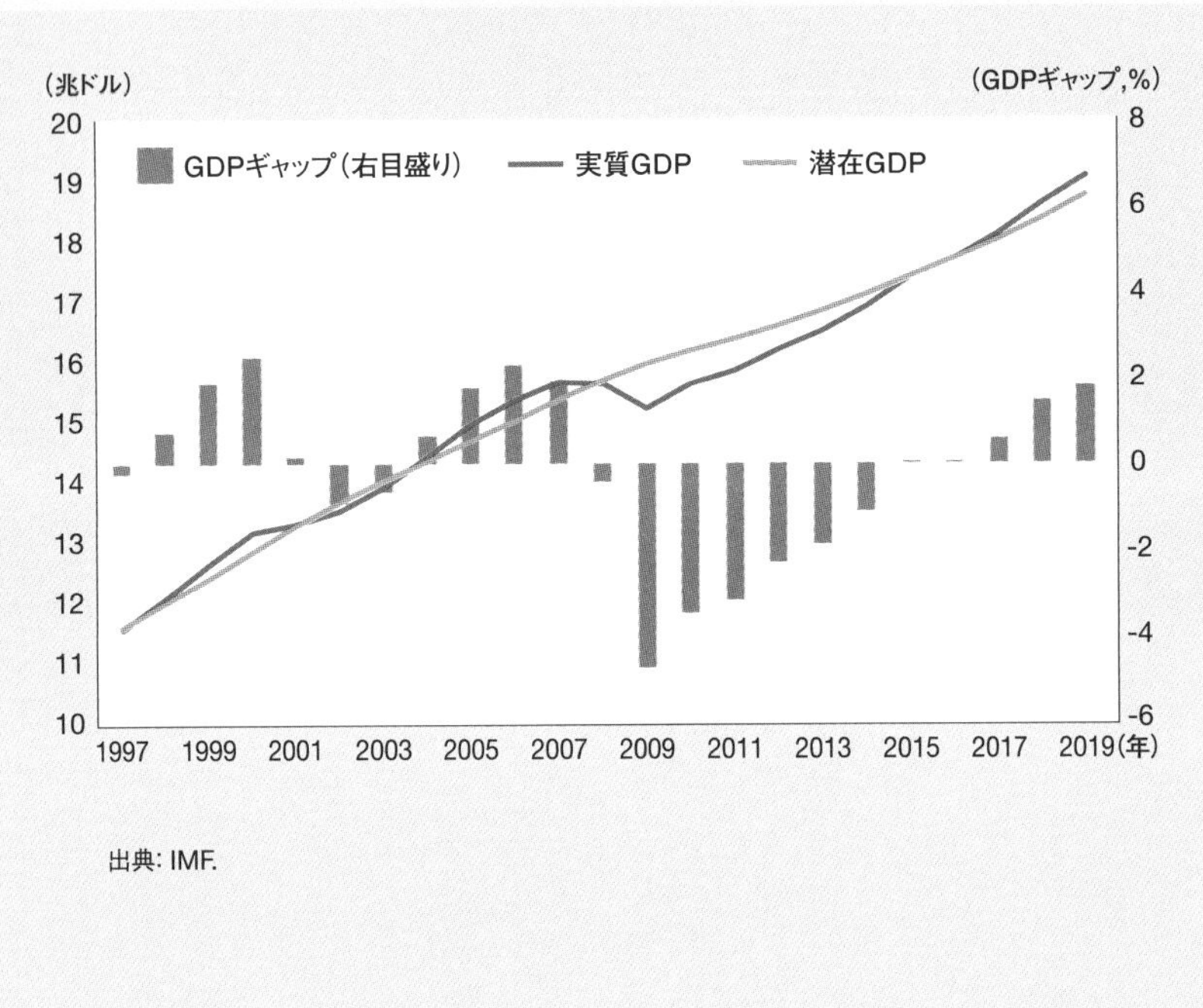

出典: IMF.

グラフはアメリカの潜在GDPと実際のGDP、そしてGDPギャップの変化を示している。2008年の金融危機によるショックが、6年後の15年になってようやく落ち着いたことが分かる。

しても、GDPギャップがプラスになるまでに少なくとも3～4年はかかる可能性が高い。なぜなら、2020年の厳しい景気沈滞によって企業は不良在庫をたっぷりと抱え込んだだろうし、相当数の企業が破産して失業者も増大したであろうからだ。

このIMFの予想にしても、各国政府が2008年の世界金融危機の教訓を生かして迅速な景気刺激策を発動するとの仮定に立ったものである以上、**世界経済はかなりの長期にわたってデフレ圧力にさらされる恐れ**も高い。

本書の予想がはずれることを祈るとともに、特に各国政府が1990年代の日本の失敗の経験を生かし、「市場の予想を超える」ような断固たる対応を推し進めることを願うばかりだ。

あとがき

本書を書くことになったきっかけは、ユーチューバーたちの集まりで「歴史と金融を結びつけたコンテンツをつくる気はないか」という提案を受けたことだ。たとえば、トラファルガーの海戦でイギリスがフランスとスペインの連合軍に圧勝したことは有名だが、人口も経済規模もフランスより小さいイギリスが、なぜあれほど強い海軍をつくることができたのか、不思議に思っている人が多いというのだ。

それ以来、本棚を見ながらよくよく考えてみると、金融という視点から世界史の流れを追っている本はないことに気づいた。もちろん経済史を専門とする学者たちは、こうしたテーマで多くの本や論文を書いているはずだが、一般人にも読みやすい本はなかなか見つからない。とはいえ、ただ考えているだけでは、本はできなかっただろうが、編集者が根気よく励ましてくれたおかげで、こうして出版にこぎつけることができた。
特に今回、日本語版では「コロナショック」という未曽有の衝撃が経済と社会にいかなる影響を及ぼすかに関する分析を加筆した。もちろん、この予測が100パーセント正しいという保証はない。ただ、現在を分析し未来を予測することにおいて、経済史的な観点がどんなふうに役立つのかを示すよい実例にはなるだろう。

毎週末に図書館に行って本書を執筆するのは、とても幸せな時間だった。これまで十数冊の本を書いたが、これほど気持ちよく本を書いたのは初めてだったことを告白しておく。おそらく自分にとって金融と歴史という二つの分野が大好きだったからこそ、楽しく本が書けたのではないかと思う。
毎週末に図書館に出かけることを許してくれた寛大な妻と、嫌な顔一つせずに父親に付き合って図書館についてきてくれた二人の息子にも感謝の言葉を伝えたい。最後に、体調がすぐれない中で、いつも息子の成功を祈ってくれる母、そして愛する二人のきょうだいたちに本書を捧げる。

ホン・チュヌク

ホン・チュヌク『デフレ戦争』スマートブックス（2020), 323-324ページ.

50 「紙幣をたくさん刷る」と、いったい経済に何が起こるか？

韓国経済新聞「[ミルトン・フリードマン教授]物価上昇はいつでも貨幣的な現象だ」(2016.11.18).

ヤン・ドンヒュ『貨幣と金融の歴史研究』ヘナム(2015), 64ページ.

51 通貨供給量が増えても「物価が上がらない」のはどうして？

キャンベル・マコンネルほか『経済学の理解』センヌン(2013), 920ページ.〔原書Campbell R. McConnell, et al., *Economics*, Irwin Professional, 2012〕

Miguel Faria e Castro, "Can Countercyclical Capital Buffers Help Prevent a Financial Crisis?"FRB of St.Louis (2019.6.21).

52 「情報革命」による生産性向上が世界経済に与えた影響とは？

Adarsh Verma, "Moore's Law Is Finally Dead—How Did This Happen?,"Fossbytes(2016.2.11).

ロバート・J・ゴードン『アメリカ経済　成長の終焉』センガゲヒム(2017), 635ページ〔原書 Robert J. Gordon, *The Rise and Fall of American Growth: The U.S. Standard of Living Since the Civil War*, Princeton University Press, 2017〕

53 労働者1人当たりの生産性が上がっても賃金は上がらない!?

Susan Fleck, John Glaser, and Shawn Sprague, "The Compensation-productivity Gap: A Visual Essay," Bureau of Labor Statistics (2011),

Asha Bharadwaj, Maximiliano A. Dvorkin, "The Rise of Automation: How Robots May Impact the U.S. Labor Market,"FRB of St.Louis (2019.7.10),

54 人間の仕事は「機械」や「人工知能」に取って代わられるのか？

Fleck, Glaser, and Sprague, "The Compensation-productivity Gap".

イーデイリー「出会いました(2)人手不足の介護分野,女性・外国人活用の代案」(2019.12.11).

IFR, "Robot density rises globally,"IFR Press Releases(2018.2.7).

David Autor, *The Polarization of Job Opportunities in the U.S. Labor Market-Implications for Employment and Earnings*, MIT Department of Economics and National Bureau of Economic Research(2010.4).

ハンナ・ロージン『男の終末』ミヌミン(2012), 174ページ.〔原書：Hanna Rosin, *The End of Men: And the Rise of Women*, Riverhead Books, 2012〕

55 コロナ後の世界に訪れるかもしれない「新たな不平等」

東アジアサイエンス「コロナ禍は有権者の心を変える」(2020.3.21).

ロナルド・フィンドレイ,ケビン・H・オルーク『権力と富』エコリーブル(2015), 594ページ.〔原書：Ronald Findlay, Kevin H. O'Rourke, *Power and Plenty: Trade, War, and the World Economy in the Second Millennium*, Princeton University Press, 2009〕

ロバート・J・ゴードン『アメリカ経済　成長の終焉』312-313, 406-407ページ.

PART8 教訓：歴史に学びつつ「歴史を塗り替える」姿勢が重要

ホン・チュヌク(2020)『デフレ戦争』35ページ.

IMF, *World Economic Outlook: The Great Lockdown*.

42　海上コンテナ輸送が東アジアに運んできた「奇跡」
Harry Valentine, "Comparing Maritime Versus Railway Transportation Costs," The Maritime Executive (2017.12.25).
マルク・レビンソン『ザ・ボックス』チョンリム出版(2017), 314, 316, 323-324ページ〔原書Marc Levinson, *The Box: How the Shipping Container Made the World Smaller and the World Economy Bigger*, Princeton University Press, 2008.邦訳『コンテナ物語―世界を変えたのは「箱」の発明だった』日経BP, 2019〕

43　20世紀末の韓国はなぜ「通貨危機」に陥ったのか？
チャ・ミョンス『金融恐慌と外為危機1870-2000』139-141ページ.

44　「金融の自由化」によって大きく変わった中央銀行の役割
チャ・ミョンス『金融恐慌と為替危機1870-2000』.
Raghuram Rajan, Why Are Structural Reforms So Difficult?, *Finance & Development*(2004.6).
Eswar Prasad, "Right Time for China to Liberalise Renminbi," *Brookings*(2012.3.26).
金融監督院「2018.11月末,国内銀行のウォン建て貸出の延滞率現況」(2012.3.25).
ホン・チュヌク『為替レートの未来』.
ブルース・バートレット『ホワイトハウス経済学者』ウンジンチシクハウス(2010), 360ページ.〔原書Bruce Bartlett, *The New American Economy: The Failure of Reaganomics and a New Way Forward*, Palgrave Macmillan, 2009〕

45　企業の経常収支は黒字でも「景気がよくならない」のはなぜ？
ホン・チュヌク『為替レートの未来』60-62ページ.
IMF, *World Economic Outlook*(2018.10).

PART7 教訓：景気回復のためにこそ「健全な財政」を手放す勇気をもて
Jonathan D. Ostry et.al., "Fiscal Space," IMF Staff Position Note (2010).

PART8　「アフター・コロナ」の世界経済

46　どうすれば世界は「コロナ不況」を乗り越えられるか？
Nisha Gopalan, "Investors Wake Up and Smell the Luckin Coffee," Bloomberg(2020.4.3).
ロジャー・ローウェンスタイン『クラッシュ―成長と不況の2つの顔』韓国経済新聞(2012), 147ページ.〔原書Roger Lowenstein, *Origins of the Crash: The Great Bubble and Its Undoing*, The Penguin Press HC, 2004. 邦訳『なぜ資本主義は暴走するのか―「株主価値」の恐るべき罠』日本経済新聞出版, 2005〕
中央Sunday『水が抜ければ裸で泳いでいる人が見える』(2017.3.12).

47　100年前の「スペイン風邪」で得た教訓を思い出そう
Hannah Hoag, "Study Revived Bird Origin for 1918 Flu Pandemic," *Nature*(2014.2.18).
Gina Kolata, "Coronavirus Is Very Different from the Spanish Flu of 1918. Here's How," NewYork Times(2020.3.16).
韓国銀行「新型コロナの世界的流行が世界経済に及ぼす影響」『海外経済フォーカス』第2020-14号(2020.4.12).
IMF, *World Economic Outlook: The Great Lockdown*(2020.4).

48　「ロックダウン」と「経済活動」、どちらを優先すべきか？
Richard Baldwin, Beatrice Weder di Mauro et al., Mitigating the COVID Economic Crisis: Act Fast and Do Whatever It Takes, VoxEU.org(2020.3.18).
毎日経済「新型コロナ感染者・死亡者が世界2位のイタリア,致死率が高い理由は？」(2020.3.16).
中央Sunday「経済を考慮した『緩やかな防疫』では力及ばず……集団免疫から手を引いたスウェーデン」(2020.4.11).
Niclas Rolander, "Swedish Virus Deaths Top 1,000, Fueling Criticism Over Strategy," Bloomberg(2020.4.14).
Martin Wolf , "We must focus attention on our next steps," Financial Times(2020.4.7).

49　コロナショックに対する「財政政策効果」を高めるには
ブルース・バートレット『ホワイトハウス経済学者』309ページ.
鵜飼博史「量的緩和政策の効果実証研究のサーベイ」No.06-J-14,日本銀行ワーキングペーパーシリーズ, 2006.

36　なぜ、「資産価格の暴落」を抑えると不況になるのか？
ホン・チュヌク『人口と投資の未来』43-46ページ.
ポール・クルーグマン『今すぐこの不況を終わらせよう』エルドラド(2013), 70-72ページ.〔原書Paul Krugman, *End This Depression Now!*, W.W.Norton & Co. Inc., 2013.邦訳『さっさと不況を終わらせろ』早川書房, 2015〕
リチャード・C・クー『大沈滞の教訓』ドナン出版社(2010), 53ページ.〔原書Richard C. Koo, *The Holy Grail of Macroeconomics: Lessons from Japan's Great Recession*, John Wiley, 2008〕
湯之上隆『日本半導体敗戦』ソンアンダン(2011), 38ページ.〔原書『日本「半導体」敗戦―なぜ日本の基幹産業は壊滅したのか?』光文社, 2009〕

37　バブル崩壊が「長期不況」につながった特異な事情
Alan Ahearne et al., "Preventing Deflation: Lessons from Japan's Experience in the 1990s," *IDEAS*, 2002.
Kiichi Tokuoka, Murtaza H Syed, Kenneth H Kang, *"Lost Decade" in Translation- What Japan's Crisis could Portend about Recovery from the Great Recession*, IMF Working Papers (2009.12.1).
現代経済研究院「日本型長期不況　政府政策の失敗が原因」(2005).

38　利下げの遅れが招いた日本の「失われた20年」
IMF, *World Economic Outlook*, 2018.
ベン・バーナンキ『ベン・バーナンキ　連邦準備制度と金融危機を語る』40-41ページ.
ホン・チュヌク,イ・ウンドク,イ・キリョン『理解して投資しよう！　お金になる株式投資』100-101ページ.
朝鮮ビズ「韓銀『GDPギャップ率,1%に迫る』」(2017.1.31).

PART6 教訓：バブルが崩壊したら、とにかくお金をばらまけ！
ダニエル・D・エッケルト『貨幣トラウマ』242ページ.
ホン・チュヌク『為替レートの未来』66-68ページ.
朝鮮日報「早期是正措置とは何か,そしてどんな影響があるのか」(2014.4.8).
中央日報「ドラギ総裁の後任は誰?…ECB組織の次期人事に注目」(2018.10.31).

PART7　「東アジア経済」の成長・危機・低迷

39　多くの国が「貧困の悪循環」から抜け出せない理由
韓国銀行「2018年第4四半期及び年間の国内総生産(速報)」(2019.1.22).
バリー・アイケングリーン,ドワイト・パーキンス,シン・グァンホ『奇跡から成熟へ』ソウルセレクション(2014), 4-5ページ.〔原書Barry Eichengreen, Dwight H. Perkins, Kwanho Shin, *From Miracle to Maturity: The Growth of the Korean Economy*, Harvard University Press, 2012〕
Robert C. Allen, *The British Industrial Revolution in Global Perspective.*
ロバート・C・アレン『世界経済史』56ページ.
チャ・ミョンス『飢餓と奇跡の起源』15-17, 235ページ.
グレッグ・ブレジンスキー『大韓民国をつくる1945-1987』チェククァハムケ(2011), 45ページ.〔原書Gregg Brazinsky, *Nation Building in South Korea: Koreans, Americans, and the Making of a Democracy*, University of North Carolina Press, 2009〕

40　「低賃金・不平等・低学歴」の三重苦を解決した方法
グレッグ・ブレジンスキー『大韓民国をつくる1945-1987』44-46, 50ページ.
ジョー・スタッドウェル『アジアの力』プロムブックス(2016), 39-40, 44-45, 125-127ページ.〔原書Joe Studwell, How Asia Works: Success and Failure in the World's Most Dynamic Region, Profile Books, 2014〕
チャ・ミョンス『飢餓と奇跡の起源』15-17, 232-233ページ.

41　「アメ」と「ムチ」の使い分けが輸出産業を活性化させた
ジョー・スタッドウェル『アジアの力』135-136ページ.
入山章栄『世界の経営学者はいま何を考えているのか』エイジ21(2013), 82ページ.〔原書『世界の経営学者はいま何を考えているのか―知られざるビジネスの知のフロンティア』英治出版, 2012〕
中央日報「途上国で高いというエンゲル指数の逆襲…いったいなぜ韓国が?」(2019.2.4).
キム・ドゥオルほか『韓国の経済危機と克服』大韓民国歴史博物館(2017), 58-62ページ.
キム・ドゥオル『韓国経済史の再解釈』ヘナム(2017), 110-111ページ.

30 「オイルショック」から立ち直るのに10年かかった理由

Bill Conery, "Commodity Prices: Basics For Businesses That Buy, Sell Or Use Basic Materials," *Forbes*(2014.6.20).

IMF, *Global Implications of Lower Oil Prices*, 2015.

ホン・チュヌク,イ・ウンドク,イ・キリョン『理解して投資しよう！　お金になる株式投資』163ページ.

31 原油生産が価格変動にすぐ対応できないのはなぜ?

IMFblog, "End of the Oil Age: Not Whether But When" (2017.9.12).

ソウル経済新聞「ジェネシスG70, モーターランド『今年の車』に選定」(2019.1).

Gail Tverberg, "Fall of the Soviet Union: Implications for Today," Our Finite World(2011.8.8).

ジム・ロジャーズ『商品市場に投資しよう』グッドモーニングブックス(2005), 75-77ページ.〔原書Jim Rogers, *Hot Commodities: How Anyone Can Invest Profitably in the World's Best Market*, Random House Inc,2004.邦訳『大投資家ジム・ロジャーズが語る商品の時代』日本経済新聞社, 2005〕

PART5 教訓：中央銀行に逆らってはいけない

NBER, "US Business Cycle Expansions and Contractions,"(2010.9.20).

ラッセル・ネイピア『ベア・マーケット』420-421ページ.

ホン・チュヌク『人口と投資の未来』エフアンドメディア(2017), 34ページ.

PART6 「日本経済」はなぜ崩壊したのか?

32 「プラザ合意」が引き起こしたのは円高だけではなかった

ホン・チュヌク『為替レートの未来』エイジ21(2016), 17-18ページ.

イ・チャヌ『大韓民国新国富論』スマートブックス(2014),30-31ページ.

チャ・ミョンス『金融恐慌と為替危機1870-2000』187ページ.

IMF, *The Curious Case of the Yen as a Safe Haven Currency*, 2013.

33 「ブラックマンデー」後の景気対策で分かれた明暗

ホン・チュヌク,イ・ウンドク,イ・キリョン『理解して投資しよう！　お金になる株式投資』161-162ページ.

イ・チャヌ『大韓民国新国富論』30-31ページ.

チャ・ミョンス『金融恐慌と為替危機1870-2000』187ページ.

ピーター・L・バーンスタイン『世界金融市場を揺るがした投資アイデア』イソン(2006), 438, 443-444ページ.〔原書Peter L. Bernstein, *Capital Ideas: The Improbable Origins of Modern Wall Street*, John Wiley, 2005〕

34 日本の株式市場が前代未聞の「バブル」に突入した背景

ケン・フィッシャー,ジェニファー・チュウ,ララ・ホフマンズ『3つの質問で株式市場に勝つ』ビジネスマップ(2008).〔原書Kenneth L. Fisher, Jennifer Chou, Lara W. Hoffmans, *The Only Three Questions That Count: Investing by Knowing What Others Don't*, John Wiley, 2006.邦訳『投資家が大切にしたいたった3つの疑問』パンローリング, 2011〕

ローレン・テンプルトン,スコット・フィリップス『ジョン・テンプルトンの価値投資戦略』ビジネスブックス(2009), 113ページ.〔原書Lauren C. Templeton, Scott Phillips, *Investing the Templeton Way: The Market-Beating Strategies of Value Investing's Legendary Bargain Hunter*, McGraw-Hill, 2008.邦訳『テンプルトン卿の流儀—伝説的バーゲンハンターの市場攻略戦略』パンローリング, 2010〕

イ・チャヌ『大韓民国新国富論』42ページ.

ホン・チュヌク,イ・ウンドク,イ・キリョン『理解して投資しよう！　お金になる株式投資』89ページ.

35 「不動産価格」の高騰によってさらなる悲劇の幕が上がった

Katharina Knoll, Moritz Schularick and Thomas Steger, "No Price Like Home: Global House Prices, 1870-2012," *American Economic Review*, Vol.107, No.2(Feb. 2017), 331-353ページ.

ホン・チュヌク,イ・ウンドク,イ・キリョン『理解して投資しよう！　お金になる株式投資』86-87ページ.

Yukio Noguchi, James M. Poterba ed., *Housing Markers in the United States and Japan*, University of Chicago Press, 1994.

東亜日報「韓国の不動産も日本のようにバブルが崩壊する?」(2018.10.19).

韓国住宅金融公社「下落の記憶,沈滞に対する回顧」(2018).

イ・ジェボム, キム・ヨンギ『不動産の見えない真実』プレノミ(2016), 90ページ.

ベン・バーナンキ『ベン・バーナンキ　連邦準備制度と金融危機を語る』43-44ページ.
ヤン・ドンヒュ『1930年代世界大恐慌研究』121, 135ページ.
ティモシー・ガイトナー『ストレステスト』インビクトゥス(2015), 282ページ.〔原書Timothy F. Geithner, *Stress Test: Reflections on Financial Crises*, Crown Pub, 2014〕

25　「デフレ」の荒波に翻弄され続けたアメリカの苦悩

バリー・アイケングリーン『黄金の足かせ』537ページ.
ベン・バーナンキ『ベン・バーナンキ　連邦準備制度と金融危機を語る』49-50ページ.
ヤン・ドンヒュ『1930年代世界大恐慌研究』121, 135ページ.

26　なぜ、ドイツ経済は「たった3年」で回復できたのか？

チャ・ミョンス『金融恐慌と為替危機1870-2000』123-125ページ.
バリー・アイケングリーン『黄金の足かせ』458-459ページ.
ヤン・ドンヒュ『1930年代世界大恐慌研究』294-295, 297ページ.

PART4 教訓：不況のときほど「断固たる経済政策」が必要だ！

チャ・ミョンス『金融恐慌と為替危機1870-2000』123-125ページ.
バリー・アイケングリーン『黄金の足かせ』458-459ページ.
ヤン・ドンヒュ『1930年代世界大恐慌研究』294-295, 297ページ.

PART5　「金本位制」廃止後に生まれた新たな秩序

27　覇権国アメリカはなぜ「市場開放」の道を選んだか？

チャ・ミョンス『金融恐慌と為替危機1870-2000』139-141ページ.
バリー・アイケングリーン『黄金の足かせ』458-459ページ.
パク・チヒャン『帝国の品格』21世紀ブックス(2018), 148ページ.
ピーター・ゼイハン『21世紀アメリカの覇権と地政学』キムアンドキムブックス(2018), 192-193, 196ページ.〔原書Peter Zeihan, *The Accidental Superpower: The Next Generation of American Preeminence and the Coming Global Disorder*, Twelve, 2016.邦訳『地政学で読む世界覇権2030』東洋経済新報社, 2016〕
Bolt and Zanden, "The Maddison Project,"627-651ページ.

28　ニクソン大統領が「金本位制の廃止」を決めた理由

ジョージ・クーパー『ミンスキーの目で見る金融危機の起源』リーダーハウス(2009), 127-130ページ.〔原書George Cooper, *The Origin of Financial Crises: Central Banks, Credit Bubbles and the Efficient Market Fallacy*, Vintage, 2008〕
ホン・チュヌク,イ・ウンドク,イ・キリョン『理解して投資しよう！　お金になる株式投資』62-63ページ.
ジェレミー・シーゲル『株式に長期投資しよう』.
チェ・ドンヒョン,イ・ジュンソ「金価格の決定要因に関する研究：代替投資資産の観点から」『財務管理研究』31巻3号(2014), 79-112ページ.
Paul Krugman, "Treasuries, TIPS, and Gold (Wonkish)," NewYork Times (2011.9.6).
ダニエル・D・エッケルト『貨幣トラウマ』69-70ページ.

29　「高金利政策」を貫き通したFRB総裁の真意とは？

ジェレミー・シーゲル『株式に長期投資しよう』.
ホン・チュヌク『お金を運用してみましょう』スマートブックス(2012),162ページ.
Tim Duy, "Inflation Hysteria Redux," Tim Duy's Fed Watch, 2014.7.6.
ダニエル・D・エッケルト『貨幣トラウマ』77-78ページ.
ポール・クルーグマン『不況の経済学』世宗書籍(2015), 26-31ページ.〔原書Paul Krugman, *The Return of Depression Economics and the Crisis of 2008*, W W Norton&Co Inc, 2008.邦訳『世界大不況からの脱出─なぜ恐慌型経済は広がったのか』早川書房, 2009〕
ニール・アーウィン『錬金術師たち』ビジネスマップ(2014), 106-107ページ.〔原書Neil Irwin, *The Alchemists: Three Central Bankers and a World on Fire*, Penguin Group USA, 2013.邦訳『マネーの支配者─経済危機に立ち向かう中央銀行総裁たちの闘い』早川書房, 2014〕
Joan Sweeney and Richard James Sweeney, "Monetary Theory and the Great Capitol Hill Baby Sitting Co-op Crisis", *Journal of Money, Credit and Banking*, Vol. 9, No. 1, Part 1 (Feb., 1977).

リカ史―分断と相克の400年』岩波書店, 2017〕
ビル・ロス『鉄道,歴史を変える』イェギョン(2014), 28-31, 100-103ページ.〔原書Bill Laws, *Fifty Railways That Changed the Course of History*, F&W Media International Ltd., David&Charles, 2013.邦訳『図説世界史を変えた50の鉄道』原書房, 2014〕

PART3 教訓：「生産性」の向上スピードが速い国家に注目しよう！

Bloomberg,"These Are the World's Most Innovative Countries,"(2019.1.21).
チャ・ミョンス『飢餓と奇跡の起源』
イ・ジピョン, イ・グンテ, リュ・サンユン『韓国は日本に似つつあるのか』イワウ(2016), 205ページ.

PART4 「大恐慌」は世界に何をもたらしたか？

19 「起こるはずがなかった」第一次世界大戦が残したもの

ウィリアム・バーンスタイン『富の誕生』228-230ページ.
ウィリアム・H・マクニール『戦争の世界史』407ページ.
ニーアル・ファーガソン『金融の支配』105, 107-108ページ.

20 ドイツで「ハイパーインフレ」が発生したのはなぜ？

チャ・ミョンス『金融恐慌と為替危機1870-2000』アカネット(2004), 95-96ページ.
ニーアル・ファーガソン『現金の支配』163ページ.
ダニエル・D・エッケルト『貨幣トラウマ』ウィチュ(2012), 169ページ.〔原書Daniel D. Eckert, *Weltkrieg Der Wahrungen*, FinanzBuch Verlag, 2010〕
ピーター・L・バーンスタイン『黄金の支配』368-369ページ.

21 株の大暴落を招いた「投資の過熱」と「素人の信用取引」

ヤン・ドンヒュ『1930年代世界大恐慌研究』ソウル大学出版部(2000), 5ページ.
ホン・チュヌク,イ・ウンドク,イ・キリョン『理解して投資しよう！ お金になる株式投資』カリムM&B (2002), 115-116ページ.
ジェレミー・シーゲル『株式に長期投資しよう』イレメディア(2015).〔原書Jeremy J. Siegel, *Stocks for the Long Run The Definitive Guide to Financial Market Returns & Long-Term Investment Strategies*, McGraw-Hill Professional Publishing, 2014.邦訳『株式投資 長期投資で成功するための完全ガイド』日経BP, 2006〕
ラッセル・ネイピア『ベア・マーケット』イェムン(2009), 157,1 64-165ページ.〔原書Russell Napier, *Anatomy of the Bear: Lessons from Wall Street's Four Great Bottoms*, Harriman House, 2009〕
ベン・バーナンキ『ベン・バーナンキ 連邦準備制度と金融危機を語る』ミジブックス(2014), 34-35ページ.〔原書Ben S. Bernanke, *The Federal Reserve and the Financial Crisis*, Princeton University Press, 2015.邦訳『連邦準備制度と金融危機―バーナンキFRB理事会議長による大学生向け講義録』一灯舎, 2012〕

22 清算主義による「金利引き上げ」が株式市場を崩壊させた

バリー・アイケングリーン『黄金の足かせ』ミジブックス(2016), 43ページ.〔原書Barry J. Eichengreen, *Golden Fetters: The Gold Standard and the Great Depression*, 1919-1939, Oxford University Press, 1996〕
チャ・ミョンス『金融恐慌と為替危機1870-2000』110-111ページ.
J. Bradford De Long, *"Liquidation" Cycles: Old-Fashioned Real Business Cycle Theory and the Great Depression*, NBER Working Paper, No.3546, 1990.
ベン・バーナンキ『ベン・バーナンキ 連邦準備制度と金融危機を語る』40-41ページ.
ヤン・ドンヒュ『1930年代世界大恐慌研究』16ページ.

23 「大恐慌」はどうすれば防ぐことができたのだろう？

バリー・アイケングリーン『黄金の足かせ』357, 404-406, 411ページ.
ベン・バーナンキ『ベン・バーナンキ 連邦準備制度と金融危機を語る』25ページ.
チャ・ミョンス『金融恐慌と為替危機1870-2000』127-128ページ.
ヤン・ドンヒュ『1930年代世界大恐慌研究』121ページ.
ニーアル・ファーガソン『金融の支配』13ページ.

24 金融危機をさらに拡大させた「銀行の過ち」とは？

バリー・アイケングリーン『黄金の足かせ』425ページ.

Dudley L. Poston Jr. and David Yaukey, *The Population of Modern China*, Springer, 1992, 52ページ.
Do-Hyung Kim, Chenquan Huang, John R. G. Townshend, "Forest Cover Change in the Korean Peninsula Assessed Using Global Land Survey data."

PART2 教訓：「貨幣の供給」が減ると、景気は悪化する！

ミルトン・フリードマン,アンナ・シュウォーツ『大恐慌1929-1933年』ミジブックス(2010), 91ページ.〔原書Milton Friedman and Anna Jacobson Schwartz, *The Great Contraction 1929-1933*, Princeton university press,2008.邦訳『大収縮1929-1933―「米国金融史」第7章』2009,日経BP〕
ニーアル・ファーガソン『金融の支配』53-54.

PART3 「人口」が国家財政を左右した時代

14 「所得の増減」をめぐるイギリスと中国の決定的な差

Gregory Clark, "The Condition of the Working-Class in England, 1200-2000: Magna Carta to Tony Blair," Working paper, University of California, Davis, 2004.
グレゴリー・クラーク『マルサス,産業革命,そして理解不能な新世界』ハンスメディア(2009),24ページ.〔原書Gregory Clark, *A Farewell to Alms: A Brief Economic History of the World*, Princeton University Press, 2007.邦訳『10万年の世界経済史』日経BP, 2009〕
速水融『近世日本の経済発展と勤勉革命』ヘアン(2006), 139-140, 168, 188-189ページ.〔原書『近世日本の経済社会』麗澤大学出版会, 2003〕
イアン・モリス『なぜ西洋が支配するのか　過去200年間人類が解けなかった問題』29-30ページ.
申尚穆『学校では教えてくれない日本史』プリワイパリ(2017), 28-29ページ.
岡崎哲二『制度と組織の経済史』98-99ページ.

15 江戸時代の日本で「産業革命」が起こらなかったのはなぜ？

速水融『近世日本の経済発展と勤勉革命』139-140, 168, 188-189ページ.
稲垣栄洋『植物都市江戸の誕生』クルハンアリ(2017), 189ページ.〔原書『徳川家の家紋はなぜ三つ葉葵なのか―家康のあっぱれな植物知識』東洋経済新報社, 2015〕
ロバート・C・アレン『世界経済史』キョユソガ(2017),54ページ.〔原書Robert C. Allen, *Global Economic History: Very Short Introductions*, Oxford University Press,2011.邦訳『なぜ豊かな国と貧しい国が生まれたのか』NTT出版,2012〕
科学東亜『韓国「世界革新国家1位」の意味は?』(2018).
シュロモ・メイタル『CEO経済学』コルム(2001),　251-257ページ.〔原書Shlomo Maital, *Executive Economics: Ten Tools for Business Decision Makers*, Free Press,1994〕

16 イギリスはいかにして「人口爆発」を回避したか？

Robert C. Allen, "The British Industrial Revolution in Global Perspective: How Commerce Created The Industrial Revolution and Modern Economic Growth," Unpublished paper, Nuffield College, Oxford University, 2006.
ロバート・C・アレン『世界経済史』56ページ.
朱京哲,イ・ヨンリム,チェ・ガプス『近代ヨーロッパの形成』50-51ページ.
グレゴリー・クラーク『マルサス,産業革命,そして理解不能な新世界』131-132ページ.

17 世界最強の中国を打ち負かしたイギリスの「切り札」とは？

ウィリアム・T・ロー『ハーバード中国史　清』250-251, 257, 278-279ページ.
チョン・ヤンウォン『中国を揺るがしたアヘンの歴史』エコリブロ(2009), 30-31, 116, 118, 159, 163ページ.
キム・ジェソン『アヘンと近代中国』韓国学術情報(2010), 40ページ.
朱京哲『大航海時代』285ページ.
宮崎市定『中国通史』487-488ページ.

18 アメリカの南部諸州が「奴隷制」廃止に抵抗した根本理由

岡崎哲二『制度と組織の経済史』181-183ページ.
ウィリアム・H・マクニール『戦争の世界史』308-309ページ.
ホン・チュヌク『雑学多食な経済学者のフランス探訪記』183ページ.
コリン・ウッダード『分裂する帝国』クルハンアリ(2017), 263-265ページ.〔原書Colin Woodard, *American Nations: A History of the Eleven Rival Regional Cultures of North America*, Penguin Group, 2012.邦訳『11の国のアメ

中村哲,パク・ソプ『近代東アジア経済の歴史的構造』一潮閣(2007), 39-40ページ.〔原書『近代東アジア経済の史的構造―東アジア資本主義形成史Ⅲ』日本評論社, 2007〕

PART2 大航海時代が開いた「グローバル経済」

08 国家の危機を脱するために実施された明の「税制改革」

パダソリ「明代の貿易の抑圧と倭寇の猖獗」(2018.6).
宮崎市定『中国通史』サーカス出版商会(2016), 448-450ページ.〔原書『中国史』岩波書店, 2015〕
イム・ヨンハン『名将は勝てる戦いしかしない』ウィズダムハウス(2014), 247ページ.

09 ヨーロッパの銀の大半が「中国に流入」したのはなぜか?

朱京哲『大航海時代』258-259ページ.
ティモシー・ブルック『ハーバード中国史 元・明』ノモブックス(2014), 433ページ.〔原書Timothy Brook, *The Troubled Empire: China in the Yuan and Ming Dynasties*, Harvard Univ. Pr., 2013〕
パダソリ「大陸間電信の導入と貿易品価格の変化」(2018.7).
ケネス・ポメランツ『砂糖,コーヒー ,そして暴力』363-364ページ.
ユン・ビョンナム『銅と侍』ソナム(2007), 51-52ページ.

10 経済不況が長く続いた「ポスト三国志」時代の真相

宮崎市定『中国中世史』シンソウォン(1996), 30-31, 49,351ページ.〔原書『世界の歴史(7)大唐帝国』河出書房新社, 1989〕
毎日経済新聞「〔イ・ソン教授の創造経済特別講座〕第1講 アダム・スミスのピン工場の話」(2014.3.24).
リチャード・フォン・グラン『ケンブリッジ 中国経済史』ソワダン(2019), 256-257, 266ページ.〔原書Richard Von Glahn, *The Economic History of China: From Antiquity to the Nineteenth Century*, Cambridge University Press,2016.邦訳『中国経済史―古代から19世紀まで』みすず書房, 2019〕
リン・ホワイト・Jr『中世の技術と社会変化』知識の風景(2005), 32ページ.〔原書Lynn White, *Medieval Technology and Social Change*, Oxford University Press, 1966.邦訳『中世の技術と社会変動』思索社, 1985〕

11 18世紀、圧倒的に豊かだった東洋が西洋に追い越された!

宮崎市定『中国通史』454, 457ページ.
イアン・モリス『なぜ西洋が支配するのか 過去200年間人類が解けなかった問題』クルハンアリ(2017), 239ページ.〔原書Ian Morris, *Why the West Rules - For Now: The Patterns of History, and What They Reveal About the Future*, Profile Books, 2010.邦訳『人類5万年 文明の興亡―なぜ西洋が世界を支配しているのか』筑摩書房, 2014〕
Bolt and Zanden, "The Maddison Project,"627-651ページ.
UNDP, *Human Development Indices and Indicators 2018 Statistical Update*(2018).

12 強国・明はどうして「農民の反乱」によって滅んだのか?

ティモシー・ブルック『ハーバード中国史 元・明』446-447, 485-486ページ.
翦伯賛『中国史綱要2』中央ブックス(2015), 319, 322ページ.〔原書『中國史綱要』北京大学出版社,2007〕
キム・シドク『東アジア,海洋と大陸が向き合う』メディチメディア(2015),80-81ページ.
ベンジャミン・リバーマン,エリザベス・ゴードン『シグナル』ジンソンブックス(2018), 235-236ページ.〔原書Benjamin Lieberman, Elizabeth Gordon, *Climate Change in Human History: Prehistory to the Present*, Bloomsbury USA Academic,2018〕
Shaun A. Marcott, Jeremy D. Shakun, Peter U. Clark, Alan C. Mix, "A Reconstruction of Regional and Global Temperature for the Past 11,300 Years," *Science*, Vol.339, Issue6124, 8 Mar. 2013, 1198-1201ページ.

13 国家の繁栄がもたらした「土壌荒廃」と「賃金下落」

翦伯賛『中国史綱要2』421-422, 425ページ.
ク・ボムジン『清,キメラの帝国』ミヌムサ(2012), 63-64, 103ページ.
チャ・ミョンス『飢餓と奇跡の起源1700-2010』ヘナム(2014), 196-197ページ.
ポール・ロップ『オックスフォード中国史授業』ユユ(2016), 261ページ.〔原書Paul S. Ropp , *China in World History*, Oxford University Press, 2010〕
ウィリアム・T・ロー『ハーバード中国史 清』ノモブックス(2014), 48, 56-57, 164-165, 172ページ.〔原書William T. Rowe, *China's Last Empire: The Great Qing*, Harvard University Press, 2012〕

04　なぜ、人間は「命の危険」を冒してまで金銀を求めるのか？

ユヴァル・ノア・ハラリ『サピエンス』キムヨンサ(2015), 169-170ページ.〔原書Yuval Noah Harari, *Sapiens : A Brief History of Humankind,* Vintage, 2015.邦訳『サピエンス全史―文明の構造と人類の幸福』河出書房出版社, 2016〕

ハンギョンビジネス「大航海時代の基軸通貨『カウリ貝』」(2018.1.24).

レベッカ・ゾラック,マイケル・W・フィリップス・ジュニア『ゴールド』セト(2018), 43-44ページ.〔原書Rebecca Zorach, Michael Phillips, *Gold: Nature and Culture*, The University of Chicago Press, 2016.邦訳『図説 金の文化史』原書房, 2016〕

ウィリアム・バーンスタイン『富の誕生』199ページ.

ピーター・L・バーンスタイン『黄金の支配』

ニーアル・ファーガソン『金融の支配』28ページ.

ジャック・ゴールドソン『なぜヨーロッパなのか』ソヘムンジプ(2011), 58ページ.〔原書Jack Goldstone, *Why Europe? The Rise of the West in World History 1500-1850 Explorations in World History*, McGraw-Hill Education,2008〕

朱京哲『文明と海』339ページ.

05　「資本主義」の礎を築いたヨーロッパの巨大商人たち

朱京哲,チェ・ガプス,イ・ヨンリム『近代ヨーロッパの形成』カチ(2011),73ページ.

フェルナン・ブローデル『物質文明と資本主義を読む』ガラパゴス(2012),64-66ページ.〔原書Fernand Braudel, *La Dynamique du Capitalism*, Flammarion,2008.邦訳『歴史入門』中央公論新社,2009〕

ソウル経済新聞「彼らだけの喜望峰」(2016.11.22).

ナム・ジョングク『イタリア商人の偉大な挑戦』エルフィ(2015), 185-186ページ.

ニーアル・ファーガソン『金融の支配』48ページ.

チャールズ・P・キンドルバーガー『経済強大国興亡史1500-1990』カチ(2004), 160ページ.〔原書Charles P. Kindleberger, *World Economic Primacy: 1500-1990*, Oxford University Press,1996.邦訳『経済大国興亡史―1500-1900』岩波書店,2002〕

ホン・チュヌク『雑学多食な経済学者のフランス探訪記』エイジ21(2018), 183ページ.

Bolt, J. and J. L. van Zanden, "The Maddison Project: collaborative research on historical national accounts," *The Economic History Review*, 2014, 67(3): 627-651ページ.

06　銀行が発行する貨幣にいかにして「価値」が生まれたか？

クォン・ホンウ『富の歴史』,101ページ.

ニーアル・ファーガソン『金融の支配』13,54,58-59ページ.

ピーター・L・バーンスタイン『黄金の支配』315, 331ページ.

チャールズ・P・キンドルバーガー『経済強大国興亡史1500-1990』220ページ.

ニーアル・ファーガソン『現金の支配』105ページ.

イ・チャングン『金融経済学　使用説明書』ブキ(2011), 81ページ.

07　フランスが「永遠の二番手」から抜け出せなかった理由

チャールズ・P・キンドルバーガー『経済強大国興亡史1500-1990』

チャールズ・P・キンドルバーガー『狂気,パニック,崩壊―金融危機の歴史』グッドモーニングブックス(2006), 308-309ページ.〔原書Charles P. Kindleberger, Robert Z. Aliber, *Manias, Panics, and Crashes: A History of Financial Crises*, Wiley, 2005.邦訳『金融恐慌は再来するか―くり返す崩壊の歴史』日本経済新聞社, 1980〕

Rilk Frehen, William N.Goetzmann and K.Geert Rouwenhorst, "New Evidence on the First Financial Bubble," *Journal of Financial Economics, Volume108*, Issue3, June 2013, 585-607ページ.

ニーアル・ファーガソン『現金の支配』

アルベール・ソブール『フランス革命史』キョヤンイン(2018),119-120ページ.〔原書Albert Soboul, *Précis d'histoire de la Révolution française*, Editions Sociales, 1962〕

ニーアル・ファーガソン『ニーアル・ファーガソンのシビライゼーション』21世紀ブックス(2011), 269-270ページ.〔原書Niall Ferguson, *Civilization: The West and the Rest*, Penguin Press, 2011.邦訳『文明―西洋が覇権をとれた6つの真因』勁草書房, 2012〕

ホン・チュヌク『雑学多識な経済学者のフランス探訪記』149-151ページ.

PART1 教訓：「高金利」の国への投資は注意せよ！

エスワー・S・プラサード『ドル・トラップ』チョンリム出版(2015), 74ページ.〔原書Eswar S. Prasad, *The Dollar Trap: How the U.S. Dollar Tightened Its Grip on Global Finance*, Princeton University Press, 2015〕

参考文献・資料

PART1 戦争に勝つためには「お金」が必要だ！

01 軍事力で圧倒的に不利だったイギリスが戦争に勝てた理由

アンドリュー・ランバート『ネルソン』センガゲナム(2005), 472ページ.〔原書Andrew Lambert, *Nelson: Britannia's God of War*, Faber Paperbacks, 2005〕

クォン・ホンウ『富の歴史』人物と思想社(2008), 102ページ.

カルロ・マリア・チポラ『大砲帆船帝国』ミジブックス(2010), 94-96ページ.〔原書Carlo M. Cipolla, Guns, Sails, and Empires: Technological Innovation and the Early Phases of European Expansion 1400-1700, Barnes Noble Books, 1996.邦訳『大砲と帆船―ヨーロッパの世界制覇と技術革新』平凡社, 1996〕

スティーブン・ソロモン『水の世界史』ミヌムサ(2013), 240ページ.〔原書Steven Solomon, *Water: The Epic Struggle for Wealth, Power and Civilization*, Harper Perennial, 2011.邦訳『水が世界を支配する』集英社, 2011〕

Douglass C. North and Barry R. Weingast, "Constitutions and Commitment: The evolution of Institutions Governing Public Choice in Seventeenth-Century England," *The Journal of Economic History*, Vol.49, No.4(Dec.,1989), 803-832ページ.

シドニー・ホーマー ,リチャード・シラー『金利の歴史』リーディングリーダー (2011).〔原書Sidney Hormer, Richard Sylla, A History of Interest Rates, Wiley Finance, 2005〕

岡崎哲二『制度と組織の経済史』ハヌルアカデミー (2017), 98-99ページ.〔原書『コア・テキスト経済史』新世社, 2005〕

ニーアル・ファーガソン『金融の支配』ミヌムサ(2016), 53ページ.〔原書Niall Ferguson, The Ascent of Money: A Financial History of the World, 2008.邦訳『マネーの進化史』早川書房, 2015〕

ニーアル・ファーガソン『現金の支配』キムヨンサ(2002), 105ページ.〔原書Niall Ferguson, The Cash Nexus: Money and Power in the Modern World, 1700-2000, Basic Books, 2002〕

ピーター・L・バーンスタイン『黄金の支配』経営精神(2001), 368-369ページ.〔原書Peter L. Bernstein, The Power of Gold: History of an Obsession, Wiley, 2001〕

ブログ　https://nasica1.tistory.com/7,「何が戦列艦を殺したのか？－ナポレオン時代の軍艦の寿命」.

朱京哲『文明と海』サンチョロム(2015), 126-127ページ.

02 「世界初の株式会社」がオランダで誕生したのはなぜ？

ローデヴェイク・ペトラム『世界初の証券取引所』イコン(2016), 58-59, 81ページ.〔原書Lodewijk Petram, *The world's first stock exchange: How the Amsterdam market for Dutch East India Company shares became a modern securities market, 1602-1700*, Columbia Business School Publishing,2011〕

ケネス・ポメランツ,スティーブン・トピック『砂糖,コーヒー ,そして暴力』シムサンムナ(2003),325-327ページ.〔原書Kenneth Pomeranz, Steven Topik, *The World that Trade Created: Society, Culture, and the World Economy, 1400 to the Present*, Routledge, 2017.邦訳『グローバル経済の誕生―貿易が作り変えたこの世界』筑摩書房, 2013〕

ウィリアム・バーンスタイン『富の誕生』シア(2017),102ページ.〔原書William J. Bernstein, *The Birth of Plenty: How the Prosperity of the Modern World Was Created*, McGraw-Hill, 2004. 邦訳『「豊かさ」の誕生―成長と発展の文明史』日本経済新聞出版社, 2015〕

ラッセル・ショート『世界で最も自由な都市,アムステルダム』チェクセサン(2016), 74-75ページ.〔原書Russell Shorto, *Amsterdam: A History of the World's Most Liberal City*, Abacus, 2014〕

03 「軍隊は強力」なのに「経済は貧弱」だったスペインの末路

Earl J. Hamilton, "Imports of American Gold and Silver Into Spain, 1503-1660," *The Quarterly Journal of Economics*, Vol.43, No.3(May, 1929), 436-472ページ.

カルロ・マリア・チポラ『スペイン銀の世界史』ミジブックス(2015), 42-43ページ.〔原書Carlo M. Cipolla, *Conquistadores, pirati, mercatanti. La saga dell'argento spagnuolo*, Il Mulino, 2011〕

ニーアル・ファーガソン『現金の支配』32-34ページ.

ソウル経済新聞「オランダ独立戦争」(2016.5.23).

ウィリアム・H・マクニール『戦争の世界史』イサン(2005), 174-178ページ.〔原書William H.McNeill, *The Pursuit of Power: Technology, Armed Force, and Society Since A.D.1000*, University of Chicago Press, 1984.邦訳『戦争の世界史―技術と軍隊と社会』中公文庫, 2014〕

朱京哲『大航海時代』ソウル大学校出版部(2008), 252ページ.

著者
ホン・チュヌク（Hong Chun-Uk）
経済学者。延世大学校史学科卒業後、高麗大学大学院で経済学修士号、明知大学校で経営学博士号を取得。1993 年、韓国金融研究院に入職した後、国民年金基金運用本部投資運用チーム長、KB 国民銀行チーフエコノミスト、キウム証券投資戦略チーム長（理事）などを歴任。2016 年には、朝鮮日報とエフアンドガイドが選定する「最も信頼されるアナリスト」に選ばれた。国際経済から金融、不動産まで、幅広い視点からの解説が人気を博し、各種メディアのトップインタビュアーとしても名高い。1999 年から運営を始めたブログ「ホン・チュヌクの市場を見る目」は、訪問者数累計 1,300 万人を突破、最近では YouTube チャンネル「ホン・チュヌクの経済講義ノート」を開設するなど、経済や金融市場の難しい知識を簡単に伝える活動を精力的に展開している。

訳者
米津篤八（よねづ・とくや）
朝日新聞社勤務を経て、朝鮮語翻訳家。ソウル大学大学院で朝鮮韓国現代史を学び、現在は一橋大学大学院博士課程在学中。訳書に『ファン・ジニ』（朝日新聞出版）、『チャングム』（早川書房）、『韓国近代美術史』（東京大学出版会、共訳）、『言葉の品格』（光文社）、『世界の古典と賢者の知恵に学ぶ言葉の力』（かんき出版）など。

そのとき、「お金」で歴史が動いた

2021年1月19日　第1刷発行
2021年2月25日　第2刷発行

著者　ホン・チュヌク
訳者　米津篤八

装丁　重原隆
本文デザイン　神戸順
校正　株式会社ぷれす
翻訳協力　株式会社リベル／金李イスル
編集　平沢拓＋関美菜子（文響社）
編集協力　御立英史

発行人　山本周嗣
発行所　株式会社文響社
〒105-0001
東京都港区虎ノ門2-2-5　共同通信会館9F
ホームページ　https://bunkyosha.com
お問い合わせ　info@bunkyosha.com
印刷・製本　三松堂株式会社

ISBN978-4-86651-335-5　Printed in Japan

この本に関するご意見・ご感想をお寄せいただく場合は、郵送またはメール
(info@bunkyosha.com)にてお送りください。